AF340729

HISTOIRE

D'UN HOTEL DE VILLE

ET

D'UNE CATHÉDRALE

PARIS. — TYPOGRAPHIE LAHURE

9, RUE DE FLEURUS, 9

HISTOIRE

D'UN HOTEL DE VILLE

ET

D'UNE CATHÉDRALE

TEXTE ET DESSINS

PAR

VIOLLET-LE-DUC

PARIS

J. HETZEL ET Cⁱᵉ, ÉDITEURS

18, RUE JACOB, 18

Tous droits de traduction et de reproduction réservés

FRONTISPICE

ARMES DE LA VILLE DE CLUSY

HISTOIRE

D'UN

HOTEL DE VILLE

ET L'UNE

CATHÉDRALE

CHAPITRE PREMIER

LA CURIE ET LE PRÉTOIRE.

C'est une jolie ville, la cité de Clusiacum! Elle s'élève en
amphithéâtre le long d'un coteau dont le pied est con-
tourné par une petite rivière.

Un pont, bâti sous Aurélien, réunit les quartiers bas à
un faubourg de médiocre étendue, et le point culminant
de la ville, du côté du nord, est occupé par le Prétoire
romain.

Non loin du débouché du pont est la place du Marché,

bordée de portiques de bois, et, sur un des côtés de cette place, l'ancienne Curie.

Ce bâtiment, quelque peu délabré, se compose d'un vestibule ouvert sur le portique, puis d'un vaisseau assez vaste, couvert d'une lourde charpente, avec annexes des deux côtés. Autour de la salle principale règnent des bancs de bois, ceux adossés au mur du fond un peu plus élevés que les autres, et au milieu est disposée une table longue, étroite, sur laquelle sont jetés des rouleaux. La charpente qui couvre la salle est soulagée près des murs latéraux par des poteaux (fig. 1).

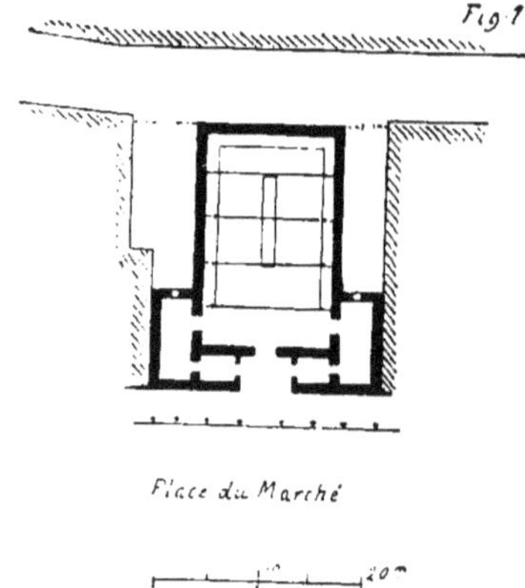

Il est tard, la nuit est close; une douzaine de citadins (curiales) circulent par groupes de deux ou de trois, en devisant à voix basse sur les affaires du moment. Quelques lampes, posées sur la table, répandent dans la salle une lumière douteuse et vacillante, car, à travers les baies munies de châssis vermoulus, le vent qui, au dehors, souffle avec violence, envoie en gémissant des bouffées d'air jusque sur le pavé.

« Inutile d'attendre plus longtemps, dit le plus âgé parmi ces hommes, qui semblent dominés par un profond sentiment de tristesse et de découragement, ils ne viendront pas; occupons-nous des affaires pressantes....

« Une troupe nombreuse de Francs est à quelques milles d'ici, vous le savez. Demain ces loups seront à nos portes. Ils ont pillé ces jours derniers Bibrax, la ville forte; nous n'avons pas l'espoir de leur résister; nos remparts sont en ruines, et eussions-nous de l'argent et des matériaux pour les mettre en état de défense, que le temps nous manquerait; puis.... où sont les soldats pour les garnir ? Nos collègues, loin de nous aider de leurs conseils et de nous réconforter de leur présence, se cachent ou fuient en dépit des édits.... Il faut cependant aviser !... »

A cet appel, jeté par phrases saccadées, le vent seul répond.

Cependant les douze curiales prennent place machinalement sur les bancs (fig. 2).

A peine les aperçoit-on dans la vaste salle. Personne n'ouvrant un avis, le premier interlocuteur continue ainsi :

« Vous demeurez muets.... Devons-nous ne rien tenter et attendre les événements?.... Convient-il à des hommes de se conduire comme un troupeau de brebis!.... Oui, la défense est impossible; mais n'avons-nous pas d'autres ressources?... Il y a déjà longtemps que l'empire ne nous défend plus et que ses dernières légions nous ont abandonnés. « Défendez-vous vous-mêmes! » nous a-t-il dit, à nous qui, pendant tant d'années, lui fournissions les meilleurs soldats.... Ainsi, après nous avoir épuisés, après avoir entraîné nos enfants dans des guerres lointaines, s'est-il trouvé hors d'état de sauvegarder nos cités et nos campagnes.... Nos sénateurs, nos *clarissimes*, en prévision des

désastres, ont, la plupart, fui vers des contrées moins expo-
sées aux incursions des barbares. Nos propres collègues,
curiales comme nous, astreints aux mêmes devoirs, ne ré-
pondent pas à notre appel, puisque nous voici douze, sur
plus de deux cents membres.... Mais, par cela même que

Fig. 2.

nous sommes réunis en petit nombre et que nous montrons
ainsi combien nos devoirs nous tiennent à cœur, l'action
s'impose, et il faut que dès demain matin nous ayons tenté
le possible pour protéger nos concitoyens, ne serait-ce que
pour faire rougir de honte ceux qui abandonnent le poste
au moment du péril. Parlez! quels avis ouvrez-vous? »

Alors un des assistants répondit ainsi :

« Les Francs qui vont se montrer demain, certainement, devant nos murs sont surtout avides de butin : ils se présentent en armes, enlèvent tout ce qu'ils peuvent emporter et se retirent; s'ils ne trouvent pas de résistance, ils se contentent de ruiner le pays, mais laissent la vie aux habitants et ne les emmènent point en esclavage. La résistance est, de notre part, impossible; des maux qui nous menacent, si nous pouvons choisir, choisissons le moindre. La vie et la liberté de nos concitoyens, l'honneur de nos femmes et de nos filles sont certainement les biens les plus chers. Abandonnons donc aux Francs tout ce qui peut satisfaire leur rapacité.

« Réunissons cette nuit les objets précieux, l'argent monnayé, sur la place du Marché, et, dès que les Francs se présenteront à nos portes, invitons-les à venir prendre ces richesses, comme un tribut qui leur serait dû.

— Bien, reprit un des curiales; ces barbares prendront certainement avec joie ce que nous aurons ainsi placé si gracieusement à leur portée; mais n'est-il pas à craindre, — car ces hommes sont rusés, — que voyant combien facilement nous leur abandonnons ces richesses, ils ne nous soupçonnent d'en tenir beaucoup d'autres cachées, et qu'après avoir emporté le butin livré de bonne grâce, ils ne reviennent aussitôt fouiller nos maisons pour s'emparer de ce que nous aurions soustrait à leur rapacité? Alors nous n'y aurions gagné que d'être deux fois pillés. Et, ne trouvant que peu d'objets précieux dans leurs recherches, Dieu sait à quels excès ils se livreraient pour nous arracher de prétendus trésors cachés!...

— Mais, dit un quatrième curiale, j'ai ouï dire que les Francs traitaient parfois les évêques avec un certain respect.

Que ne nous adressons-nous au nôtre ? sa présence, peut-être imposerait aux Francs et nous permettrait de subir des conditions moins dures, ou tout au moins définies.

— L'avis est bon, reprit le vieillard qui avait ouvert la séance. Notre évêque est un saint homme et très-probablement son cœur est plein d'angoisses. Si vous m'en croyez, rendons-nous au prétoire sans délai et, après nous être concertés avec lui sur ce qu'il convient de tenter, nous nous répandrons dans la ville pour faire part à nos concitoyens des résolutions qui auront été arrêtées. »

Comme il a été dit, le prétoire était situé au point culminant de la ville, le long des anciens remparts romains, depuis longtemps abandonnés et en partie ruinés.

Cependant, un siècle avant l'époque où commence ce récit, lorsque apparurent les premières invasions des barbares, on avait détruit quelques édifices païens pour réparer ces remparts. Mais ces travaux, faits à la hâte, n'offraient pas un obstacle sérieux à un assaillant résolu. D'ailleurs, les habitants de la ville de Clusiacum n'avaient aucune pratique du métier de la guerre et ne possédaient pas d'armes. L'administration romaine, depuis l'empereur Julien, était frappée d'impuissance, abandonnait ou cédait une à une ses provinces aux barbares, se contentant de maintenir sur ceux-ci une sorte de suzeraineté nominale et de revêtir leurs chefs de titres de l'empire.

Les malheureuses populations des villes et des campagnes, abandonnées, déshabituées du métier des armes par une paix qui dura près de trois siècles, se gouvernaient au hasard tout en conservant leur constitution administrative romaine.

Les évêques maintenaient seuls, alors, une sorte d'autorité qui leur fut même déléguée souvent par le pouvoir impérial, et remplaçaient aux yeux des populations urbaines le préfet ou le préteur.

Indépendamment de ce pouvoir nominal, ils exerçaient une influence morale puissante sur les populations qui, habituellement, les désignaient dans des assemblées solennelles par voie d'élection.

Ce pouvoir, d'autant plus fort dans un temps d'anarchie qu'il était mal défini, s'obtenait souvent par la brigue et par des largesses et des promesses mondaines; mais il arrivait aussi qu'il tombait entre des mains dignes de l'exercer et sur des personnages capables et actifs. Alors l'évêque était une véritable providence. C'était à lui qu'en toute circonstance on recourait, car il était le seul représentant du pouvoir dans l'ordre civil, aussi bien que dans le domaine du spirituel.

L'évêque de Clusiacum, au moment où les douze curiales de la cité entraient au prétoire, avait réuni près de lui quelques clercs, afin d'aviser à ce qu'il convenait de faire dans les circonstances présentes.

Les bâtiments du prétoire composaient un amas de constructions assez désordonnées, entourées d'une enceinte se reliant aux remparts.

Une porte s'ouvrait sur la ville, et une poterne sur les fossés à travers le mur de la cité.

En entrant par la porte donnant du côté de la ville, on trouvait une cour assez vaste, irrégulière; à droite étaient des bâtiments peu élevés, servant de logement aux clercs; au fond, une large construction à deux étages. En face de l'entrée, le baptistère, installé au rez-de-chaussée d'une tour romaine qui dominait la cité; puis, à gauche, la basilique, précédée d'un large portique. Cette basilique avait été établie à la place d'un temple dédié à Diane; les matériaux

de ce temple avaient servi à la construire. Les bâtiments
du prétoire s'étendaient jusqu'à l'ancien rempart, surmonté d'une haute tour carrée qui commandait les dehors.
Une des portes de la ville (ancienne porte Prétorienne)
s'ouvrait proche de l'enceinte du prétoire (fig. 3) [1].

« Dieu soit avec vous! Je réclamais à l'instant votre présence, dit l'évêque, dès que les douze curiales eurent été
introduits dans la pièce joignant l'ancienne salle du prétoire,
alors abandonnée.

— Tu sais quelles sont nos alarmes, saint évêque? dit
alors le plus âgé d'entre les curiales. Les Francs seront
demain à nos portes; nous n'avons ni les moyens, ni la
volonté de leur résister, sachant que nous serions écrasés, puisque nous ne possédons ni armes ni soldats, et que,
dans leur fureur, ces barbares brûleraient nos maisons et
nous égorgeraient tous. Nous venons t'implorer. Les Francs
ont montré à diverses reprises qu'ils respectent les évêques
et les clercs.... Ils écoutent leur parole et se rendent parfois à leurs raisons.... Que ferions-nous si tu ne consens à
aller au-devant de ces barbares et, par tes discours, à leur
persuader de ne nous imposer que des conditions accep-
tables? Nous t'accompagnerons hors de la ville, si tu te présentes aux Francs revêtu de tes habits sacerdotaux et entouré de tes clercs; nous te suivrons en suppliants et, chargés
de présents, nous jetterons ces richesses aux pieds de ces
barbares, pour sauver du pillage nos maisons, la vie de
nos concitoyens, l'honneur de nos femmes et de nos filles.

---

1. Voir, sur le plan, la position des bâtiments; A, la basilique; B,
le baptistère; C, l'ancienne salle du prétoire avec les logis annexes;
D, des bains; E, la tour donnant sur la campagne; F, la poterne; G, la
porte de la ville; H, des jardins; I, le bâtiment des clercs; K, des
écuries.

— Mes amis, répondit l'évêque après s'être recueilli un

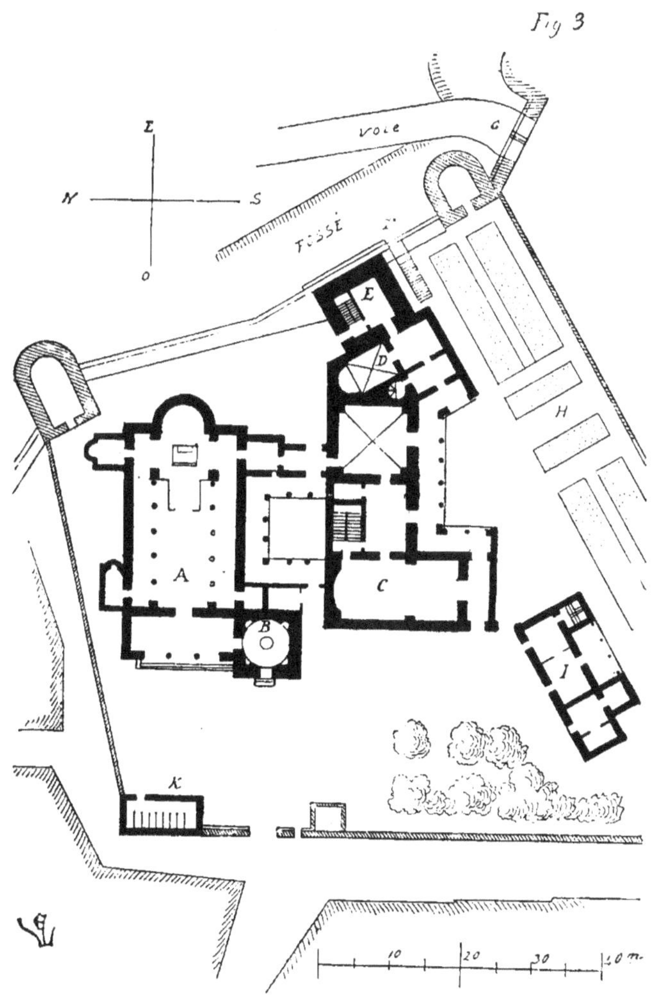

instant, ma vie est à vous; mais croyez que si la parole
d'un évêque a quelque influence sur l'esprit de ces Francs,

c'est que le Dieu tout-puissant inspire cette parole, c'est qu'il veut lui-même toucher le cœur de ces idolâtres.

« Si, aveuglés par le démon, ils ne sont pas encore en état de voir le soleil, du moins en sentent-ils la chaleur. J'irai, devant vous! Oui, j'irai avec mes clercs! Mais implorons la miséricorde du Tout-Puissant, afin qu'il soit aussi avec nous, et qu'il daigne écarter de notre ville les malheurs que nos péchés ont attirés sur elle ; car, sans lui, que pourrions nous espérer?... Allez prévenir nos concitoyens ; que chacun se mette en prière.

« Pour nous, nous allons nous rendre à la basilique du bienheureux saint Étienne, et, à la lueur des lampes, nous supplierons le Dieu bon et juste de nous pardonner nos fautes et de jeter un regard de compassion sur son peuple. Nous laisserons l'église ouverte à tous, afin que chacun puisse confesser ses péchés en public.... Demain, à la première heure du jour, je me rendrai sur la place, et dès que les guetteurs auront signalé l'arrivée des Francs, nous sortirons au-devant d'eux. »

Pendant que ceci se passait au prétoire, un certain Gobertus réunissait dans son logis plusieurs habitants, de lui bien connus, gens mal famés, débauchés, endettés, mais qui, par leurs flatteries auprès du bas peuple et leur jactance vis-à-vis des notables de la ville, avaient su se faire un parti dans la cité.

Le plan que Gobertus entendait soumettre à ses confrères en débauche était celui-ci : ne pas attendre l'arrivée des Francs et, dès la nuit même, ameuter la lie du peuple, piller les maisons des plus riches habitants de la cité et fuir, avant le jour, avec le butin.

« Je viens, dit Gobertus à ses complices, de passer à la curie ; douze curiales seulement s'y sont réunis pendant quelques moments, puis se sont retirés; beaucoup ont déjà quitté la ville, craignant l'arrivée des Francs; d'autres se cachent chez eux transis de peur. Tout favorise notre projet, la tempête mugit au dehors, les voies de la ville sont désertes. Dans deux heures, tenons-nous prêts, chacun de nous à la tête d'une dizaine d'hommes, et, au même moment, faisons main basse sur les meilleures maisons; postons une vingtaine de gaillards résolus à l'entrée du pont, afin, au besoin, de protéger notre retraite par cette voie et d'arrêter toute poursuite. D'ailleurs, nous n'avons rien à craindre; il nous suffira de crier : *les Francs ! les Francs !* pour que chacun s'enferme dans son logis. »

Ce projet arrêté par les conjurés, ceux-ci sortaient pour prendre leurs dispositions et ramasser les vagabonds et gens sans aveu à leur dévotion; mais ils observèrent immédiatement qu'il y avait dans la ville une animation inusitée à cette heure et par le temps affreux qu'il faisait.

On voyait, dans les rues, des groupes qui se dirigeaient vers le haut de la ville, précédés de serviteurs portant des falots. Des hommes munis de torches entraient dans les maisons pour en sortir aussitôt. On voyait quantité de lumières derrière les châssis des fenêtres.

« Qu'y a-t-il donc? demanda un des bandits en s'adressant au premier porteur de torche qu'il rencontra.

— Il y a, répondit celui-ci, que l'évêque demande à chacun d'implorer la miséricorde divine, et que lui et ses clercs seront en prières toute la nuit dans la basilique de Saint-Étienne; qui veut s'y rendre, s'y rende et confesse ses péchés!

— Voilà qui va bien, se dirent les conjurés : les bonnes gens nous abandonnent leurs maisons.... Allons, ne perdons pas de temps. »

Et chacun d'eux tira de son côté, afin de recruter les vau-
riens de la cité.

Cependant la basilique de Saint-Étienne, église de
l'évêque, éclairée à l'intérieur par une grande quantité de
lampes, ouvrait sa large porte à la foule rassemblée sous le
portique et dans la cour du prétoire. Le spectacle était
imposant.

Autour de l'autel, simple table de pierre surmontée d'un
ciborium enrichi de lames d'or, étaient rangés, en dedans
de la clôture du chœur, des clercs en grand nombre, couverts de longues tuniques blanches. L'évêque, revêtu de
ses habits pontificaux, la couronne épiscopale sur la tête,
était assis sur un siége élevé au fond de l'abside, ayant à
ses côtés, sur les bancs circulaires disposés à droite et à
gauche de la chaire, les principaux d'entre ses clercs.

Le peuple, en entrant dans la basilique, apercevait ainsi
la tête de l'évêque au-dessus de la table de l'autel et comme
entourée d'une auréole lumineuse. Les hommes se pressaient
dans la nef; les femmes se tenaient dans le bas côté de
droite. Quand l'église fut pleine, par la porte demeurée ouverte, la lueur des lampes éclairait la foule compacte des
derniers arrivés sous le porche et sur la place. On n'entendait qu'un long et sourd murmure. Bientôt l'évêque, des-
cendant de sa chaire, suivi des clercs rangés dans l'abside, fit lentement le tour de l'autel, et se plaça devant le
ciborium; tous les visages se tournèrent vers lui, la foule
tomba à genoux, et, au milieu du plus profond silence,
levant la main droite, il donna, d'une voix tremblante
d'émotion, la bénédiction épiscopale (fig. 4). Aussitôt,
du côté occupé par les femmes, on entendit partir des
sanglots. Les hommes se frappaient la poitrine. Quelques-
uns appuyaient leurs fronts sur les dalles... Puis, après un

SANCTUAIRE DE LA BASILIQUE.

instant, le silence se rétablit; l'évêque parla ainsi à la foule :

« Frères en Jésus-Christ! Par la bouche du prophète Isaïe, Dieu a dit : « Je suis le Seigneur; c'est là le nom qui « m'est propre. Je ne donnerai point ma gloire à un autre, « ni mon pouvoir à des idoles qui ne durent qu'un instant! » Ayez donc confiance en la bonté divine, vous qui suivez les voies du Seigneur et qui avez foi en la sainte Trinité. Mais, hélas! nos péchés sont grands, et chaque jour nous offensons ce Dieu bon et juste qui, dans la personne de son fils, a voulu mourir sur la croix pour nous racheter.

« Il advient alors que le Dieu puissant détourne de nous ses regards, et les calamités suscitées par l'esprit du mal fondent sur nous; comme ce père qui, le cœur plein d'a-mertume, en considérant les écarts et les révoltes de ses enfants contre son autorité, les abandonne aux conséquences de leur orgueil et aux embûches du démon....

« Et cependant, lorsque ces enfants, éprouvés par les malheurs qu'ils se sont attirés, reviennent à lui et s'humi-lient en sa présence, confessant leurs fautes, le père ouvre ses bras et se réjouit dans son cœur d'avoir retrouvé ce qu'il a de plus cher au monde....

« Eh bien! frères, devant les calamités affreuses qui nous menacent, recourons à notre Père commun, implorons son pardon, confessons nos fautes et supplions-le de recevoir de nouveau ses enfants dans sa gloire, de les protéger contre les ennemis de son nom. Que nos voix, si notre repentir est sincère, si l'amour du prochain est dans nos cœurs, arri-vent comme un parfum jusqu'à son trône.... Car, Jésus a dit à ses disciples en les quittant : « Aimez-vous les uns les « autres, là est toute ma loi.. » Alors, soyons-en certains, notre Père tournera son visage vers nous, et sa main arrê-

tera les fléaux…. Confessons nos péchés, ouvrons nos bras
à notre ennemi et prions…. puis, pleins de confiance en la
justice du Seigneur, attendons tout de sa bonté…. »

La foule avait écouté ce discours dans un silence profond;
mais, à ces dernières paroles, et comme l'évêque, ainsi que
les clercs, s'agenouillaient sur les marches de l'autel et les
dalles du chœur, les gémissements, les sanglots sortirent de
toutes les poitrines.

Là, des hommes se prosternaient et confessaient à haute
voix leurs péchés; ici, des ennemis juraient d'oublier leurs
griefs respectifs et s'accusaient des piéges qu'ils s'étaient
tendus. Quelques-uns, recueillis, debout, les bras levés,
étaient comme étrangers à ce qui se passait autour d'eux.
Les femmes entremêlaient leurs prières de longs gémissements, faisaient des vœux, déchiraient leurs parures, jetaient
leurs bijoux sous leurs pieds.

Et sous le porche, sur la place, les mêmes scènes se répétaient. C'était comme un délire. Déjà des femmes s'étaient
jetées sur le pavé, en poussant des cris déchirants. Mais
alors une clameur plus puissante s'éleva de la place et se
répercuta jusque sous le portique de la basilique : « Les
Francs! les Francs! » entendait-on crier au dehors dans la
foule affolée.

En vain quelques hommes, conservant leur sang-froid,
essayaient de calmer cette foule; d'une part, elle se précipi-
tait dans les rues; d'autre part, elle essayait de pénétrer dans
la basilique déjà pleine, au risque d'étouffer.

L'évêque s'était relevé et, debout devant l'autel, il tentait en vain de se faire entendre. Du dehors, les hurlements,
les imprécations de ceux qu'on foulait aux pieds, les cris des
femmes composaient un horrible concert. On eût dit un
massacre, et ceux qui étaient dans l'église ne doutaient pas

que les Francs n'eussent surpris la ville et qu'elle ne fût mise à sac.

L'évêque cependant parvint à réunir autour de lui quelques citoyens courageux; ceux-ci, employant les prières et la violence au besoin, purent comprimer la foule et ouvrir au milieu d'elle un étroit chemin jusqu'à la porte.

On vit alors le prélat, suivi de ses clercs, s'avancer entre deux haies humaines. Sa démarche résolue, le calme de ses traits en imposèrent à cette multitude effarée; les cris cessèrent.

« Priez, mes frères, priez, disait-il, le Tout-Puissant ne saurait nous abandonner. »

Et quand il atteignit la porte, on n'entendait plus dans la basilique qu'un murmure confus.

Mais un effroyable désordre régnait sur la place.

Au moment où l'évêque se montrait sous le portique et commandait le silence, plusieurs des curiales y arrivaient du dehors.

« Saint évêque, dit l'un d'eux, dont les vêtements étaient déchirés, ce ne sont pas les Francs qui, à cette heure, pillent nos maisons, mais des bandits vomis par l'enfer, une vile populace, l'opprobre de la cité. A nous les corporations! à nous! cria-t-il dans la basilique; d'infâmes voleurs, qui se disent nos concitoyens, se ruent sur nos maisons. Pires que les Francs qui n'attaquent que de jour, ils ont profité de la nuit et, pendant que vous implorez le Dieu puissant, forcent nos habitations! A nous! Faisons-en justice! »

Aussitôt les hommes, en grand nombre, se précipitèrent vers la porte. Les curiales étant parvenus à déblayer le portique, purent grouper ces hommes en troupes, suivant les corporations auxquelles ils appartenaient.

« Défendez vos demeures, mes amis, répétait l'évêque, mais pas de sang ! Ne versez pas le sang. Songez qu'un autre péril plus grand nous menace et qu'il nous faut être purs devant Dieu pour obtenir sa protection ! »

Les demeures les plus belles, celles qui avaient excité la convoitise de Gobertus et de ses complices, s'élevaient le long de la rivière, à l'autre extrémité de la ville, et, bien que les gens des corporations fissent diligence, guidés par les curiales, quand ils arrivèrent sur les points où les troupes des bandits avaient accompli leur projet, ils ne purent guère que constater les dégâts : bris de portes et de meubles, argent monnayé, bijoux et vaisselle enlevés. On ne put saisir que quelques malheureux attardés, qui, malgré les conseils de l'évêque, furent jetés à l'eau sans autre forme de procès. Le gros de la troupe de Gobertus s'était mis hors d'atteinte à la première alarme, en passant le pont.

Au matin qui suivit cette sinistre nuit, le soleil se montra radieux. L'air était calme et doux, une belle journée de printemps s'annonçait. La tempête de la nuit semblait donner à l'atmosphère plus de transparence, et les feuilles naissantes des arbres, couvertes de gouttelettes, brillaient aux premiers rayons du soleil comme autant d'aigrettes de diamant. L'horizon était débarrassé de vapeurs, et les objets les plus éloignés se détachaient avec netteté sur la verdure des coteaux.

L'homme isolé, accablé de soucis, ne peut demeurer insensible à ces sourires de la nature printanière ; devant ce spectacle, il oublie une partie de ses peines et sent son âme armée d'une nouvelle force pour lutter contre le malheur. Comment résister à ces caresses que semble nous faire notre mère commune, la Nature, toujours jeune ?

Mais combien plus encore l'âme de la foule est-elle sensible à ces caresses! Il semble alors que la pureté et le calme de l'atmosphère, que la douce chaleur du soleil naissant, la dispose à tout accepter avec sérénité.

Peut-être les Francs, qui s'avançaient vers la cité de Clusiacum, étaient-ils sous l'empire de cette impression. Ils marchaient en assez bon ordre, en chantant; à leur allure, malgré leur aspect farouche, on n'eût pu croire que ces hommes s'en allaient piller une ville florissante dont les habitants ne leur avaient fait aucune offense.

Dans la cité, aux cruelles épreuves de la nuit, avait succédé dans les esprits une sorte de détente; plus le péril s'approchait, moins les visages exprimaient la crainte ou de sinistres préoccupations.

On plaisantait même sur la panique de la soirée précédente.... Le soleil brillait d'un éclat si vif! L'air matinal était si réconfortant! Les oisillons gazouillaient si joyeusement!

Cependant, suivant sa promesse, l'évêque était descendu sur la place du Marché avec tous les clercs (fig. 5), car il n'était pas douteux que les Francs ne dussent se présenter par le faubourg.

Quelques habitants avaient ouvert l'avis de couper ou de barricader le pont. Mais, la rivière étant guéable et les Francs ayant maintes fois prouvé qu'un cours d'eau, à moins qu'il fût très-large et profond, ne les arrêtait pas, ce semblant de résistance avait été rejeté.

Un grand nombre de citadins étaient descendus dans la ville basse et se tenaient sur la place et sur le pont; quoique l'ordre eût été donné aux femmes de ne pas quitter les maisons, soit par curiosité, soit pour apporter des vivres à leurs maris ou à leurs pères, car la matinée s'avançait, on en voyait qui circulaient au milieu de la foule.

L'évêque, son clergé, les curiales et des citoyens influents étaient réunis dans la curie, attendant l'avis fatal.

Tant pour donner confiance à l'assistance que pour ne pas laisser les esprits s'appesantir sur les suites de cette journée, le prélat tenait des propos où se mêlait parfois une

pointe d'enjouement, lorsque, vers la sixième heure du jour, un guetteur, pouvant à peine parler tant l'émotion le poignait, vint annoncer l'arrivée de la colonne des Francs.

Aussitôt l'évêque se lève, fait signe aux clercs de se ranger en bon ordre derrière lui, fait porter la croix à ses côtés, et, sortant de la curie, il s'avance sur la place en donnant la bénédiction épiscopale.

Tous tombent à genoux en levant les mains vers lui.
« Que le Seigneur soit avec toi! Sauve-nous, Seigneur!
Aie pitié de nous! » cria-t-on de toute part.

Déjà les Francs entraient dans le faubourg, quand, tout
à coup, au détour de la voie, ils se trouvèrent en face de
l'évêque. Celui-ci était revêtu d'une ample chasuble [1] d'un
lin blanc comme le lait ; deux bandes d'or étroites tombaient des épaules jusqu'aux pieds. Sa tête était ceinte de
la couronne épiscopale, composée d'un cercle d'or avec deux
lobes blancs latéraux séparés par une bande pourpre ; tom-
bant du cercle d'or, flottaient sur ses épaules deux bande-
lettes, également d'or. Dans la main gauche, il tenait le
bâton pastoral blanc avec une petite traverse d'ivoire à l'extrémité supérieure, en façon de béquille.

Des gants pourpres, brodés d'or, protégeaient ses mains.

Les clercs étaient tous vêtus de tuniques blanches tom-
bant jusqu'aux talons et sans ceintures.

La troupe des Francs, qui se composait environ de
quinze cents hommes de pied et de quatre à cinq cents
cavaliers, marchait sous les ordres d'un chef auquel les
Gaulois donnaient le nom de duc (*dux*). Celui-ci, monté
sur un grand cheval noir, se tenait aux premiers rangs
des arrivants. C'était un homme de haute taille.

Ses longs cheveux, d'un blond fauve, couvraient ses
épaules. Il dédaignait de porter un casque, mais un mince
cercle de cuivre empêchait sa chevelure de tomber devant
ses yeux. Une sorte de justaucorps de peau, constellé de
petites plaques circulaires de cuivre poli, descendait jus-

1. Ce vêtement (*casula*) était exactement circulaire, avec un trou
au milieu, également circulaire, pour passer la tête. Il descendait
aux chevilles, et des deux côtés on le relevait sur les bras, ce qui
donnait des plis très-élégants.

qu'aux hanches. A une large ceinture, avec boucle de fer garnie d'argent, étaient suspendus une épée courte et un couteau; le long de sa cuisse droite pendait une grande hache. Sur ses épaules, et noué par devant, il avait jeté un large morceau d'étoffe rouge, qui recouvrait à peine une partie de la croupe du cheval. Un caleçon de peau, le poil en dehors, protégeait ses cuisses, et autour de ses jambes s'enroulaient des lanières de peau auxquelles s'attachaient des souliers de même étoffe.

La tête de la troupe des Francs s'arrêta tout d'abord devant le spectacle nouveau qui se présentait à ses regards; ce que voyant, le duc poussa son cheval, et, arrivant devant l'évêque, il lui dit en mauvais latin :

« Que veux-tu, toi? que fais-tu ici?

— Duc, reprit l'évêque, n'est-ce pas à toi que je pourrais adresser cette question? Viens-tu en ami? es-tu un allié ou un ennemi de l'empire romain? Si tu te présentes ici comme allié, nos cœurs te sont ouverts et nous sommes prêts à recevoir tes hommes comme des frères; si c'est comme ennemi, que t'avons-nous fait? Quelle offense as-tu à venger? La population de Clusiacum est paisible, tout occupée de travaux des champs et de négoce; elle n'a fait de tort à personne, elle n'est pas armée et ne saurait se défendre. Pourquoi aurait-elle des armes, puisqu'elle ne se connaît pas d'ennemis? Alors, pourquoi cet appareil guerrier? On dit que les Francs, fiers dans les combats, sont doux envers les faibles, comme il convient aux forts. Je l'ai cru, et c'est pourquoi je suis venu devant mon troupeau pour te faire savoir qu'il est hors d'état de se défendre, et que la valeur des Francs n'a pas lieu de se montrer ici.

— C'est bien, c'est bien, répliqua le duc; laisse-nous passer, nous savons ce que nous avons à faire.

— Non! par le Dieu vivant, je ne quitterai pas cette place! Passe donc sur mon corps et sur celui de mes clercs, si tu veux poursuivre sans plus m'écouter! Tu viens pour détruire le troupeau, il est juste que tu écrases d'abord le pasteur! Mais souviens-toi de cette parole d'un vieillard qui ne se présente devant toi armé qu'avec des paroles de paix :

« Le vrai Dieu juste et vengeur prend la défense des faibles, et tôt ou tard châtie ceux qui, abusant de leur force, se ruent sans affronter aucun péril sur les suppliants, pour leur arracher ce qu'ils possèdent! »

Les clercs, pendant ces dernières paroles, par un mouvement instinctif de crainte, s'étaient quelque peu éloignés du prélat et barraient absolument la voie. L'avant-garde considérait curieusement cette troupe vêtue de blanc et ce vieillard dont les traits s'étaient animés et dont l'attitude calme, mais résolue, dont le geste, le noble vêtement imprimaient le respect; l'évêque, d'autant plus maître de lui qu'il comprenait l'imminence du péril, sentant que le moment était décisif, prétendait au moins profiter de tous ses avantages et, s'il devait mourir, mourir dignement. Il s'était aperçu qu'entre ses clercs et lui la distance était devenue plus large; dans son cœur, il en éprouva comme un encouragement, car jusqu'à ce moment il était placé presque sous la tête du cheval du duc, et ce qu'il redoutait le plus, c'était une de ces scènes de confusion et de désordre qui enlèvent, même au martyre, son éclat et sa dignité.

Reculant donc de quelques pas, par un beau mouvement brusque, en fixant ses regards sur le duc et montrant la croix portée à sa droite, un peu en arrière :

« Oui, continua-t-il, celui qui est mort, d'une mort infâme, sur cette croix, est le vrai Dieu. Pauvre, faible, méprisé par les grands, les forts et les puissants, il a vaincu cependant ceux qui l'avaient condamné. Il a vaincu la puissance de Rome, il a suscité autour de l'empire, qui se croyait immuable, des peuples sans nombre, il les a appelés pour se partager les dépouilles de la domination impériale. Mais pourquoi les aurait-il appelés, ces peuples, s'ils devaient à leur tour abuser de leur force pour égorger et dépouiller les faibles?

« Pourquoi les aurait-il appelés? Ce serait donc aussi pour les humilier et les réduire en poussière? » Et alors, saisissant la croix et la plaçant devant lui : « Vois! dit-il, vrai Dieu puissant, vois ces Francs, ces hommes braves et que tu as faits victorieux, vois! les voici qui viennent en armes se jeter comme des loups sur les peuples inoffensifs qui te connaissent, que tu aimes et protéges! Vois et juge! »

Et alors, avançant d'un pas, le prélat planta la croix devant la tête du cheval, qui recula. Et l'évêque d'avancer encore d'un pas (fig. 6).

Parmi ces guerriers francs qui formaient la tête de colonne, plusieurs étaient familiers avec la langue latine. Les derniers mots de l'évêque, son geste, ce crucifix brillant au soleil, devant lequel reculait la monture du duc, jetaient dans les âmes de ces barbares, sinon de l'effroi, au moins un sentiment de malaise et d'incertitude; le duc s'en aperçut, réprima un mouvement de colère, et s'adressant au prélat :

« Qui t'a dit que nous venions ici en ennemis?

— Se présente-t-on avec cet appareil guerrier au milieu d'une cité désarmée? répliqua l'évêque. Que veux-tu? que demandes-tu?... Si tes exigences sont justes, si elles sont dignes d'hommes hardis, mais protecteurs des faibles, comme on nous a dit que sont les Francs, la cité s'empressera de souscrire à tes désirs, soit en donnant des vivres à ta troupe, soit en vidant ses coffres entre tes mains. Mais n'a-t-elle pas à redouter mille excès, si tu entres dans ses murs sans conditions, sans garanties, sans avoir reçu de toi

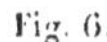
Fig. 6.

une parole de paix? Or, nous savons que les Francs sont fidèles à leur parole; c'est le privilége des guerriers invincibles.

— Eh bien, soit!... reprit le duc; il nous faut des vivres, il nous faut de l'or.... deux cents livres d'or....

— On te donnera tout ce qu'on possède en métaux précieux; mais jure sur ce Christ qui nous entend, que pas un habitant ne sera insulté, que pas une maison ne sera pillée!...

— Je te le promets!

— Alors, sois béni! »

Et l'évêque étendit le bras droit sur les Francs.... On vit des têtes s'incliner sous le geste du pasteur.

« Et nous, dit le prélat en se tournant vers les clercs, rendons gloire au Seigneur! » Et d'une voix forte, il commença aussitôt un cantique que les clercs entonnèrent en chœur.

La colonne des Francs se mit en marche vers la ville, précédée par l'évêque et les clercs qui chantaient. Ce fut un spectacle étrange.

Derrière la troupe de ces hommes vêtus de blanc, et dont les voix exercées et puissantes s'entendaient jusque dans la ville, marchait l'évêque, seul, puis le duc soucieux, puis la longue colonne des Francs, à l'aspect sauvage, couverts de sueur, silencieux.

Ainsi, tous franchirent le pont et arrivèrent sur la place du Marché. La population de la cité s'agenouillait au passage de l'évêque, et cette unanimité dans le respect exerçait sur les Francs une sorte de fascination. A leurs yeux, le prélat, surtout après la scène du faubourg, prenait les proportions d'un être surnaturel, et ils ne détachaient plus leurs regards de cette croix, couverte de lames d'or, qui brillait près de lui.

Ce fut dans la curie, où étaient déjà réunis les curiales, que les conditions par lesquelles les Francs s'engageaient à respecter la ville, furent traitées. L'argent monnayé, les bijoux, les vases d'or et d'argent des églises, des étoffes précieuses furent amoncelées sur la table, pendant qu'on distribuait, par les soins des curiales, des boissons et des vivres aux soldats, qui s'étaient assis sous les portiques et sur le pavé de la place.

Cependant, le poids de l'or exigé par le duc n'était pas atteint; l'évêque ordonna d'arracher du *ciborium* de l'église de Saint-Étienne les lames d'or qui le décoraient, et, en attendant qu'on les remît dans la balance, il raconta au duc comment, la nuit passée, des voleurs avaient pillé plusieurs maisons riches et privaient ainsi, par une action doublement coupable, la cité du moyen de se libérer.

Le duc réfléchit quelques instants, puis, ayant parlé bas à l'un de ses hommes, celui-ci sortit.

Peu après, l'évêque et les gens de la ville présents dans la curie, ne furent pas peu surpris de voir entrer, entourés de soldats, attachés deux à deux, Gobertus et ses complices.

« Ces hommes, dit le duc, ne sont-ils pas les voleurs dont vous me parlez? »

L'évêque se taisait.

« Oui! ce sont eux! dirent les curiales.

— Ils ont été saisis à quelques milles d'ici, nantis des objets volés... reprit le duc. Qu'on apporte ce butin. »

Ce qui fut fait immédiatement; et, ayant pesé les métaux précieux, il se trouva que le poids exigé était dépassé.

« Garde donc, continua le duc s'adressant à l'évêque, tes lames d'or, et de plus, je te donne pour ton Dieu l'excédant du poids. Et maintenant, ajouta-t-il en se tournant vers les prisonniers, quel est votre chef?

— Moi, dit Gobertus.

— Eh bien, reprit le duc, en abattant sa hache sur la tête du malheureux, voici la récompense due aux traîtres, Que les autres soient traités de même devant le peuple! »

Le sang avait jailli sur les vêtements de l'évêque.

« Es-tu satisfait? lui dit le duc.

— Non, reprit le prélat, dont le visage avait pâli ; le vrai Dieu défend de verser le sang... même le sang du coupable ! car son âme est immortelle, et c'est au Seigneur Dieu qu'il appartient seul de la séparer du corps, quand il lui plaît, pour la juger selon ses œuvres.

— Ton Dieu, alors, n'est pas celui des chrétiens, puisqu'ils s'entre-tuent par le commandement de leur Dieu, disent-ils. »

Le lendemain, les Francs quittaient la ville ; mais pendant la nuit, malgré les promesses de leurs chefs, des désordres avaient eu lieu, des maisons avaient été pillées. La plupart des Francs avaient passé cette nuit en orgies, et plusieurs habitations des faubourgs brûlaient pendant que la queue de la colonne des Francs s'éloignait.

Toutefois, de plus grands maux étaient à redouter, car pas un habitant n'avait été tué ou blessé. Avec raison, la population de Clusiacum rendit grâces à l'évêque de ce que la ville était épargnée ; chacun répétait ses discours adressés aux Francs. Dans l'esprit du peuple de Clusiacum, sa légende prit bientôt un caractère surnaturel. Les Francs avaient été saisis de vertige en apercevant l'évêque entouré de ses clercs et abandonnaient leurs armes ; la croix avait fait cabrer le cheval du duc ; celui-ci, ébloui par l'éclat fulgurant du crucifix, s'était prosterné la face contre terre. On avait vu deux anges aux côtés du saint prélat, armés de glaives de feu qui inspiraient une juste terreur aux Francs et les empêchaient d'avancer.

Aussi, au milieu du carrefour témoin de la rencontre de l'évêque et des Francs, une croix fut élevée. Ruinée et rétablie maintes fois depuis lors, on la voit encore s'élever à l'angle de la petite place à laquelle aboutissent les trois rues du Pré, de Troyes et du faubourg Saint-Laurent, non loin de la station du chemin de fer ; il y a peu d'années, et,— tant les traditions sont vivaces dans l'esprit des populations, — on l'appelait encore : *la croix de la délivrance.* Mais si vous demandiez aux habitants pourquoi on la désignait ainsi, ils vous répondaient invariablement que « c'était en mémoire de la reddition de la ville de Clusy au roi Charles VII, vers la fin de la domination anglaise. » Et c'est ainsi que se transforment les légendes.

CHAPITRE II

LA CATHÉDRALE.

Bientôt après les événements que nous venons de raconter, les Francs, Chlodowig à leur tête, se convertirent à la foi chrétienne, et on sait que les évêques de la Gaule furent les actifs ouvriers de cette évolution. Leur influence, par suite, ne fit que s'accroître sur les populations.

Les municipes romains conservaient leurs attributions, mais, de fait, les charges des curiales avaient perdu de leur importance. L'évêque représentait le pouvoir; il était l'intermédiaire entre l'autorité souveraine, mal définie d'ailleurs, et ses administrés. C'était à lui qu'il fallait recourir pour tout ce qui touchait aux intérêts de la cité. C'était lui qui jugeait les différends entre les habitants ou qui obtenait justice à la cour des Francs. Pour tout ce qui avait trait aux intérêts mêmes du clergé, l'évêque recourait aux synodes.

L'invasion, suivie de la domination définitive des barbares sur le sol des Gaules, avait eu pour conséquence de rapprocher le haut clergé du peuple. Une sorte de lien intime s'était établi entre l'évêque et les fidèles, en présence du péril commun. Mais, quand les vainqueurs se furent convertis, cet état de choses prit un autre caractère. Les débris des institutions administratives romaines s'effacèrent, les populations, habituées à ne plus compter que sur l'intervention de l'évêque, se désintéressèrent des questions communales. Les curiales se crurent heureux de se débarrasser des lourdes charges que la législation romaine leur imposait, et la masse du peuple des cités tomba de plus en plus bas. Qu'ils le voulussent ou ne le voulussent pas, les évêques ne trouvèrent bientôt plus, au sein de ces populations, les forces actives sur lesquelles le pouvoir pouvait s'appuyer; et la distance qui les séparait des masses ne fit que s'accuser chaque jour davantage.

L'autorité épiscopale qui, au moment de l'invasion, relevait encore de l'élection populaire, et qui, par cela même, pensait ne devoir s'exercer qu'avec le concours des notables *clarissimes* et *curiales*, perdant ce soutien, chercha son point d'appui auprès du pouvoir fantasque des rois barbares nouvellement convertis. Il leur fallut briguer les faveurs de ces chefs mérovingiens, et les intrigues, les complaisances, l'habileté durent, en bien des occasions, remplacer les vertus pastorales et viriles qui étaient le partage de l'épiscopat des Gaules pendant le cinquième siècle.

Si les populations ne s'en trouvèrent pas mieux, les églises, leurs priviléges, leur richesse s'étendirent, et, à l'époque des derniers rois mérovingiens, cet épiscopat, qui s'était placé entre les envahisseurs et les vaincus pour rendre le sort de ceux-ci moins dur, donnait trop souvent l'exemple de la dissolution.

Alors l'édifice municipal, la curie, n'avait plus sa raison d'être; toute affaire était traitée sous la direction supérieure de l'évêque; de l'autonomie municipale, il ne restait que des débris sans consistance.

Cependant, un pouvoir nouveau s'élevait en face de l'épiscopat. Des établissements religieux, qui cherchaient à s'affranchir de l'autorité diocésaine, se fondaient rapidement sur tout le territoire des Gaules. Pourvus de priviléges considérables, enrichis par des donations répétées, — car, à la fin d'une existence désordonnée et trop souvent souillée de crimes, les grands, parmi les Francs, léguaient partie de leurs biens aux monastères, croyant ainsi racheter leur âme, — ces établissements religieux acquirent à leur tour sur les populations une influence considérable. Ils jouissaient du droit d'asile, ils offraient un refuge relativement respecté, leurs terres étaient moins soumises aux dévastations, ils possédaient des écoles, se livraient à certaines industries et n'étaient tenus à aucune charge envers l'État, — si toutefois on peut donner le nom d'État au règne de l'arbitraire, du caprice et de la force brutale.

L'épiscopat, au huitième siècle, était donc menacé dans son existence; menacé par l'influence croissante des monastères, menacé par les abus qui s'étaient introduits dans son sein, à la suite d'un pouvoir presque illimité. Le règne de Charlemagne, en réglant les attributions du pouvoir, en essayant une renaissance de l'organisation romaine, releva l'institution, car la durée n'est assurée qu'à ce qui vit sous l'empire de la loi.

Mais il ne faudrait pas croire cependant qu'à l'état d'anarchie précédent, succéda tout à coup et par le fait de la volonté d'un homme, fût-il un puissant génie, une organisation réglée, stable. Non. Le travail de réédification du grand empereur d'Occident trouvait dans les mœurs, dans de longues habitudes prises, des obstacles sans nombre ; ses efforts échouaient souvent malgré sa persistance.

Il établit d'abord des agents de gouvernement résidents ; ducs, comtes, vicaires des comtes, *scabini* [1], ces derniers remplissant les fonctions municipales ; puis, au-dessus de ces délégués du pouvoir central, des *missi-dominici*, ce que nous appellerions aujourd'hui des inspecteurs généraux, chargés de visiter les provinces et de lui rendre compte de la gestion des agents résidents.

L'empereur convoquait en outre des assemblées générales consultatives, mais qui ne décidaient rien d'elles-mêmes, pour traiter des grands intérêts de l'empire.

Tous ces fonctionnaires étaient nommés par l'empereur, et le mode d'élection par le peuple n'était plus admis quand il s'agissait de pourvoir à la vacance d'un siége épiscopal. Les évêques étaient désignés par leurs pairs et nommés par l'empereur. D'ailleurs, les assemblées générales se composaient en grande partie de prélats, et les *missi-dominici* n'étaient autres que des comtes, des évêques et des abbés appelés à la cour de Charlemagne à cause de leur savoir ou de leur activité dans l'étude des affaires.

Du cinquième au huitième siècle, les arts n'avaient pu que décliner ; les dernières traditions romaines s'étaient effacées ; les édifices que l'on éleva pendant cette période accusaient de plus en plus l'oubli des règles les plus élémentaires de l'art de l'architecture. On se contentait de maintenir tant bien que mal les monuments de la décadence de l'empire. Mais Charlemagne apporta ses soins à la réédification des anciennes églises, et sous son règne, les édifices

1. Eschevins, chargés de la gestion des affaires de la commune. Ils remplaçaient les curiales.

épiscopaux furent presque partout rebâtis, agrandis ou restaurés.

La basilique de Saint-Étienne était devenue la cathédrale de Clusiacum, car l'évêque y avait sa *cathedra,* son siége épiscopal. Mais le vieil édifice était fort délabré, ne répondait plus aux besoins des habitants et à l'importance des solennités qu'il devait abriter.

En effet, par suite de l'extension de l'autorité épiscopale, non-seulement la cathédrale servait au culte religieux, mais c'était sous son toit que se tenaient les assemblées pendant lesquelles, sous la présidence de l'évêque, on discutait des intérêts de la cité. Elle servait de tribunal lorsque le prélat avait à juger des causes importantes.

En 796, Eustoche venait d'être nommé évêque de Clusiacum : c'était un prêtre instruit, natif de Lyon. — Car Charlemagne cherchait sans cesse à s'entourer de tous les hommes, de quelque contrée qu'ils fussent, qui s'étaient fait connaître par leurs lumières. — Il avait gouverné avec sagesse un monastère d'Auvergne, avait su y fonder des écoles renommées. Chargé par l'empereur de missions difficiles dont il s'était tiré à son honneur, le siége de Clusiacum lui échut.

Un de ses premiers soins se porta sur l'agrandissement de la basilique de Saint-Étienne, et, peu après son installation, il adressa une longue lettre à Charlemagne, de laquelle nous extrayons les passages suivants (car les évêques et les comtes, indépendamment des visites des *missi-dominici,* se croyaient tenus d'adresser à l'empereur des missives, sous forme de rapports, sur leur gestion) :

Lorsque j'eus, suivant votre ordre, pris possession de cette église, j'agis de tout mon pouvoir, selon les forces

de ma petitesse, pour amener les offices ecclésiastiques au point où, avec la grâce de Dieu, ils sont à peu près arrivés. Il a plu à votre piété d'accorder à ma demande la restitution des revenus qui appartenaient autrefois à l'église de Clusiacum; au moyen de quoi, avec la grâce de Dieu et la vôtre, j'ai pu entreprendre la reconstruction totale de la vénérable basilique du glorieux martyr Étienne, ainsi que d'une partie des bâtiments épiscopaux qui tombaient de vétusté, de manière à les rendre dignes de vous, s'il vous plaisait de visiter ces régions. Je projette également de construire, dans le voisinage de l'église de Saint-Étienne, une école pour les clercs avec un cloître, afin qu'ils puissent vivre en commun et qu'ils soient en état de répandre la lumière des lettres et des sciences autour d'eux, aussi bien que de méditer les textes sacrés....

Ainsi qu'il l'annonçait à Charlemagne, l'évêque Eustoche fit promptement exécuter de grands travaux dans l'enceinte de l'ancien prétoire romain. De la basilique (fig. 7)[1], il ne conserva que l'abside, les murs latéraux et le baptistère qui était couronné par une tour. Il allongea la nef de deux travées, perça les murs latéraux pour élever un transsept et refit toute l'ordonnance intérieure, en se servant toutefois de quelques-unes des colonnes antiques qui avaient été déjà replacées dans l'ancienne basilique.

Reculant les bâtiments épiscopaux, il fit élever un grand cloître sur le flanc sud de l'église. Les habitants durent

---

1. Dans ce plan, les parties rouges indiquent les reconstructions de l'évêque Eustoche ; les parties noires, les anciennes constructions conservées.

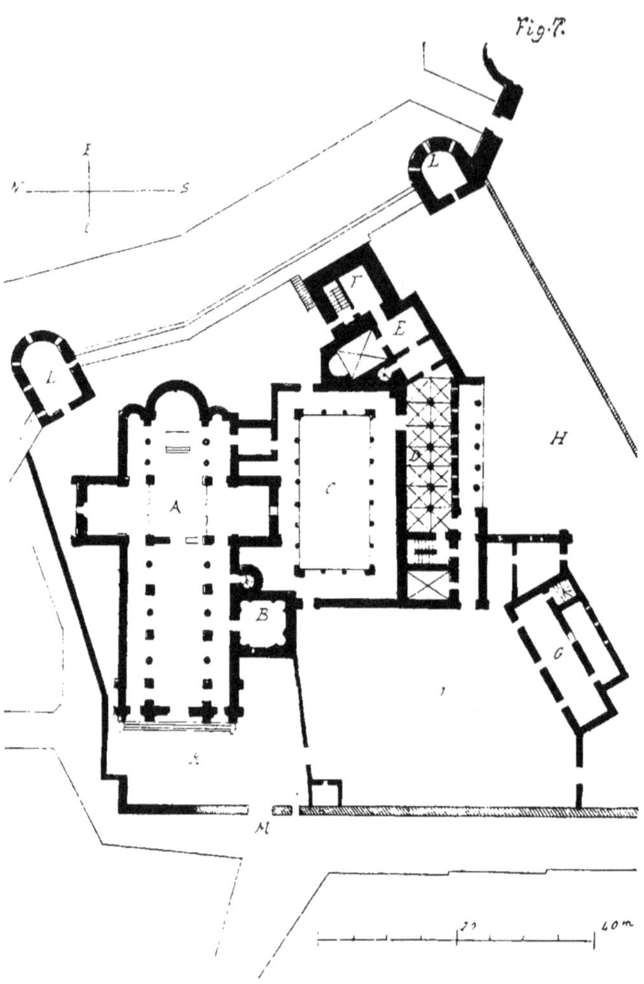

PLAN DE LA CATHÉDRALE CARLOVINGIENNE ET DE L'ÉVÉCHÉ

pourvoir de leurs deniers à la restauration des tours et de
la porte romaines, ainsi que des remparts. La limite de
l'enceinte de l'ancien prétoire fut quelque peu reculée du
côté du nord aux dépens d'une voie publique, moyennant
une somme que l'évêque promit de donner pour réparer
l'ancienne curie [1].

La figure 8 donne la vue du palais épiscopal et de l'église.
Sauf l'abside ancienne et les deux absidioles ajoutées à l'extrémité des bas-côtés, lesquelles étaient voûtées en cul-de-
four, tout le reste de l'église fut couvert par une charpente
richement décorée de peintures. Deux tours s'élevaient sur
les premières travées des collatéraux et contenaient des
cloches.

Cette église, ainsi reconstruite, parut fort belle ; mais les
dépenses avaient été considérables. Les bâtiments neufs de
l'évêché, le cloître décoré de chapiteaux sculptés avaient également demandé des sommes importantes, et, quoique l'empereur eût accordé à plusieurs reprises des subsides sur
le trésor impérial, l'évêque, à la fin des travaux, était
fort obéré. Il lui fallut recourir à des emprunts pour solder
les dernières dépenses.

Alors, les Juifs et les Lombards, établis dans toutes
les villes de France, étaient les seuls détenteurs d'argent
auxquels on pût recourir lorsqu'on voulait contracter des
emprunts. Pas n'est besoin de dire qu'ils ne prêtaient que
sur bons gages et moyennant de gros intérêts ou certains

---

1. A, l'église cathédrale ; B, l'ancien baptistère servant de trésor :
C. le cloître ; D, celliers à rez-de-chaussée, grandes salles au-dessus
pour les assemblées des clercs ; E, logements à rez-de-chaussée et au
premier étage ; F, ancienne tour romaine ; G, écuries et communs ;
H, jardins ; I, cour : K, parvis ; L, tours romaines restaurées ; M,
porte de l'enceinte de la cathédrale et de l'évêché.

VUE DE L'ÉVÊCHÉ DE CLUSY ET DE LA CATHÉDRALE
CARLOVINGIENNE.

priviléges qui leur permettaient d'accroître leur commerce
et de faire certains profits plus ou moins licites.

Sous l'empire romain, les curiales étaient responsables
de la perception des impôts. C'était à eux à les recueillir ou
à les payer sur leur propre avoir, si la quotité des sommes
à verser au trésor par les municipes n'était pas complétée.
Cette lourde responsabilité faisait que, loin d'être recher-
chées, les fonctions de curiales étaient considérées comme
une charge à laquelle chacun essayait de se soustraire.
Mais il n'était pas loisible de refuser l'emploi de curiale.
C'était une fonction qui incombait à tout citoyen ayant des
biens dans la cité. Le curiale même ne pouvait s'absenter
sans une autorisation du préfet romain ; il était rivé à ses
fonctions.

Cette législation draconienne était tombée en désuétude à
la fin de l'empire ; les pillages répétés auxquels se livraient
les premiers envahisseurs du sol des Gaules eussent rendu
d'ailleurs la perception impossible.

Charlemagne tenta de régulariser la perception des impôts. Mais l'unité n'était plus possible. Les églises s'étaient
fait donner des biens immeubles, des territoires dont le revenu devait pourvoir à l'entretien des clercs et des bâtiments. Ces immeubles et territoires étaient affranchis de
tout impôt envers le trésor impérial, dont les ressources
principales consistaient en biens domaniaux d'une grande
étendue.

Il fallut pourvoir à l'existence de ces comtes et vicomtes
que l'empereur établit partout ; les villes furent chargées
de ce soin. Chaque délégué du pouvoir devait vivre sur le
territoire où il était envoyé, moyennant certaines redevances,
perceptions par feux, droits de péages, droits de mouture,
droits sur les ventes des denrées, droits sur les transactions,

droits sur le sel, etc. L'impôt tendait à prendre ainsi toutes
les formes, à frapper sur tout, et cela sans règle fixe. Chacun
essayait de se soustraire à cette multiplicité des charges ;
les établissements religieux comprirent bien vite les avantages, qu'ils pouvaient retirer d'un ordre de choses intolé-
rable en bien des cas, en traitant les habitants de leurs
terres avec plus de ménagements, et surtout d'une façon
moins arbitraire ; aussi bon nombre de petits propriétaires
jugèrent plus avantageux de vivre comme fermiers des
abbayes que d'être à la merci des percepteurs d'impôts de
toutes sortes, et donnèrent-ils leurs biens aux monastères, à
certaines conditions d'affermage. Ce fait contribua singulièrement à accroître les domaines de ces abbayes, leurs revenus et leur influence sur les populations.

Considérant ces faits, les évêques s'émurent. Outre qu'ils
conservaient encore quelque chose du caractère de représentants du pouvoir civil remis entre leurs mains par l'empire romain expirant, ils vivaient dans les cités, s'en considéraient comme les gardiens naturels et crurent, non sans
quelque raison, que l'intérêt des habitants était lié au leur.
Ils tentèrent donc, en présence de l'éparpillement des pouvoirs qui se manifesta dès la mort de Charlemagne, de
l'espèce de curée qui suivit cette mort et qui fut le prélude
du régime féodal, d'augmenter le territoire épiscopal dans
la cité.

Jusqu'alors, les évêques s'étaient contentés des enceintes
des prétoires ; s'ils avaient reçu des donations de terres
et de propriétés dont les revenus devaient pourvoir à leur
entretien comme à celui des clercs, des églises et bâtiments
épiscopaux, ces biens étaient généralement situés dans la
campagne. Il s'agissait de posséder tout ou partie importante
de la ville et d'en devenir le seigneur. Cela parut d'autant plus

urgent aux évêques que les comtes et vicomtes, de simples
fonctionnaires qu'ils étaient sous Charlemagne, se faisaient
accorder des droits, étendaient leur juridiction, leur autorité directe sur des quartiers tout entiers et arrivaient à
transmettre ce pouvoir à leurs héritiers. Ils devenaient ainsi
seigneurs laïques en face de l'évêque, qui ne pouvait admettre de rivaux dans l'exercice de l'autorité qu'il avait si longtemps exercée sans conteste dans la cité.

En présence du danger qui menaçait leur pouvoir, les
évêques français agirent avec prudence et habileté. Ils réunirent autour de la cathédrale des établissements qui devaient particulièrement intéresser la cité : écoles, maisons
de refuge, hospices. Pour obtenir ces résultats ; ils surent
faire partager leurs craintes aux citoyens influents. Ils se
montrèrent à eux comme les défenseurs naturels de leurs
intérêts, de leurs libertés, si on peut donner le nom de libertés à quelques priviléges maintenus à travers les âges
par les débris des corporations gallo-romaines ; ils leur
signalèrent les procédés arbitraires employés par les comtes
et vicomtes ; ils firent valoir la douceur relative de leur juridiction, leur amour constant pour les habitants, les services
rendus par leurs prédécesseurs.

Et, en effet, à dater du huitième siècle, on vit s'accroître
en étendue les bâtiments épiscopaux ; des quartiers tout
entiers furent placés sous la dépendance de l'évêché. On
éleva des écoles, un hôtel-Dieu, des maisons pour les
chanoines, pour les clercs et serviteurs ; si bien que le domaine épiscopal fut bientôt une cité dans la ville ; cité close,
sur laquelle, à mesure que s'établissait le régime féodal,
l'évêque exerçait les droits d'un seigneur, droits de juridiction, perception des impôts, droits de voirie, etc.

Mais dans la ville de Clusiacum existait, dès le huitième

siècle, une abbaye, l'abbaye de Saint-Martin, qui s'était fait attribuer une partie des terrains de la ville basse, le long de la rivière, et qui, de même que l'évêque, en vint à exercer les pouvoirs féodaux sur ce territoire, bientôt garni de maisons élevées sous la protection de l'abbaye.

Quant au reste de la cité, il demeura nominativement sous le pouvoir du roi, — car Clusiacum était situé aux limites du domaine royal, — pouvoir représenté par un comte, seigneur d'une partie notable du faubourg.

Ce fut seulement sous Charles le Chauve qu'une charte, datée de 860, mit l'évêque de Clusiacum en possession d'un territoire étendu en dehors de l'ancienne enceinte du prétoire.

Le plan (fig. 9) présente une partie de cette concession, qui s'étendait au nord et au midi.

Ce plan montre, en A, l'ancienne enceinte de la cathédrale et de l'évêché (ancien prétoire) et, en BB, partie de l'enceinte nouvelle, avec trois portes CDE.

L'évêque Maurice, qui alors occupait le siége épiscopal, fit élever un hôtel-Dieu en G et des bâtiments H pour recevoir de nombreux écoliers, puis une grande chapelle I pour les jeunes clercs.

La plupart des maisons qui remplissaient cet espace avaient été successivement abandonnées aux évêques, depuis la fin du huitième siècle, ou acquises.

Plusieurs furent démolies pour permettre l'établissement de l'école et de l'hôtel-Dieu. Les autres furent destinées aux logements des membres du chapitre, des clercs et écoliers. Toutefois la muraille K de la ville dut demeurer, en cas de guerre, à la disposition du comte et des milices de la ville. Quant aux habitants qui conservèrent leurs propriétés dans cette enceinte, ils devinrent vassaux de l'évêque;

comme ceux qui demeuraient sur le territoire abbatial, passèrent à l'état de vassaux de l'abbaye, et ceux du faubourg,
de vassaux du comte.

On n'ignore pas que les Juifs avaient, depuis Charlema-

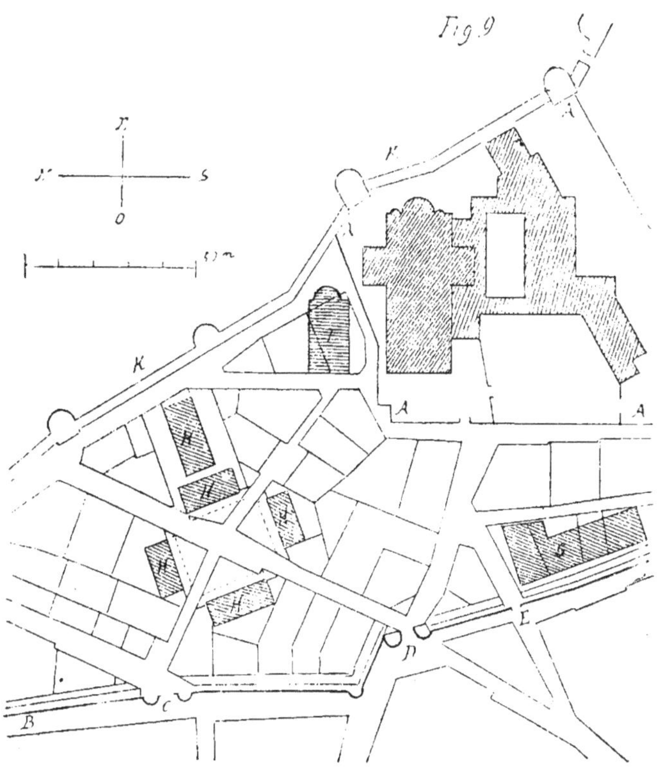

gne, été admis dans les villes et qu'ils jouissaient d'une sécurité relative, assez étendue. C'était à eux que les seigneurs
laïques et les évêques recouraient habituellement dans leurs
besoins d'argent; pour en obtenir, force était bien de leur
faire des concessions avantageuses, comme, par exemple,

l'octroi de la vente de certains objets, de se livrer à certaines industries à l'exclusion des autres citoyens. — Car alors, on ne connaissait guère d'autres moyens, pour se procurer de l'argent, que d'accorder des priviléges à ceux qui possédaient les métaux précieux, quitte à leur faire payer ces concessions le plus chèrement possible.

Grâce à leur intelligence, à leur habileté pour le négoce, à leur économie, à leur esprit de solidarité, les Juifs composaient dans les cités une sorte de congrégation puissante. Ne donnant rien à la vanité, vivant entre eux sur le pied d'une fraternité complète, sobres, patients, humbles même, en apparence, ils étaient les seuls détenteurs de capitaux et savaient habilement les faire fructifier. On concevra facilement que cette situation devait leur susciter de nombreux ennemis dans le peuple des villes.

En 845, les conciles de Meaux et de Paris tentèrent de renouveler les anciens édits qui défendaient aux Juifs de plaider, d'administrer, de juger, de faire partie des miiices, d'avoir des esclaves chrétiens, d'élever des synagogues, de se marier avec des chrétiennes, de posséder, etc. Mais ces décrets demeurèrent lettres mortes, et les Juifs n'en continuèrent pas moins à prospérer sous la protection des grands qui avaient besoin d'eux.

Quelle était la situation de la cité, à la fin du règne de Charlemagne? Les comtés et vicomtés étaient divisés en *centainies* (cent feux ou ménages), et on ne pouvait passer d'une centainie dans une autre sans une autorisation du comte, qui avait droit de justice dans l'étendue de son ressort. Les centainies étaient placées directement sous l'autorité d'un chef pris parmi les hommes libres; ceux-ci pouvaient décider de certaines contestations peu importantes, toutes causes qui n'emportaient privation ni de biens fonds, ni de la liberté, ni de la vie. Ils instruisaient les affaires criminelles jugées en la cour du comte.

Le comte et le centenier étaient assistés de conseillers ou assesseurs (*judices locorum*, *scabini*), pris de même parmi les citoyens notables. Mais ces conseillers étaient élus par le peuple et par le comte et confirmés par l'empereur.

Il en était de même des centeniers. Les *scabini* (eschevins) remplaçaient ainsi les anciens curiales.

Mais les années qui précèdent la chute des successeurs de Charlemagne présentent un tel chaos, une telle anarchie et confusion de pouvoirs, que ces institutions étaient profondément altérées.

Les pouvoirs féodaux établis sur ces ruines tendaient à supprimer ces dernières et faibles garanties de la liberté des citoyens, chacun ne pensant qu'à se placer sous la protection du plus fort.

Ainsi, dans la cité même, l'antagonisme féodal se manifestait de jour en jour; si une querelle survenait entre l'évêque et l'abbé ou le vicomte, on voyait les citoyens prendre parti pour leur seigneur et se livrer des combats dans les rues, autour des enceintes qui circonscrivaient chaque seigneurie.

A Clusiacum, les eschevins se réunissaient dans l'ancienne curie, qui occupait encore la même surface.

Ce bâtiment était fort délabré, car personne n'avait charge de l'entretenir ou de le réparer. Parfois, quelque riche citoyen consacrait une somme destinée à pourvoir aux travaux les plus nécessaires, mais cet argent demeurait en grande partie entre les mains des eschevins, la population n'ayant aucun moyen de leur demander des comptes.

Cependant, les traditions des municipes romains n'étaient pas tellement effacées dans les cités gallo-romaines du Nord, qu'il ne restât dans l'esprit des citoyens un vieux levain d'indépendance et un secret désir de gérer leurs propres affaires, au moyen de magistrats nommés par les habitants possesseurs des droits de cité.

Peu à peu l'idée de la commune indépendante mûrissait au sein des populations ; il se formait ce qu'on appelait des *conjurations*, c'est-à-dire des associations secrètes, entre citoyens, en vue de résister aux exigences croissantes de la féodalité ; et l'heure des revendications municipales allait sonner.

CHAPITRE III

LA COMMUNE DE CLUSY.

Alors, — c'était pendant les dernières années du onzième siècle, — les évêques de Clusy avaient singulièrement étendu leur juridiction seigneuriale sur la ville, si bien que, sauf la place du Marché et ses alentours, le faubourg et le domaine de l'abbaye de Saint-Martin, les droits féodaux de l'évêché s'exerçaient sur la presque totalité des habitants, et que la partie de la cité gouvernée par un prévôt royal ne comprenait guère que le dixième de la superficie enclose de murs ; encore, plusieurs des villages environnants étaient-ils compris dans la seigneurie de l'évêque.

Cependant, la disposition des bâtiments de l'évêché, indiquée dans la figure 9, n'avait point été modifiée ; quelques corps de logis, ajoutés au palais épiscopal, rendaient l'habitation seigneuriale plus vaste ; mais l'enceinte tracée sur cette figure existait encore. C'était la clôture du chapitre, des écoles et de l'hôtel-Dieu.

Les habitudes des évêques s'étaient modifiées en raison même de l'accroissement de leur puissance, et si les prélats appliquaient rigoureusement leurs droits féodaux, ils ne se préoccupaient que médiocrement des devoirs de *défenseurs* de la cité, pratiqués par leurs prédécesseurs.

Puis, tout un monde dépendait de l'évêque, seigneur féodal. Chevaliers, écuyers, gentilshommes, parents, serviteurs étaient attachés à l'évêché et composaient une véritable cour qui vivait aux dépens du bourgeois.

Le siége de Clusy était un des plus productifs du royaume et, comme tel, était donné à des personnages de haute lignée, puissants, et qui devaient trop souvent leur élévation au siége épiscopal, à la faveur, ou mieux à l'intrigue et à la simonie.

En 1099, ce siége était devenu vacant ; les bourgeois respirèrent, car, en cas de vacance, les revenus féodaux de tout évêché étaient perçus par le prévôt, au profit de la couronne et de la commune. Or, l'évêque défunt avait fort abusé de ses droits, taxant arbitrairement les habitants, les rançonnant sous le prétexte le plus futile. De riches bourgeois avaient été emprisonnés pour leur extorquer de l'argent, et plusieurs fois les violences des agents de l'évêché occasionnèrent des rixes dans la ville. Rien n'était plus fréquent, alors, que les longues vacances des siéges épiscopaux, par cette raison que le roi avait tout intérêt à les faire durer. Mais aussi, c'était un moyen de remplir le trésor royal, que d'accorder ces siéges moyennant finance. Le prélat, qui avait ainsi acheté, pourrait-on dire, la dignité épiscopale, n'avait rien de plus pressé que de rentrer dans les sommes déboursées par lui, et, à la suite de ces vacances qui laissaient quelque répit aux citoyens, les exigences des évêques n'étaient que plus dures.

Il se trouva que, pendant les deux années que dura la vacance du siége de Clusy, le prévôt royal, homme débonnaire, ne foula pas trop les habitants, qu'une aisance relative, la tranquillité et une certaine liberté permirent aux Clusianois de travailler, de développer leur industrie et leur commerce.

Les corporations resserrèrent les liens qui les unissaient et se promirent de ne plus supporter les spoliations dont elles avaient été les victimes. Il y eut des conciliabules et, suivant l'exemple récemment donné par certaines villes du Nord, les bourgeois jurèrent de se soutenir par toutes voies et de revendiquer l'ancien droit de s'administrer, de percevoir les impôts, de faire la police chez eux, de punir les délits et de nommer à toute fonction municipale par voie d'élection.

Il y avait alors à Clusy un bourgeois qui s'était enrichi dans la fabrication des draps, homme respecté de ses concitoyens, car il faisait le bien et était de bon conseil. Plusieurs fois, sous le précédent évêque, il s'était entremis pour obtenir justice. Le prélat, qui n'était pas méchant homme au fond, mais qui péchait par faiblesse envers son entourage, avait des égards pour ce notable et l'écoutait volontiers.

Ce bourgeois avait nom Ancelle, était père de huit enfants, dont plusieurs étaient déjà mariés. Une de ses filles avait même épousé l'écuyer Raymon, qui était homme d'un des chevaliers de bon renom de la ville.

Quand Ancelle réunissait à sa table ses enfants, petits enfants et ses proches, cela composait une assemblée d'une trentaine de personnes. Son influence était grande dans la cité; aussi fut-il tout d'abord désigné pour présider les conciliabules pendant lesquels furent établies les bases de la *Commune.* Avisé et prudent, il proposa tout d'abord de s'entendre avec les clercs du chapitre et les chevaliers, afin de mettre dans le parti de la commune, outre le bon droit, les hommes attachés à l'évêque qu'on leur donnerait.

Cette entente n'était pas difficile; il s'agissait seulement d'offrir une bonne somme d'argent à ces soutiens du pouvoir féodal. Nous donnons, figure 10, le portrait d'Ancelle.

Fig. 10

Portrait du maire Ancelle.

A ce sujet, des ouvertures furent donc faites à ces clercs du chapitre et à ces chevaliers. Ceux-ci consentirent à tout ce que feraient les bourgeois pour constituer la commune, pourvu qu'on leur donnât de bons gages pour le payement de la somme fixée.

Cela fait, après plusieurs séances tenues en présence de ces chevaliers et clercs, l'acte de commune fut rédigé, et par serment, bourgeois, clercs et chevaliers jurèrent de l'observer fidèlement.

Par cet acte, la commune devait être administrée par un maire (*majeur*) et des jurés nommés à l'élection. Aucune arrestation d'un homme, soit libre ou serf, ne pourrait être faite que sur l'ordre du maire et des jurés. Tout délit devait être jugé par ces mêmes autorités, et, en matière capitale, le maire et les jurés recevraient les dépositions du plaignant, s'il n'était pas fait justice à la Cour seigneuriale. Les censitaires ne payeraient à leur seigneur que ce qu'ils devaient par tête, et n'accorderaient rien en sus au dit seigneur, que de leur propre volonté.

Quiconque serait reçu dans la commune devrait, dans le délai d'un an, ou bâtir une maison, ou acheter des champs, ou être nanti d'objets mobiliers ayant assez de valeur pour que justice pût être faite s'il y avait plainte contre lui.

Les mainmortes étaient entièrement abolies.

Le payement des tailles était réglé.

Le maire et les jurés, au nombre de douze au moins, avaient l'administration de la justice, de la police et de l'édilité. Ils convoquaient les habitants au son de la cloche, soit pour tenir assemblée, soit pour la défense de la ville. Ils devaient juger les délits commis dans la banlieue, faire exécuter les jugements en leur nom et sceller leurs actes du sceau municipal.

Immédiatement après le vote de cette charte, jurée par les bourgeois, par les chevaliers et les clercs, on se mit à l'œuvre pour organiser la petite république. Ancelle fut nommé maire, et tout sembla marcher à souhait. Il fallait songer à édifier un bâtiment propre à recevoir les assemblées des bourgeois, avec une tour pour les cloches et les archives municipales. Or, l'ancienne curie n'était plus, à proprement

parler, qu'une sorte de grange délabrée. Le maire et les
jurés s'adressèrent au maître des œuvres, Jean de Laon,
qui passait, non sans raison, pour fort expérimenté. Il
n'était pas possible d'occuper plus de terrain que n'en prenait l'ancienne curie, et même, les notables consultés furent
d'avis que le bâtiment de la commune devait, autant que
possible, être isolé. Le programme fut ainsi rédigé : Une
tour, devant contenir une salle propre à recevoir les archives, les sceaux, les bannières et toutes choses importantes
et précieuses pour la commune, surmontée d'un beffroi et
d'une guette permettant de découvrir tous les points de la
ville. Dans le beffroi, seraient établies trois cloches; la première et la plus grosse pour la convocation des assemblées;
la deuxième pour signaler les incendies, attaques, émotions; la troisième pour sonner l'heure du travail des ateliers et le couvre-feu. A cette tour devait être joint un
escalier. Sur l'emplacement de l'ancienne curie, un espace
voûté pour la réunion des dizainiers; une prison; au-
dessus, la salle de réunion des bourgeois; une galerie
ajourée sur la place, pour parler au peuple.

Maître Jean de Laon soumit bientôt au maire et aux
jurés un projet tracé sur beau vélin. Les murs romains de
la curie romaine, très-solides encore, étaient conservés
(fig. 11).

En avant du vieux bâtiment, le maître de l'œuvre projetait une tour carrée avec escalier à vis d'une belle largeur
(4 pieds d'emmarchement). Le rez-de-chaussée de cette
tour servait de vestibule à la grande salle voûtée du rez-de-
chaussée. Des deux côtés, deux portiques avec galeries au-
dessus, réunis à la tour; derrière celle-ci, la salle voûtée à
rez-de-chaussée, divisée en trois travées par deux rangs
de colonnes; une prison en regard de la cage de l'escalier.

Au-dessus, la grande salle des bourgeois, à laquelle on arrivait par l'escalier à vis, et, dans la tour, la salle des chartes, sceaux, bannières et pièces judiciaires, salle également voûtée. Puis enfin, le beffroi avec sa guette.

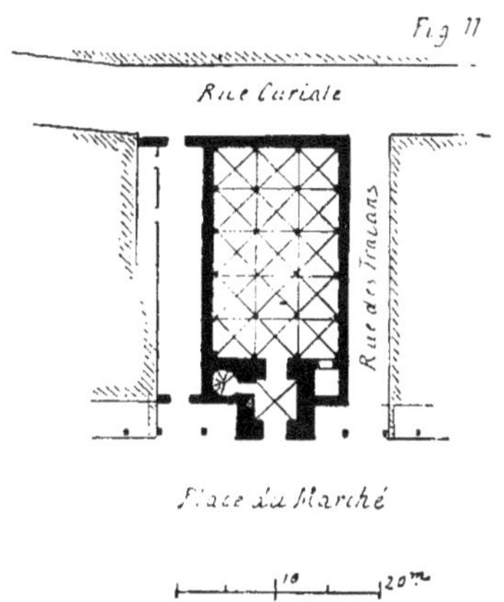

Il restait ainsi, sauf au droit des galeries de face, un isolement complet entre la maison des jurés et les propriétés voisines. D'un côté, à droite, cet isolement laissa un passage public de la place du Marché à la rue des Curiales, dite rue Curiale, et de l'autre, à gauche, la maison des jurés possédait une longue cour avec hangar dans un redent formé par la propriété voisine sur la rue Curiale. Cette cour fermée fut spécialement affectée au dépôt des engins, tels qu'échelles, cordages, chaînes, chariots, etc.

La figure 12 présente le projet de maître Jean de Laon, en perspective, tel qu'il fut bientôt exécuté. Avec une ardeur singulière, on se mit à l'œuvre. Des propriétaires voisins prêtèrent leurs maisons pour les réunions des jurés, en attendant que le bâtiment municipal fût achevé. Le terrain fut déblayé ; de la curie, on ne conserva que les murs dans la hauteur du rez-de-chaussée ; les fondations de la tour furent jetées, et, trois mois après l'adoption du projet, on voyait déjà cette construction s'élever sensiblement au-dessus du sol de la place.

Cependant Ancelle n'avait pas, dans le fond de son cœur, la confiance que montraient ses concitoyens. Il redoutait l'arrivée de l'évêque futur ; il n'était pas édifié sur les sentiments du suzerain à l'endroit de l'établissement de la commune. Aussi crut-il sage de tâter à ce sujet le prévôt.

Celui-ci, comme il a été dit, était un homme aux habitudes douces, qui se contentait de faire lever régulièrement les taxes, mais ne s'occupait en rien de la gestion intérieure de la cité. Loin de s'émouvoir de l'établissement de la commune, il n'avait vu dans cette décision des bourgeois qu'un moyen de fortifier le pouvoir royal et de diminuer d'autant l'autorité féodale de l'évêque. D'ailleurs, les clercs du chapitre qui, en l'absence de l'évêque, gouvernaient l'église et les chevaliers ayant prêté serment à la commune, il ne croyait pas utile d'intervenir. Il s'était contenté de faire savoir au roi l'installation de cette commune.

Mais alors, Louis VI venait à peine d'être associé à la couronne ; et à la cour on avait d'autres préoccupations.

Ancelle se rendit donc chez le prévôt, afin de le consulter sur l'opportunité d'une démarche auprès du roi.

« Ce n'est pas le moment, lui répondit le prévôt. Le roi ne voudra pas prendre une décision avant que le seigneur du lieu n'ait refusé d'accepter ou n'ait accepté la commune jurée par les clercs, par les chevaliers et les bourgeois de la ville. Suivant ce qui arrivera, il sera temps d'agir, soit pour prier le roi de ratifier les conventions, soit pour le supplier d'intervenir auprès du seigneur évêque, si celui-ci n'accep-

tait pas ce qui a été fait pendant la vacance du siége. En tout
cas, il vous en pourra coûter gros; donc, ménagez vos ressources. »

L'avis parut sage à Ancelle, et les travaux furent poussés
avec activité; la ville se gouvernait suivant la nouvelle législation communale, et la petite république prospérait, prenant confiance chaque jour davantage.

Ce fut le 15 février 1101 seulement que le nouvel évêque
fit son entrée dans la ville de Clusy. L'évêque Godefroy
était allié aux grandes familles de Normandie; il avait fait
la guerre en Angleterre avec Guillaume le Bâtard. Ses habitudes étaient plutôt celles d'un seigneur laïque que d'un
pasteur des peuples; il menait grand train, aimait la guerre
et la chasse, avait autour de lui gentilshommes et serviteurs
vivant largement. On prétend qu'il avait obtenu son siége
à force d'argent, et il arrivait à Clusy avec la ferme intention de se rembourser promptement des sommes dépensées
par lui.

Dès qu'il eut pris connaissance du traité conclu pendant
la vacance du siége épiscopal, il se montra profondément
irrité et ne parlait de rien moins que de sortir de la ville et
d'y rentrer par la brèche. Cependant, sur les conseils du
prévôt, la commune lui offrit une grosse somme d'argent
s'il voulait la reconnaître à son tour; changeant aussitôt
d'avis devant cette offre qui venait si bien à point, l'évêque
ne fit plus de difficulté de jurer qu'il respecterait les priviléges des bourgeois, renonçant pour lui-même et pour ses
successeurs aux anciens droits de la seigneurie.

Les bourgeois n'avaient plus dès lors qu'à solliciter la
sanction de l'autorité royale, sanction qui fut obtenue
moyennant de beaux présents.

Les choses durèrent ainsi plus de deux ans. La maison

des jurés était construite (fig. 12). Mais les sommes versées
entre les mains de l'évêque étaient dépensées, et les taxes,
régulièrement perçues, étaient loin de suffire aux besoins du
prélat et de sa cour. Les clercs et chevaliers avaient aussi, de
leur côté, vu bientôt la fin des sommes qui leur avaient été
accordées par les bourgeois. Ces clercs et chevaliers devenaient insolents, arrêtaient les gens la nuit dans les rues pour
les détrousser. Ils allèrent jusqu'à piller des boutiques; les
rixes recommençaient et la police urbaine avait fort à faire,
car les hommes de l'évêque, sans tenir compte des règlements municipaux, faisaient parfois main basse sur tous,
emprisonnaient les citadins à l'évêché où ceux-ci subissaient
les plus cruels traitements, d'où ils ne sortaient qu'en
payant argent comptant, et ils relâchaient les leurs. Souvent, la nuit, on entendait sonner la cloche du beffroi,
annonçant l'attaque d'une troupe sortie de l'évêché contre
les plus riches maisons. Toutefois, dans ces échauffourées,
les bourgeois, plus nombreux, organisés en compagnies
par quartiers, avaient le dessus, et, sauf des exceptions
rares, force restait à la loi de la commune; mais les sentiments de haine fermentaient chaque jour davantage entre
nobles et bourgeois.

Un soir du mois d'avril 1103, l'écuyer Raymon, gendre
d'Ancelle, vint le trouver, et, sous le sceau du secret, lui fit
savoir que l'évêque comptait profiter des fêtes prochaines de
Pâques pour en finir avec la commune; qu'alors les clercs
et chevaliers seraient déliés solennellement de leur serment,
que tous les droits seigneuriaux seraient rétablis et tous les
habitants de Clusy ramenés dans leur ancien état de gens
taillables à merci.

« Eh bien, dit Ancelle, nous résisterons par les armes, si l'on nous y contraint; car nous possédons une

VUE DE L'HOTEL DE VILLE DU XII° SIÈCLE.

charte royale, et l'évêque ne peut, de son chef, la dé-
chirer. »

Le lendemain, de bon matin, Ancelle réunit les douze jurés et leur fit part de ce qu'il avait appris. Ces braves gens
ne s'émurent pas outre mesure de cette conspiration contre
la commune, chacun d'eux sentant qu'une crise violente
était prochaine et qu'il faudrait payer de sa personne. Ils
avaient pour eux le bon droit; ils étaient décidés à le faire
respecter et ne doutaient pas des dispositions de tous les
hommes libres de la ville.

Il fut décidé que chacun d'eux *conjurerait* un certain
nombre de citoyens, qu'on réunirait des armes, qu'on veil-
lerait à la police de la ville plus exactement que jamais, et
qu'au premier signal les milices se réuniraient sur la place
du Marché.

Un incident contribua à empirer la situation. A Clusy,
vivait la veuve d'un bourgeois notable, laquelle avait une
jeune fille fort belle, fiancée au fils d'un des jurés.

A plusieurs reprises, un chevalier du nom de Hugues de
Civry, attaché à l'évêque, qui trouvait la jeune Alette fort
de son goût, avait tenté, par des présents et des paroles
dorées, de se faire bien venir dans la maison de la veuve,
avec l'espoir de séduire la fille. Mais il en avait été pour sa
peine; ses offres aussi bien que ses cadeaux avaient été re-
poussés, et la veuve ne quittait pas la jeune Alette d'un instant. Jamais l'une ne sortait sans l'autre du logis.

Soit que Hugues de Civry crût le moment favorable, soit
que les dédains des deux femmes eussent excité sa passion,
une nuit, il s'introduisit de force, avec quelques mauvais
drôles, dans la maison de la veuve, et malgré les cris et l'é-
nergique défense de celle-ci, il enleva la fille. L'expédition
fut menée si rapidement que les gens de la ville ne purent

que constater le rapt, peu d'instants après la fuite du chevalier et de ses hommes.

La veuve, au désespoir, blessée dans la lutte, couverte de
sang, à peine vêtue, courait dans les rues, accusant les
bourgeois de lâcheté; elle était suivie par une foule exaspérée quand elle arriva chez le maire au moment où le jour
commençait.

Celui-ci s'habilla aussitôt et se rendit immédiatement à
l'évêché pour demander justice, le coupable étant désigné
par la veuve. Il ne put voir l'évêque ; malgré son insistance,
celui-ci se contenta de lui répondre qu'il examinerait l'affaire et que, d'après l'acte de la commune, il avait cinq
jours pour juger le cas.

L'émotion croissant dans la ville, vers le milieu du jour,
le maire et les jurés se rendirent de nouveau en corps à
l'évêché. Même réponse. Les bourgeois, excités par la
veuve, parlaient d'aller attaquer la maison du chevalier ;
mais cette maison était située dans l'enceinte même du chapitre, et, en face de l'exaspération de la multitude, les portes
de cette enceinte avaient été fermées après la sortie des
jurés.

Le lendemain, le roi Louis VI (dit le Gros) arrivait dans
la ville de Clusy, suivi d'un grand train. Il se rendait à l'in-
vitation de l'évêque, auquel il avait promis d'assister aux
fêtes de Pâques, dans son église.

Il est à croire que cette visite avait été concertée pour en
finir avec la commune. En effet, l'évêque mit la question
sur le tapis. Le roi et les courtisans avaient des scrupules et
l'évêque n'avançait pas dans sa négociation, d'autant que
les bourgeois, prévoyant les intentions du prélat, avaient
fait offrir quatre cents livres et plus aux conseillers du
roi.

En présence de ces hésitations, l'évêque Godefroi, n'ayant pas de peine à en deviner le motif, offrit sept cents livres, non qu'il les possédât, mais il entendait bien, la commune supprimée, les lever sur les bourgeois. Devant de pareilles offres, les conseillers du roi reconnurent volontiers que la commune était œuvre du démon, et le suzerain lui-même ne fit plus de difficultés pour anéantir la charte qu'il avait octroyée deux ans auparavant.

Il s'agissait de se mettre en règle de toutes façons; le prélat, en vertu de son autorité pontificale, délia les clercs, les chevaliers, le roi et lui-même des serments prêtés aux bourgeois, et immédiatement, de par le suzerain et l'évêque, on publia par la ville l'abolition de la commune et l'injonction à tous magistrats de la cité d'avoir à cesser leurs fonctions, de déposer le sceau et la bannière de la commune à l'évêché, de descendre sans délai les cloches du beffroi et de cesser toute réunion.

Les jurés, cependant, siégeaient dans leur maison communale, et la résistance fut décidée. Malgré le *cri* du roi et de l'évêque, des conciliabules eurent lieu la nuit suivante et pas un bourgeois ne dormit dans la ville.

Ancelle, portant avec calme l'immense responsabilité qui pesait sur lui, donna ses instructions, bien décidé à jouer le tout pour le tout et à mourir s'il le fallait sur les ruines de sa ville.

Le *cri* avait été accueilli dans toute la cité avec de telles clameurs, de telles huées, que le roi jugea prudent de ne point attendre la fin de cette aventure. Le vendredi-saint, de grand matin, il sortit avec toute sa suite par la porte Saint-Étienne, voisine de l'évêché où il avait pris son logis.

Ce jour-là, toutes les maisons de la ville restèrent closes, personne ne circulait dans les rues, les auberges n'ouvrirent pas aux voyageurs qui frappaient vainement aux huis. Le Marché demeura désert. Cette attitude, inquiétante au suprême degré pour ceux qui savent comment se préparent les grandes émotions populaires, n'excita que la raillerie chez les nobles, les gens de l'évêque et les clercs du chapitre. Ils crurent que tout était fini. Cependant, l'évêque Godefroi fit venir des domaines de l'Église des paysans et serfs qu'on arma et qu'on établit dans les tours de la cathédrale et de l'évêché ; puis il fut entendu qu'à la première alerte, les chevaliers se rendraient en armes au palais épiscopal.

Le soir, un autre *cri* fut fait dans la ville, par lequel chacun devait dresser un état de son avoir et le remettre dès le lendemain à l'évêché. A ce *cri*, cette fois, ne furent opposées ni huées ni clameurs. Les rues continuaient à être désertes et les maisons fermées.

Pendant la nuit et la journée du lendemain, même silence. Autre *cri* dans la journée enjoignant aux bourgeois d'avoir à payer, à l'occasion de l'abolition de la commune, les mêmes sommes qu'ils avaient données à l'évêque, aux chevaliers et clercs pour son établissement. Évidemment les gens de l'évêché s'enhardissaient et ajoutaient l'insulte et la raillerie à ce qu'ils considéraient comme une victoire.

La fête de Pâques se passa sans tumulte, bien que quelques cris : *Commune ! commune !* eussent été proférés au moment où l'évêque sortait de la cathédrale pour rentrer à l'évêché.

Mais, pendant la nuit qui suivit, cinq maisons de riches chevaliers qui tenaient pour l'évêque furent pillées dans la ville basse, ainsi que des magasins de salaisons et plusieurs moulins sur la rivière. C'était aux vivres spécialement que les pillards s'adressaient, comme s'ils eussent voulu se prémunir contre un siége.

Ces excès firent que les chevaliers s'enfermèrent chez eux pour défendre leur avoir et ne se rendirent pas de grand matin au palais épiscopal, ainsi qu'il avait été convenu, pour mettre à exécution les mesures arrêtées les jours précédents.

L'évêque, informé des attentats commis pendant la nuit, délibérait avec son archidiacre sur les moyens de châtier ces bourgeois, quand un des chanoines, homme d'âge et vénérable, qui voyait dans l'abolition de la commune un sujet de graves désordres et n'approuvait pas la manière dont cette affaire était conduite, demanda à être introduit auprès du prélat.

« Seigneur évêque, lui dit-il, dès qu'il fut en sa présence, je sais de source certaine que les bourgeois de Clusy ont tenu des conciliabules ces jours et nuits passés ; que beaucoup d'entre eux se sont conjurés dans l'intention abominable d'occire vous, vos clercs et les chevaliers de la cité à votre dévotion. Ces gens sont hardis et nombreux ; en admettant que l'on puisse leur résister, ce ne sera qu'en répandant beaucoup de sang ; permettez à un vieux serviteur de l'Église de faire appel à vos sentiments de pasteur de ce peuple... Il en est temps encore peut-être ; des paroles rassurantes, paternelles, détourneraient de leurs mauvais desseins les moins endurcis et isoleraient certainement les instigateurs de la révolte. Sans abandonner les droits seigneuriaux que vous venez de reprendre, que ne promettez-vous à votre peuple de ne les exercer qu'avec modération et justice, de telle sorte que les bourgeois ne soient point lésés dans leurs intérêts ?... Au point où en sont les choses, tout est à redouter...

— Allons ! interrompit l'évêque Godefroi, au point où en sont les choses, je ne donnerai pas à ces vilains la satisfaction de croire qu'ils me font peur. Ne craignez rien, de par Dieu, nous en avons vu bien d'autres! Trois ou quatre hommes d'armes suffiront à balayer cette canaille. Qu'ils complotent dans leurs maisons tant qu'il leur plaira ; mais s'ils se présentent en troupes dans les rues, soyez en paix... l'affaire ne sera pas longue, et nous ne verrons que leurs dos ! D'ailleurs, nous y avons pourvu et sommes en état de nous défendre... »

Puis, après un moment de réflexion, s'adressant à l'archidiacre :

« Les chevaliers se sont-ils rendus ici ce matin ?

— Pas encore, seigneur évêque.

— Eh bien, qu'on les fasse prévenir au plus tôt ! »

Quelques heures avant cet entretien, au petit jour, il s'était passé un fait qui devait hâter le soulèvement des bourgeois.

La veuve, mère d'Alette, la jeune fille enlevée, n'avait cessé d'accabler les bourgeois d'épithètes outrageantes, de ce qu'ils laissaient ainsi ravir une fille libre et de ce qu'ils ne se ruaient pas en masse sur la maison du ravisseur. Ancelle avait essayé vainement de la calmer, car, bien qu'il ressentît la gravité de l'injure faite à la veuve, il ne voulait pas compromettre la réussite de ses projets par une action isolée qui pût détourner l'attention publique du fait principal : la *commune*. Il lui donnait l'assurance que la vengeance serait telle qu'elle la souhaitait, mais que les cris et les injures ne servaient de rien ; qu'il fallait patienter... Celle-ci répondait à ses discours par des explosions de colère mêlées de railleries amères.

Voyant pourtant qu'elle ne pouvait faire sortir le maire de son calme, la veuve alla trouver le fiancé de sa fille et n'eut pas de peine à le pousser à des actes de violence.

Celui-ci réunit une cinquantaine de jeunes gens, fils de bourgeois comme lui, et, de propos en propos, s'échauffant jusqu'à la fureur, ils jurèrent par serment de tuer tous les nobles et les chevaliers, de brûler leurs maisons, dussent-ils périr eux-mêmes jusqu'au dernier dans leur entreprise.

Ils devaient, pendant la nuit du dimanche de Pâques au lundi, escalader les murs d'enceinte du chapitre et commencer par tuer le chevalier ravisseur, brûler sa maison et continuer leur œuvre de destruction, tant qu'un noble resterait vivant.

Mais au moment où, réunis chez la veuve, ils se préparaient à mettre à exécution leur projet, Alette, les vêtements souillés, mourante, entra chez sa mère.

La jeune fille pouvait à peine se soutenir; tout ce qu'on put apprendre d'elle, c'est qu'elle s'était sauvée de chez son ravisseur. En proie à la fièvre, ses dents claquaient, elle ne prononçait que des paroles incohérentes. La veuve, affolée, tantôt serrait la pauvre fille dans ses bras, à l'étouffer, tantôt se répandait en imprécations sauvages, puis, en sanglotant, voulait soigner son enfant, lui donner à boire, la coucher. Mais celle-ci, comme insensible, repoussait tout et ne sortait de son état de torpeur que pour être en proie à des convulsions effrayantes.

Les jeunes gens qui assistaient à cette scène, pâles, accablés, demeuraient comme pétrifiés devant le désespoir de la mère et l'état déplorable d'Alette.

La soif de la vengeance était poussée chez eux au paroxysme, et cependant ils ne pouvaient se détacher de ce spectacle navrant.

Une crise plus violente emporta l'enfant... Quand la veuve vit sa fille morte, elle ne pleura plus, ne cria plus,

mais se dressant de toute sa hauteur et se tournant vers les
jeunes gens :

« S'il en est un seul parmi vous, dit-elle d'une voix rauque,
qui recule devant la vengeance, s'il en est un seul parmi
vous qui épargne un chevalier, s'il en est un seul parmi vous
qui préfère la vie au besoin d'assouvir notre haine commune pour ces nobles... celui-là est un lâche, un traître, un
parjure ; qu'il soit maudit dans l'éternité... Car, au jour du
Jugement, je me lèverai devant Dieu et je dirai : « Voilà un
« parjure à ses serments qui a reculé lâchement quand il
« fallait venger la mort d'une enfant traîtreusement enlevée
« à sa mère ! C'est un complice du crime... Par la justice de
« Dieu, il doit être maudit ! » (Fig. 13.)

Toutes les mains se levèrent, tous jurèrent de nouveau,
sur le corps de l'enfant, de ne pas laisser un noble vivant
dans la cité.

« Et maintenant, reprit la veuve, il vous faut faire passer
dans le cœur de ces timides bourgeois la soif de la vengeance... Portez le corps d'Alette dans la cité. Allez ! que
le Dieu juste soit avec vous ; pour moi, je pleurerai sur ma
fille quand l'outrage sera lavé dans le sang. »

Une acclamation accueillit ces derniers mots. Le corps
de la jeune fille fut placé sur un châlit, aussitôt enlevé par
quatre jeunes gens.

Le jour commençait à poindre et la troupe, en poussant
des cris et des imprécations, se dirigea vers la place du
Marché.

Déjà des groupes silencieux, réunis par Ancelle, débou-
chaient des rues. L'arrivée du cortége funèbre, la vue de
cette belle jeune fille qui semblait dormir, — car la mort
laisse sur les traits de ceux qu'elle frappe ainsi un calme
qui contraste avec les dernières convulsions de l'agonie, —

causèrent parmi les arrivants une sorte de stupeur respectueuse.

Chacun sut bientôt l'événement de la nuit, d'autant que toute la ville était émue de l'enlèvement d'Alette.

Fig. 13.

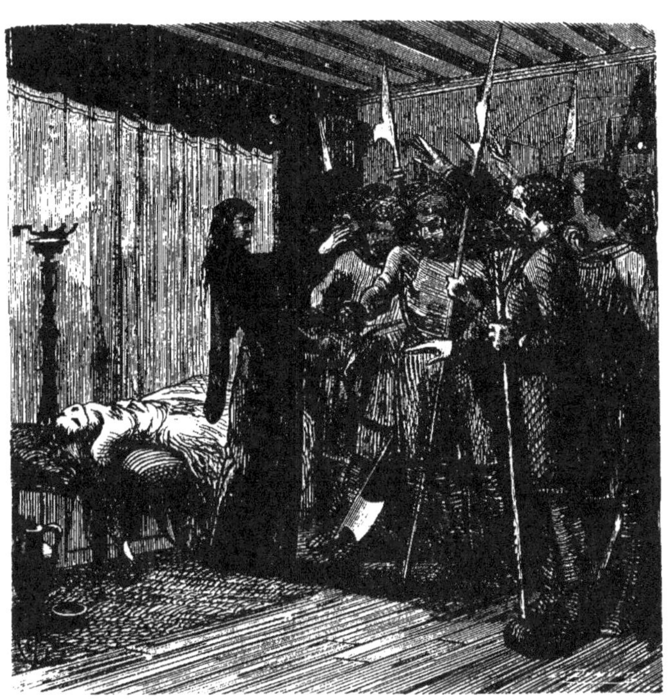

Mais quand le corps eut été déposé au milieu de la place, et quand les jeunes gens eurent répété leur serment de vengeance devant la foule, une immense clameur s'éleva ; des cris : « Mort aux chevaliers ! mort aux nobles ! commune ! commune ! » partirent de toutes les poitrines.

« Allons, dit Ancelle aux jurés qui s'étaient réunis autour de lui, les choses vont plus vite qu'il n'eût fallu ; il n'y a pas un moment à perdre…. Qu'on mette en branle les cloches du beffroi tout à l'heure, et, sans tarder, marchons droit à l'enceinte du chapitre! »

Et, ayant réclamé le silence, le maire, s'adressant à la foule, dit ces quelques mots :

« Nous observions fidèlement la commune, dites?

— Oui! répondit la foule.

— Ceux qui l'ont parjurée nous menacent dans nos biens, dans nos franchises obtenues à prix d'argent…. Vous le savez?

— Oui! reprit encore la foule.

— D'eux, nous ne pouvons obtenir ni justice ni pitié…. puisque ce sont des parjures devant Dieu.

— Non! hurlèrent les mêmes voix.

— Eh bien!… c'est à nous à faire justice.

— Oui! oui!

— Que pas un de vous ne recule; voyez ce que font de vos filles ces nobles qui prétendent nous traiter comme un bétail! Ne vaut-il pas mieux périr en défendant nos franchises que de vivre dans l'opprobre, que de voir nos enfants souillés et mourir de honte, nos biens pillés?

— Commune! commune! répétèrent les groupes.

— En avant donc! »

Et on vit cette masse de bourgeois s'engouffrer dans les rues qui montaient à l'évêché. Les uns étaient armés de haches et de coignées, d'autres portaient les longues plommées terribles[1]. Quelques-uns brandissaient des vouges[2]

---

1. La plommée était un long bâton bardé de bandes de fer et terminé par une masse de plomb.

2. Le vouge se composait d'une lame de fer recourbée, aiguë et tranchante, avec un crochet à la base, emmanchée au bout d'un bâton.

ou tenaient à la main de lourdes arbalètes. On en voyait qui s'étaient munis, en guise d'armes, d'instruments de métiers, bisaiguës, hoyaux, pioches, longues tarières, barres de fer, faux, fourches, ou même d'ustensiles, landiers, broches, pelles de fer, leviers, longs couteaux, etc.

La maison du ravisseur de la jeune fille était voisine d'une des portes de l'enceinte du chapitre[1].

La troupe des jeunes gens qui portaient la morte au milieu d'eux, et qui, sur son passage, recrutait nombre de citoyens retardataires ou plus timides, mais que la vue du cortége exaspérait, arriva devant cette porte, laissée ouverte dans l'attente des chevaliers mandés par l'évêque, — car celui-ci, bien qu'il fût prévenu de l'émotion des bourgeois, ne supposait pas qu'ils pussent rien entreprendre de sérieux.

S'emparer de cette porte fut l'affaire d'un instant; laissant une vingtaine d'entre eux pour la garder, le reste se rua sur la maison du chevalier, enfonça l'huis, se saisit du ravisseur, qui n'avait pas eu le temps de s'armer, et l'amenant devant le cadavre de la jeune fille, le cribla de coups de hache et de couteau.

Les autres troupes de bourgeois n'eurent guère plus de peine à s'emparer des autres portes; devant le flot montant de ces hommes armés, les quelques défenseurs de ces issues ne tentèrent même pas une résistance inutile.

Cependant, les trois cloches du beffroi de la ville sonnaient à toute volée, et les chevaliers, répandus dans les divers quartiers de la cité, s'empressaient de s'armer pour se réunir à l'évêché, pensant bien que le palais allait être attaqué. Ils arrivaient ainsi successivement aux portes lais-

1. Voir, figure 9, la porte C.

sées ouvertes et occupées à l'intérieur par les bourgeois. Aussitôt ils étaient entourés et massacrés.

Ces scènes de carnage rapportées à l'évêque, le prélat comprit trop tard l'étendue du péril. Il essaya de gagner les champs par une poterne ouverte dans la muraille de la ville, sous le palais; mais Ancelle l'avait prévenu, et en dehors des remparts étaient postés des bourgeois armés, en assez grand nombre pour arrêter les fuyards. Alors l'évêque tenta d'organiser la résistance. On a vu qu'il avait fait venir de la campagne des paysans; ceux-ci, armés d'arcs et d'arbalètes, furent postés dans les tours de la cathédrale et dans la vieille tour romaine.

Tous les gens du palais et même des clercs se rassemblèrent aux portes et le long des murs. Mais ce monde faisait médiocre contenance. On entendait au dehors les cris de la foule ameutée : *Commune! commune!* et cela sur tous les points à la fois, car Ancelle disposait les troupes de bourgeois autour de l'évêché, afin d'obliger l'évêque à capituler et à accepter des conditions de paix, c'est-à-dire le rétablissement de la commune.

Cependant, les paysans postés dans le beffroi de la cathédrale, voyant la foule déboucher par les rues voisines de l'enceinte du palais, lancèrent quelques flèches et carreaux qui blessèrent des bourgeois. Ceux-ci, exaspérés par ce semblant de résistance, se ruèrent sur les portes, et plusieurs même, allant quérir de gros chevrons, se mirent à battre l'angle nord-ouest de l'enceinte. Le mur, vieux et de faible épaisseur, s'écroula bientôt, pendant que les portes étaient enfoncées.

Ancelle s'efforçait de maintenir les assaillants; mais la foule ne l'écoutait plus; de tous côtés, elle envahissait l'évêché, massacrant les clercs et cherchant l'évêque. Pour

INCENDIE DE LA CATHÉDRALE CARLOVINGIENNE.

déloger les défenseurs des tours, qui continuaient à tirer sur les bourgeois et à leur jeter des débris de toutes sortes, le feu fut mis aux charpentes de la cathédrale, et l'incendie gagnant bientôt les beffrois, les malheureux paysans périrent presque tous dans les flammes (fig. 14).

Quant à l'évêque, sur le soir, on le trouva caché dans une barrique, et malgré ses supplications, ses promesses de rétablir la commune, il fut égorgé.

Sur son corps dépouillé et abandonné dans la cour, chacun voulut jeter une pierre.

Cependant, la troupe des jeunes gens envahissait successivement les maisons des nobles et des chevaliers; ceux-ci, n'ayant pu se réunir, se défendirent comme ils purent dans leurs logis, et blessèrent ou tuèrent un certain nombre des assaillants. Mais cette résistance ne faisait qu'animer davantage les bourgeois.

Ils égorgeaient tout ce qui leur tombait sous la main, et jusqu'aux femmes et aux enfants. Peu de chevaliers purent se dérober, se cacher ou gagner la campagne.

Ce n'était plus un combat, mais une boucherie.

A la fin du jour, quand le massacre fut terminé, la troupe des jeunes gens rapporta le corps de la jeune fille, tout couvert du sang des victimes immolées, à la veuve, et pendit le cadavre mutilé du ravisseur devant sa porte.

La foule enivrée avait outrepassé les instructions d'Ancelle, qui eût voulu qu'on gardât en otages les principaux d'entre les chevaliers, et qu'on obligeât l'évêque, par un blocus rigoureux, à consentir à un nouveau traité avec la commune, en donnant des sûretés.

L'incendie avait succédé au massacre. Le palais épiscopal, la cathédrale, beaucoup d'hôtels de nobles étaient enflammés.

Après cette terrible journée, comme il arrive toujours, la stupeur succéda à la colère.

Qu'allait-on faire?

Ancelle réunit les jurés afin d'aviser; les séances, auxquelles assistèrent en outre beaucoup de bourgeois, furent tumultueuses.

Plusieurs proposaient de députer quelques-uns d'entre eux près du roi, avec une bonne somme d'argent, d'implorer sa miséricorde et le rétablissement de la charte de commune.

Mais, sentant que la démarche aurait peu de succès, et que la cour, tout en gardant l'argent, ferait très-probablement un mauvais parti aux députés, sans accorder la charte, ce projet fut abandonné.

Quelques-uns ouvraient l'avis de se conjurer avec d'autres villes voisines, de lever des milices et d'organiser la résistance sur une grande échelle.

Mais, outre la difficulté d'arriver à cette entente, le temps manquait pour obtenir un résultat sérieux. D'autres enfin, parmi lesquels se trouvait le maire, proposèrent de s'aboucher avec le comte, seigneur des terres du faubourg et lieux circonvoisins, et d'obtenir de lui que, moyennant finance, il se déclarât le protecteur de la commune de Clusy.

Le comte Égelbert était un homme ambitieux et avide. Il avait suivi avec une joie secrète les péripéties du drame qui venait de se dénouer, et comptait bien profiter de l'occasion pour étendre sa juridiction, et peut-être remplacer celle de l'évêque dans une bonne partie de la ville. Quand des ouvertures lui furent faites par les bourgeois, touchant le titre de protecteur de la commune de Clusy, qu'on lui offrait, il n'en fut pas surpris.

Il s'agissait de discuter les conditions de son appui. Si onéreuses qu'elles fussent, les bourgeois, qui n'avaient guère d'autre parti à prendre, les acceptèrent, et le comte entra le lendemain dans la ville, tout armé, entouré de sa chevalerie, et, dans la salle des jurés, il entendit la lecture du traité (fig. 15). Avant d'y apposer son sceau, il demanda

toutefois à en délibérer avec sa noblesse. Il trouva celle-ci peu disposée à engager avec le suzerain une lutte inégale, — car il n'était pas douteux que le roi dût intervenir bientôt pour réduire les bourgeois de Clusy à l'obéissance.

Le comte Égelbert différa donc de donner sa réponse, mais n'en reçut pas moins des présents considérables des bourgeois, qui espéraient l'amener à prendre leur parti. Enfin, réfléchissant sur les suites de cette affaire, n'ignorant pas que le prévôt du roi avait reçu l'ordre de réunir des troupes, il rentra dans son château sans avoir rien conclu, promettant toutefois de donner une réponse satisfaisante aux bourgeois, et à cet effet il les convoqua dans un champ dépendant de sa seigneurie.

Là, il leur déclara qu'il tiendrait sa promesse, en ce qu'il protégerait les habitants de Clusy, mais que, ne disposant pas de forces suffisantes pour entrer en lutte avec les troupes du roi, il offrait sa seigneurie comme asile, où il défendrait les bourgeois selon son pouvoir.

Cette déclaration jeta la consternation et le découragement parmi les Clusianois; beaucoup, en effet, se réfugièrent sur les terres du comte, d'autres sur celles de l'abbaye de Saint-Martin, dans la crainte de terribles représailles.

La ville se dépeupla ainsi d'une partie de ses habitants, et les gens de la campagne, conduits par les seigneurs voisins, se mirent à piller les maisons abandonnées. Les nobles et chevaliers qui n'avaient pas été tués pendant l'insurrection, profitant de ce désarroi, se mirent à piller de leur côté et à tuer les bourgeois restés dans la cité. Les cloches du beffroi furent brisées.

Et quand arriva le roi à la tête de ses troupes, il ne trouva plus guère d'habitants à châtier; toutefois, cette intervention fit cesser les représailles.

Des cérémonies expiatoires furent ordonnées en présence de l'archevêque de Sens, venu à Clusy pour cet objet, cérémonies suivies de beaux sermons, parmi lesquels on peut citer ce passage, inspiré du texte sacré : *Servi, subditi estote in omni timore dominis!* « Serfs, disait l'archevêque, soyez soumis en toute crainte à vos seigneurs, et si vous êtes tentés de vous prévaloir contre eux de leur dureté et de leur avarice, écoutez ces autres paroles de l'Apôtre : « Obéissez non-seulement à ceux qui sont bons et doux, mais même à ceux qui sont rudes et fâcheux. » Aussi les canons frappent-ils d'anathème quiconque, sous prétexte de religion, engagerait les serfs à désobéir à leurs maîtres, et à plus forte raison à leur résister par la force.... »

Après quoi, Ancelle, qui n'avait pas voulu quitter sa maison, s'employant de son pouvoir à rendre la situation de ses concitoyens moins douloureuse, fut exilé avec toute sa famille, et ses biens furent confisqués au profit du roi. Il alla mourir à Troyes.

CHAPITRE IV

OU L'ACCORD S'ÉTABLIT ENTRE L'ÉVÊQUE
ET LES HABITANTS DE CLUSY.

Bien que la charte de commune fût déchirée, bien que la ville de Clusy eût été abandonnée, ruinée, bien que les plus notables parmi les habitants eussent dû s'exiler, que beaucoup eussent péri pendant les mois d'anarchie qui succédèrent à la journée du lundi de Pâques de l'année 1103; bien que le courageux maire fût mort peu après avoir été recueilli par des bourgeois de Troyes, touchés de son infortune et pleins de respect pour son caractère, cependant, les prélats qui succédèrent à l'évêque Godefroi cherchèrent plutôt à améliorer le sort des malheureux bourgeois de Clusy qu'à profiter de leur affaiblissement pour les fouler plus grièvement.

Soit que ces évêques fussent doués d'un esprit modéré et sage, soit qu'ils redoutassent l'esprit communal et de provoquer de nouvelles prises d'armes, ils procédèrent avec douceur, et, sans abandonner leur droit seigneurial, établirent une sorte de *modus vivendi* pendant lequel les bourgeois

INTÉRIEUR DE LA CATHÉDRALE CARLOVINGIENNE
APRÈS L'INCENDIE.

traitaient de toutes les affaires de la ville, percevaient les taxes et étaient chargés de la police urbaine. L'effort tenté par les bourgeois en 1103 n'avait donc pas été sans résultats. Les seigneurs évêques savaient qu'il fallait compter avec une force nouvelle révélée d'une manière terrible, et que le mieux, dans l'intérêt de tous, était de ne pas essayer de la trop comprimer.

Cet état transitoire fut suivi, en 1128, de l'octroi en bonne forme, par le roi Louis le Gros, d'une charte intitulée *Institution de paix* [1] ; — car le mot « commune », considéré comme séditieux, ne fut pas écrit dans cette charte ; mais ses articles ne faisaient que reproduire, à peu de différence près, les conditions stipulées lors de l'établissement de la commune de 1101.

La cathédrale et l'évêché durent être réparés à la hâte, après le désastre, par le successeur de l'évêque Godefroi. La nef de l'église, couverte en charpente et non voûtée, avait beaucoup souffert de l'incendie ; les murs et piliers, calcinés par le feu, menaçaient ruine sur quelques points (fig. 16).

On se contenta d'aviser aux ouvrages les plus urgents, en rétablissant une couverture provisoire, mais avec l'intention de rebâtir un édifice plus vaste sur de nouveaux plans.

Mais il fallait beaucoup d'argent pour entreprendre ces travaux, et les évêques avaient eu fort à faire de réparer tous les dégâts commis, lors de l'insurrection de 1103, dans palais épiscopal et même dans les bâtiments capitulaires, écoles, maisons de chanoines, etc.

Dans le diocèse de Clusy, comme dans beaucoup d'autres,

1. *Institutio pacis.*

les établissements monastiques clusiniens prenaient de jour en jour plus d'importance.

A la suite des événements de 1103, on a vu que l'abbaye de Saint-Martin recueillit un grand nombre des habitants de la ville qui craignaient les représailles de la noblesse. Beaucoup de bourgeois, pour se soustraire aux conséquences de la réaction contre la commune, mirent leur avoir sous la dépendance de l'abbé; ces donations avaient été ratifiées à Rome, si bien que ces bourgeois devenaient ainsi vassaux de l'abbaye. Les successeurs de Godefroi tentèrent de faire annuler ces contrats par le suzerain, comme contraires au droit féodal, dès que l'ordre eut été rétabli dans la cité; ils n'obtinrent de la cour que des promesses. A plusieurs reprises, cependant, les évêques voulurent reprendre ces droits par la force; mais l'abbé de Saint-Martin était puissamment soutenu à Rome, et ces entreprises, hautement blâmées par le pape, ne firent que donner plus de poids au pouvoir de l'abbé.

La position des prélats s'amoindrissait ainsi, comme seigneurs et comme directeurs spirituels, car les abbayes, non contentes d'étendre leur territoire seigneurial, élevaient des églises paroissiales dépendantes de l'église mère, paroisses qui étaient soustraites à l'ordinaire, c'est-à-dire qui ne dépendaient pas de l'évêché.

L'ordre de Cîteaux, qui, depuis la réforme de 1107, prenait un grand développement et qui élevait partout des monastères luttait avec l'ordre de Cluny et enlevait encore des territoires étendus à l'autorité diocésaine. Le péril était imminent; les évêques en comprirent la gravité. Bientôt, ils ne seraient plus que les pasteurs d'une faible partie de leurs diocèses et seigneurs féodaux de quelques territoires sans importance. Appréciant la situation qui leur était faite, mal soutenus par Rome qui avait intérêt à voir s'élever dans toute la chrétienté des établissements ne relevant que du Saint-Siége, par le pouvoir suzerain qui n'était pas fâché de laisser diminuer la puissance des évêques comme seigneurs féodaux, ils prirent, dans le domaine royal notamment, un grand parti.

C'était vers 1150; l'évêque de Clusy était un homme de haute intelligence; on le nommait Baudoin. Allié aux comtes de Soissons, dès qu'il eut pris possession du siége épiscopal, il se déclara le protecteur de la commune ou de l'*Institution de paix*, puisque le nom de commune était proscrit depuis longtemps. Il étendit les franchises des bourgeois, fit rappeler les décrets royaux qui maintenaient encore en exil certaines familles de la ville, les descendants du maire Ancelle entre autres. Il poursuivit et obtint les délimitations exactes entre sa seigneurie et celle de l'abbaye de Saint-Martin, soit par arrangements à l'amiable, soit par des sacrifices pécuniaires, et rentra ainsi en possession de territoires restés en litige depuis des années. Il donna une nouvelle importance aux écoles de la cathédrale en y appelant de doctes clercs et écoliers de toutes les parties du diocèse. Il régla les priviléges des corporations de la cité. Loin de montrer le faste de la plupart de ses prédécesseurs, il réduisit le nombre des serviteurs de l'évêché au strict nécessaire et vécut simplement. Il renvoya veneurs, chiens et fauconniers, et sut exiger des chanoines une vie réglée, ce qui ne fut pas le moindre de ses soucis. Loin de vivre à la cour ou dans ses maisons des champs, il tint à résider le plus possible à Clusy, étant d'ailleurs accessible à tous.

Bientôt, le levain de vieille rancune et de défiance qui subsistait dans le cœur de tous les Clusianois à l'endroit de leurs évêques, fit place à un sentiment tout opposé. On ne parlait, entre bourgeois, de l'évêque Baudoin qu'avec respect, et, loin de redouter sa justice seigneuriale, on se rendait à son tribunal avec confiance; car, versé dans le droit canonique, il s'efforçait d'en appliquer les règles avec douceur, ou, ce qui valait mieux encore, de terminer les procès à l'amiable. Si son tribunal était obligé de condamner quelque délinquant à une amende et que le coupable, pauvre, eût péché par ignorance, non par mauvais vouloir, il lui faisait remettre secrètement le montant de l'amende.

Aussi la ville de Clusy prospérait-elle grandement. Sa population augmentait, et les vassaux du comte ou de l'abbé, moins bien traités, regrettaient de ne pas être dans la seigneurie épiscopale. Il y eut même une sorte de sédition dans la partie de la ville dépendant de l'abbaye. Les habitants réclamaient du seigneur-abbé des franchises plus étendues, une juridiction plus douce et plus équitable.

Les choses allèrent assez loin pour que les moines eussent recours à l'évêque afin qu'il s'entremît, ce qu'il fit volontiers, mais en profitant de l'occasion pour faire rentrer dans le fief épiscopal bon nombre de ces propriétés qui avaient fait l'objet de contestations entre ses prédécesseurs et l'abbaye : car tout service doit être rémunéré.

Baudoin était ami de Suger, qui venait de rebâtir l'église abbatiale de Saint-Denis en France. L'évêque, ayant l'intention, en raison du bon état des finances du diocèse, d'élever une nouvelle cathédrale à la place de l'édifice que l'incendie de 1103 avait en partie ruiné et que des réparations faites à la hâte rendaient peu digne de l'objet, fit part de ses projets à son ami, l'abbé de Saint-Denis, afin d'avoir son avis.

Bientôt il reçut une réponse qui eut lieu de le satisfair

« Certes, disait Suger dans sa lettre, le moment est venu où les évêques de France doivent faire de grands efforts pour lutter contre l'esprit de désordre d'une partie de la noblesse laïque ; pour prévenir le retour des soulèvements des communes qui ont affligé le royaume et n'ont pas été moins préjudiciables aux intérêts des peuples qu'à ceux de la religion ; pour limiter la puissance des monastères dans de justes bornes.

« Il dépend des évêques vénérables et qui sont la lumière de l'Église, de faire comprendre aux populations des cités que leur intérêt, conformément à l'ancienne loi, est lié à la prospérité, à l'éclat de l'église cathédrale, symbole de la foi des cités, véritable asile de leurs franchises sous la tutelle épiscopale. Votre prudence, votre zèle pour le bien, qui me sont connus, ami vénérable, vous guideront dans l'entreprise que vous tentez, mieux que ne sauraient le faire mes conseils ; et, avec l'aide de Dieu, vous trouverez les ressources nécessaires pour mener à fin une aussi louable entreprise. Déjà les évêques de Noyon et de Senlis m'ont entretenu touchant le même objet.

« Ils se mettent à l'œuvre, et il semble que le résultat de leurs efforts dépasse leurs espérances... »

Encouragé par cette lettre, l'évêque Baudoin se rendit à Saint-Denis et vit Suger, car il lui paraissait nécessaire de le consulter sur des points délicats que l'illustre abbé n'avait pu indiquer dans sa réponse écrite.

Vers le milieu de mars 1150, l'évêque Baudoin revint à Clusy, et aussitôt il convoqua le maire et les notables bourgeois à l'évêché.

« Vous savez, leur dit-il, que notre église cathédrale est dans un état voisin de la ruine, qu'elle ne peut contenir les fidèles qui s'y rassemblent, tant à cause de son exiguité que

par l'état de délabrement de quelques-unes de ses parties
abandonnées. Mon ferme désir est d'élever un édifice digne
de votre ville, et j'entends consacrer à cette œuvre toutes
les ressources dont je puis disposer. J'entends que cette
église soit vôtre, qu'elle soit non-seulement le temple consacré à Dieu et aux saints martyrs, mais l'asile inviolable de
vos franchises, afin de cimenter à jamais l'heureuse entente
établie entre vos évêques et vous, en ce qui touche à l'administration de la cité. J'entends que l'église mère soit ouverte, en tous temps, à vos assemblées, *sub cathedra*,
c'est-à-dire sous la direction du siége épiscopal, afin que
vous n'ayez plus à redouter l'influence de pouvoirs étrangers
à vos intérêts. Si ce projet a votre assentiment, nous nous
mettrons sans retard à l'œuvre... »

Les bourgeois, tout habitués qu'ils étaient aux procédés
équitables de leur évêque, demeurèrent ébahis, en entendant énoncer ces propositions, et ne disaient mot.

« Eh bien, reprit Baudoin, si quelqu'un parmi vous
a des objections à présenter, qu'il parle librement, puisque
je vous ai fait appeler près de moi pour avoir votre avis ! »

Alors le maire, vieillard prudent et qui avait gardé le
souvenir des désastres de 1103, bien qu'alors il sortît à
peine de l'enfance, s'avança devant le prélat et lui dit :

« Seigneur évêque, vous nous avez montré votre équité
et votre magnanimité ; la ville de Clusy n'oubliera jamais
combien vous avez contribué à sa prospérité, soit en maintenant la *paix* consentie, soit en lui accordant des franchises,
soit en rendant la justice comme un seigneur bon justicier et
doux ; mais votre vénérable seigneurie sait combien les choses
de ce monde sont changeantes, et comme, après un pasteur
attentif au bien et à la conservation de son troupeau, il peut
s'en trouver un autre négligent et dur. Si Dieu vous conser-

vait toujours parmi nous, ce que nous lui demandons par prières, mais ce que sa suprême volonté ne saurait nous accorder, nous engagerions tout notre avoir pour vous aider dans une entreprise qui assurerait à tout jamais notre tranquillité et notre prospérité.... Qu'adviendra-t-il de votre bon vouloir, si des successeurs, — et en pouvons-nous espérer qui vous égalent en sagesse et en prudence! — modifient vos projets, suspendent votre entreprise ?....

— J'avais prévu votre objection, interrompit l'évêque; j'entends également que les deniers dont disposera l'œuvre soient administrés par un conseil composé moitié de chanoines, moitié de bourgeois délégués par vos jurés, que les projets ne soient exécutés qu'autant qu'ils auront été discutés et approuvés par ce même conseil, et de cela, nous prendrons un engagement scellé de notre sceau et du sceau de la ville après serment, engagement qui liera nous et nos successeurs. Dans cet acte, seront stipulées les conditions nouvelles de jouissance de l'édifice, soit au profit des laïques, soit au profit des clercs, les priviléges des premiers, les attributions des seconds, sans qu'il soit possible à nos successeurs, sauf consentement des parties, de modifier ces conditions, priviléges et attributions.... Cela vous satisfait-il? »

Au milieu d'un murmure approbateur, le maire, assez ému, reprit :

« Votre nom, seigneur évêque, est gravé déjà dans nos cœurs, il le sera à jamais dans le cœur de nos enfants ! Qu'il soit fait comme vous le désirez! »

Et mettant un genou en terre :

« Plaise à votre sainteté nous donner sa bénédiction. »

Tous tombèrent à genoux, et le prélat, se levant, les bénit.

Cet entretien, aussitôt répété dans la ville, causa une vive allégresse ; le soir, des feux de joie furent allumés dans tous les carrefours.

L'évêque ne perdit pas de temps ; six chanoines furent désignés par lui, parmi les plus doctes, pour faire partie du conseil de l'œuvre de la cathédrale ; les trente jurés de la ville nommèrent de leur côté six bourgeois à cette même fin, parmi lesquels le maire et trois notables appartenant aux corporations des charpentiers, des maçons tailleurs de pierre et des imagiers.

La première question posée au conseil, présidé par l'évêque, porta sur le choix d'un maître des œuvres qui pût rédiger un projet conformément au programme arrêté, et diriger l'entreprise.

D'une commune voix, ce choix se porta sur maître Pierre de Provins, lequel avait déjà élevé dans les villes voisines des constructions importantes.

A ce propos, il est nécessaire d'indiquer les motifs qui dirigèrent le choix du conseil.

Depuis un certain nombre d'années déjà, il s'était formé en dehors des établissements monastiques, et à la suite du mouvement communal, des écoles d'enseignement des arts manuels, sous l'inspiration laïque. Les ordres religieux, et celui de Cluny en particulier, s'occupaient seuls, pendant les dixième et onzième siècles, de tout ce qui touche à l'enseignement. C'était à l'ombre des cloîtres que clercs et laïques acquéraient les connaissances de tout ordre, jusqu'aux arts et métiers, et les édifices conventuels étaient toujours élevés sous la direction de moines, les ouvriers étant pris parmi les frères convers et surtout parmi les laïques.

Après l'établissement plus ou moins contesté des communes, les corporations laïques, qui n'avaient cessé d'exister depuis l'empire romain avec des fortunes diverses, acquirent une nouvelle énergie. La cité voulait s'administrer en dehors du pouvoir féodal. Il ne faut pas oublier que les abbayes étaient nanties de ce pouvoir, mais prétendaient encore se suffire à elles-mêmes, et n'avoir recours, pour tout ce qui touche l'édilité et les constructions civiles, qu'au savoir des moines.

Les corporations de métiers firent donc un grand effort, et, au milieu d'elles, l'enseignement surpassa bientôt celui qui était donné dans les abbayes. De ville en ville, une sorte de fédération s'organisa, non-seulement en vue de la défense des franchises municipales, mais encore pour se communiquer entre elles tout ce qui avait trait aux industries du bâtiment, les plus importantes pour une cité.

Les progrès furent rapides. S'il y avait entre villes voisines des conciliabules tendant à obtenir une unité d'action dans la résistance aux revendications de la noblesse, il y en avait également pour traiter des questions de métier. Bientôt, ce travail collectif fit surgir des hommes capables, instruits par la discussion et par l'expérience.

Lorsque plusieurs évêques du domaine royal prétendirent, comme l'évêque Baudoin de Clusy, faire alliance avec les communes, ou plutôt, mettre la commune sous la protection immédiate de l'évêque, afin de lutter contre l'envahissement des établissements monastiques et les empiétements du pouvoir féodal laïque très-menaçant alors, le pouvoir royal et l'abbé Suger qui en était l'inspirateur, parurent prêter les mains à ces projets. On vit donc, à quelques années de distance, rebâtir les cathédrales sur presque toute la surface du domaine royal.

Les villes de Noyon, de Paris, de Soissons, de Senlis, de Sens, de Chartres se mirent les premières à l'œuvre; puis celles de Meaux, de Laon, de Reims; puis, plus tard

encore, celles d'Amiens, de Bourges, de Beauvais, de
Cambrai, de Troyes. Et, pour bâtir ces édifices, les évêques ne s'adressèrent qu'à des maîtres laïques, avec la
volonté formelle d'abandonner entièrement les traditions
monastiques et d'affirmer leur alliance avec les cités.

Fig. 17.

Pierre de Provins.

Pierre de Provins fut donc mandé à Clusy. Nous donnons, fig. 17, son portrait.

Le conseil, toujours présidé par l'évêque, avait rédigé
un programme détaillé qui charmait fort les bourgeois de
Clusy. Ce programme fut soumis à Pierre de Provins,
qui, peu après, remit un premier projet, touchant la re-

construction de la cathédrale et de l'évêché, car le palais
avait été laissé dans le plus déplorable état. Ce projet,
dressé sur plusieurs feuilles de vélin, parut fort beau. Nous
en donnons le plan fig. 18 [1].

Pierre de Provins s'était absolument conformé au programme nouveau de la cathédrale, tel qu'il avait été arrêté
d'un commun accord entre l'évêque, les chanoines et les
bourgeois faisant partie du conseil.

L'édifice, en effet, devait présenter des dispositions inu-
sitées jusqu'alors dans la construction des cathédrales. Il
devait se composer d'une nef de deux cent quinze pieds de
long, dans œuvre, de la porte principale au chevet, de
quarante pieds de largeur d'axe en axe des piles et de
deux cent trente-sept pieds compris le chevet; la nef
entourée d'un collatéral large de quinze pieds dans œuvre

La *cathedra* (siége épiscopal) devait être placée en A,
l'autel en B; le chœur devait commencer en CC, élevé de
trois marches au-dessus de la nef; les bas-côtés du chœur
projetés *in plano* avec celui-ci. Au chevet, une seule petite
chapelle sous le vocable de la Sainte-Vierge, l'église devant conserver l'ancien vocable de Saint-Étienne. Deux
tours étaient projetées sur la façade. Tout l'édifice devait
être voûté, avec contreforts extérieurs pour maintenir la
poussée de ces voûtes.

Du palais épiscopal, on ne conservait que la grosse tour
carrée romaine D et quelques parties de fondation. En E,
une chapelle projetée pour le service de l'évêque, attenant
à des sacristies et salles F, pour le service de la cathédrale,
et à une galerie de cloître G. Joignant la tour de la porte

---

1. On observera que tous les plans donnés jusqu'ici sont à la
même échelle, aussi bien pour les maisons des jurés que pour les
cathédrales.

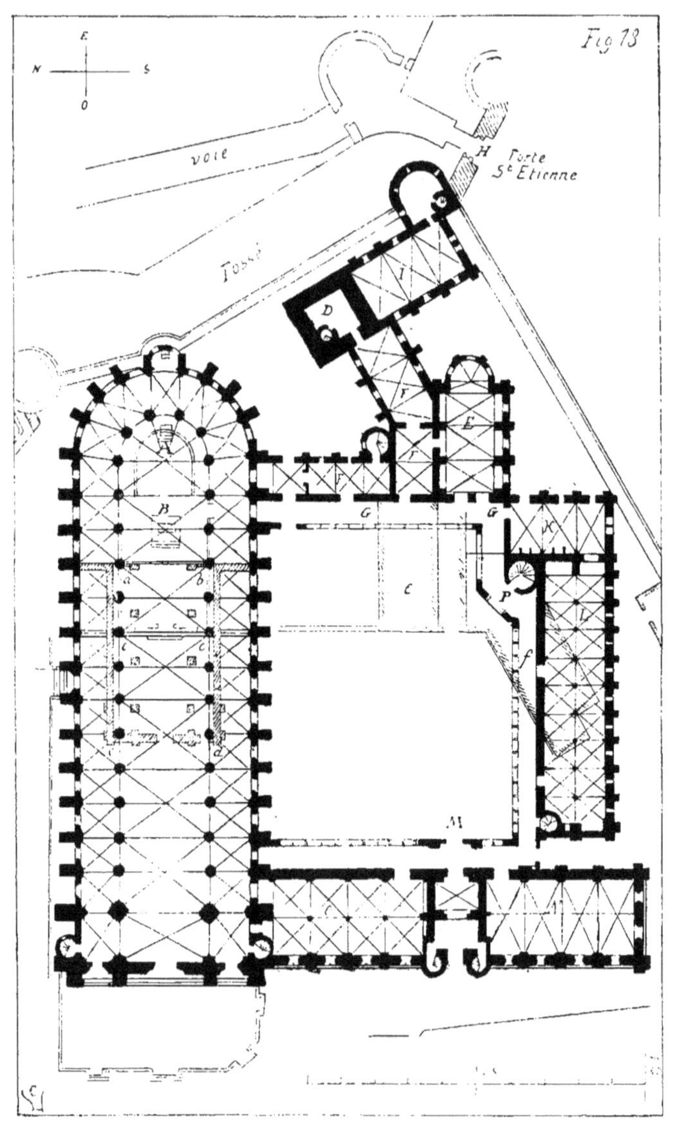
E
N
S
O
voie
Fossé
Fig 13
H Porte
St Etienne
A
B
D
I
F
E
G
G
K
C
P
L
M
f
N

Saint-Étienne H restaurée, on construirait une salle I pour les serviteurs de l'évêché. En K seraient disposées les cuisines avec celliers et magasins en L ; en M, l'entrée de la cour principale du palais, entourée sur trois côtés de galeries de cloître, en N l'officialité, et en O la grande salle capitulaire s'ouvrant sur le cloître et sur le bas-côté sud de la cathédrale. On devait monter au premier étage par le grand escalier P, aboutissant aux appartements privés de l'évêque, placés au-dessus des salles K et L.

Mais on ne pouvait entreprendre tous ces travaux à la fois ; il fallait laisser subsister une partie de la vieille cathédrale pour ne pas interrompre le culte, et certains bâtiments de l'évêché, provisoirement. Il fut donc décidé que, pour ce qui concernait la cathédrale, on bâtirait d'abord le chœur, en laissant subsister l'ancienne nef a, b, c, d [1], et la grande chapelle I des clercs [2], locaux qui, provisoirement, devaient suffire aux besoins du culte ; que, le chœur étant élevé, on y transporterait le culte, et qu'après avoir démoli l'ancienne nef, on élèverait la nouvelle. Pour l'évêché, on laisserait subsister les bâtiments e, f, afin de donner des logis suffisants pendant les constructions, et on élèverait toute la partie orientale joignant la grosse tour carrée. Cependant, en rasant des maisons du chapitre situées à l'ouest du palais, on pourrait commencer la construction de l'officialité en N, et la grande salle capitulaire O réclamée par les chanoines.

L'évêque devait payer de ses deniers les bâtiments du palais ; il donnait en outre cinq cents livres [3] pour com-

---

1. Partie hachée.
2. Voir le plan d'ensemble, fig. 9.
3. Équivalant à environ quarante mille livres de notre monnaie actuelle.

mencer les travaux de la cathédrale, s'engageant à fournir chaque année une somme de deux cents livres[1].

Ces ressources étant loin de suffire pour permettre de pousser les travaux activement, ainsi que chacun le désirait, il fut décidé en conseil que l'on ferait appel à la générosité du roi, que les bourgeois établiraient une taxe sur le beurre et les volailles vendues au marché, laquelle pourrait produire environ cent livres annuellement, et qu'enfin on solliciterait des dons des habitants riches et des prestations des gens peu aisés.

Le roi, en effet, fit remettre deux cent cinquante livres à l'évêque, et bientôt les dons atteignirent le chiffre de près de mille livres. On pouvait donc commencer les travaux de la cathédrale avec une encaisse de mille sept cent cinquante livres[2]. Mais il faut ajouter à cette somme les prestations pour charrois de matériaux, fouilles et terrassements, qui équivalaient à une somme assez élevée.

La démolition de la partie orientale de l'ancienne cathédrale fut donc commencée sans délai, et les fouilles faites. On conserva les anciennes fondations romaines, car elles étaient très-bonnes, et contre celles-ci vinrent s'appuyer les nouvelles.

La première pierre du nouveau chevet fut posée le 15 octobre 1150. On n'avait pas perdu de temps.

Tous les habitants de Clusy et même ceux des villages suburbains qui faisaient partie de la commune, apportaient une singulière ardeur à cette entreprise qu'ils considéraient comme devant à tout jamais assurer leurs franchises.

On voyait de pauvres cultivateurs qui donnaient, par

1. Seize mille francs de notre monnaie.
2. Environ cent quarante mille francs.

semaine, une journée de travail pour contribuer aux terrassements, ou bien qui, à dos d'âne, apportaient du sable et de la chaux.

Des femmes même travaillaient aux déblais. C'était une fièvre.

Il avait fallu obtenir du roi la permission d'empiéter quelque peu sur la muraille de la ville à l'est pour établir la petite chapelle du chevet. L'autorisation avait été accordée à la condition de faire passer le chemin de ronde librement à l'extérieur ou de créneler le couronnement de la chapelle.

Quant aux conventions scellées entre l'évêque et la cité, en voici les principales. La cathédrale nouvelle conservait le droit d'asile que possédait l'ancienne. Elle devait être ouverte du lever du soleil à la nuit, et les bourgeois pouvaient se rassembler dans la nef, en avant du chœur, à toute heure du jour, pour traiter de leurs affaires, le chœur seul étant réservé au culte pendant les jours de la semaine non fériés. L'édifice entier serait livré aux gens de la ville le jour de Noël, le lundi de Pâques et le lendemain de la Pentecôte pour y tenir des assemblées populaires, telles que fête des Fous, procession de l'Ane, mystères et jeux, auxquelles réjouissances participeraient les chanoines et l'évêque, quand bon leur semblerait. Les causes majeures, ressortissant à la juridiction épiscopale, seraient appelées dans la cathédrale, devant le siége épiscopal, les bourgeois assistant aux plaids dans le collatéral du chevet.

Plus les travaux avançaient, plus les dons affluaient; après cinq années de travail, la partie orientale du chœur était élevée jusqu'à la hauteur des grandes voûtes. L'évêque Baudoin, qui était âgé et voulait, avant de mourir, voir au moins cette partie de l'édifice achevée, donna encore une grosse somme pour activer les travaux, bien qu'il eût depensé déjà beaucoup dans l'évêché, et en 1158, le jour de l'Ascension, l'archevêque de Reims, assisté de sept évêques, put faire la consécration du chevet, entièrement achevé. Nous en donnons, fig. 19, la vue intérieure, et fig. 20, la vue extérieure.

Pour maintenir la poussée de la première voûte croisée, il avait fallu établir des éperons provisoires à l'extrémité de la nef carlovingienne, en attendant qu'on pût démolir celle-ci pour continuer les travaux.

Peu après cette consécration, en février 1159, l'évêque Baudoin mourut. Ce fut une véritable désolation dans la ville de Clusy. Son corps fut placé en avant de la chaire épiscopale, sous une table de bronze où il était représenté en ronde bosse, couvert de ses vêtements épiscopaux, et pendant longtemps, les habitants du diocèse vinrent prier devant cette tombe et implorer le défunt prélat, comme un saint.

L'évêque Gilbert, qui succéda à Baudoin, aurait eu grand'-peine à faire oublier son prédécesseur, en admettant qu'il en eût eu la pensée. C'était un homme déjà vieux, d'un tempérament flegmatique, qui songea tout d'abord à mettre de l'ordre dans le trésor épiscopal, singulièrement obéré par les dépenses de Baudoin. Les travaux de la cathédrale s'en ressentirent et ne furent poursuivis qu'avec lenteur. Après que le culte eut été transféré dans le nouveau chœur, l'ancienne nef carlovingienne fut abandonnée aux ouvriers, et on commença les deux travées à la suite de celles qui étaient achevées, afin de compléter le chœur définitif. Quant aux travaux de la salle capitulaire et de l'officialité, ils furent entièrement suspendus.

VUE INTÉRIEURE DU CHŒUR DE LA CATHÉDRALE DE CLUSY
DU XIIe SIÈCLE.

VUE EXTÉRIEURE DU CHŒUR DE LA CATHÉDRALE DE CLUSY
DU XII⁰ SIÈCLE.

Toutefois, les bourgeois entendaient jouir des avantages qui leur avaient été offerts et posséder au plus tôt leur vaisseau entier. Ils obtinrent sans difficulté de l'évêque d'élever une construction provisoire en charpente sur l'étendue que devait avoir la cathédrale projetée; cette construction ayant été promptement achevée, la cathédrale de Clusy put facilement contenir les fidèles et servir aux assemblées populaires, ainsi qu'il avait été entendu.

CHAPITRE V

LA CATHÉDRALE DU TREIZIÈME SIÈCLE.

Pendant soixante années, les choses restèrent en l'état décrit à la fin du chapitre précédent. Huit évêques, successeurs de Baudoin, n'avaient fait que compléter les constructions sud-est de l'évêché et la travée de la cathédrale commencée par l'évêque Gilbert; cependant, tous prétendaient continuer les travaux, sentant leur importance; tous avaient scrupuleusement rempli les engagements contractés par Baudoin, tous avaient mis des sommes en réserve pour achever l'entreprise à un moment donné. Le maître de l'œuvre, Pierre de Provins, était mort en 1172, laissant le monument incomplet, ainsi qu'il a été dit, et depuis lors, divers projets avaient été dressés par les maîtres, ses successeurs, en vue de l'achèvement. Sous le règne de Philippe-Auguste, la ville de Clusy avait vu sa population augmenter ainsi que sa richesse, et, à l'ombre des franchises municipales qui n'étaient plus menacées, les industries et le commerce s'étaient grandement développés.

Alors, les bourgeois de Clusy possédaient leur milice, et l'ordre régnait dans la cité.

En 1219, le siége épiscopal de Clusy fut occupé par Eudes de la Ferté. C'était un prélat encore jeune, actif, entreprenant, très-versé dans la connaissance des arts libéraux, esprit ouvert, orateur distingué dans les écoles de Paris, où il avait acquis une grande instruction et où il avait professé plus tard avec talent. D'ailleurs, ambitieux, libéral, bien vu par les barons, — car au besoin il maniait la lance et l'épée et montait un cheval de guerre comme tout bon chevalier. Il avait même, en maintes occasions, suivi le roi dans ses expéditions militaires en sa qualité de seigneur de la Ferté et y avait acquis un grand renom par ses prouesses.

Le jour de son entrée dans la ville de Clusy, il fit de grandes largesses, et au lieu de se rendre à la cathédrale, suivant l'usage, sur une chaire préparée à cet effet et portée par quatre des plus notables bourgeois, comme seigneur de la ville, il voulut monter jusqu'à l'église sur une belle haquenée richement harnachée. Cela plut fort à la foule assemblée sur son passage, d'autant qu'il avait grande mine sous ses vêtements épiscopaux, et que de tout temps le populaire est séduit par les avantages extérieurs de ceux mêmes qui peuvent l'opprimer.

Trente ans plus tôt cependant, ces allures eussent inspiré de la défiance aux bons bourgeois de Clusy, et l'attitude martiale d'un évêque venant prendre possession de son siége dans cet appareil, les eût inquiétés; mais nul n'ignorait alors que le roi Philippe était dur aux barons et favorisait les communes dont il tirait profit et de bonnes milices. Nul n'ignorait que l'évêque Eudes était bien en cour, qu'il ne ferait rien de contraire à la sage discipline du royaume reposant

en grande partie sur les franchises municipales, et que, vou-
lût-il attenter à ces franchises, le roi ne le soutiendrait pas.
D'ailleurs, l'air franc et ouvert du prélat prévenait en sa
faveur et éloignait tout soupçon de duplicité. Le peuple se
trompe rarement à ces signes extérieurs; aussi le contente-
ment était-il sur tous les visages; les femmes, surtout,
criaient: « Noël! Noël! » à tue-tête, et on avait grand'peine
à les empêcher de se jeter dans les jambes de la monture
épiscopale, toute harnachée de drap de soie blanc avec
belles bossettes d'argent reluisant au soleil.

C'était le 15 juillet; il faisait fort chaud, et le soir éclata
sur la ville un orage formidable qui éteignit tous les feux
de joie.

Puis, vers onze heures, la foudre tomba par deux fois
sur la nef de la cathédrale dont la toiture prit feu. En peu
d'instants, toute la construction provisoire de bois de charpente, sec et vieux, ne fut qu'un brasier. La population se
porta en foule sur le lieu du sinistre pour combattre le fléau.
L'évêque encourageait chacun et donnait l'exemple, si bien
qu'on put éviter que l'incendie s'étendît à la toiture du
chœur et compromît les bâtiments du palais, d'autant, par
bonheur, que le vent, venant du sud, renvoyait les flam-
mèches de l'autre côté de l'église.

Cet événement fut, le lendemain, commenté d'une façon
fâcheuse par toute la ville. On y voyait le signe de grands
malheurs sous le nouvel évêque, et les esprits étaient très-
sombres.

Il n'est guère besoin d'ajouter que, de son côté, l'évêque
était profondément affligé, plus encore de l'impression déplorable que le sinistre de la nuit répandait sur l'inauguration de son épiscopat, que des dommages causés à son
église. Mais sa résolution fut promptement prise, car ce

n'était pas un homme à méditer longtemps sur les suites d'un malheur sans trouver les moyens d'y remédier. Dès le soir, il convoqua donc les notables bourgeois à l'évêché, et il leur parla ainsi :

« Dieu a voulu que le jour où, par sa grâce, nous prenions possession de ce siége épiscopal, un événement terrible me rappelât l'un des devoirs les plus impérieux qui m'incombent. Dieu nous a dicté ce devoir.... Il a réduit en cendres l'église misérable qui avait été élevée en son honneur. Dieu nous a dit : « Assez d'atermoiements, je veux « un temple digne de moi. » Nous devons nous soumettre à sa volonté. N'a-t-il pas préservé miraculeusement la seule partie achevée de cette église où sont placés l'autel et les saintes reliques ?

« Je me suis fait rendre compte des sommes réservées pour la reprise de l'œuvre; elles sont considérables. Puis, n'ai-je pas à compter sur vous? N'est-ce pas votre monument qu'il s'agit d'achever ? Mettons-nous donc à l'œuvre sans délai, et bientôt, nous bénirons le Seigneur de nous avoir ainsi rappelé nos mutuels engagements, dans un temple qui réunira sous ses voûtes tous les habitants de la cité. Que, dès demain, le conseil de l'œuvre institué par nos prédécesseurs s'assemble ici même, afin de délibérer sur ce qu'il convient de faire. »

Ce discours effaça les mauvaises impressions qui, toute la matinée, avaient dominé la population de Clusy, et le lendemain, le sinistre de l'autre nuit était considéré comme un avertissement d'en haut. On ne parlait plus que de la future cathédrale; chacun fournissant son idée.

Alors, les bourgeois commerçants voyageaient beaucoup, car toutes les transactions se faisaient au moment des foires et marchés périodiques dans toutes les villes de France ; il

n'existait pas de messageries et moyens de transports nombreux comme aujourd'hui. Les commandes ou livraisons
se faisaient dans ces foires ou marchés périodiques, et il
fallait que les marchands s'y rendissent en personne pour
se livrer à l'une ou l'autre de ces opérations. Il n'y avait
guère de bourgeois, à Clusy, qui n'eût maintes fois visité
Paris, Laon, Noyon, Meaux, Reims, Troyes, Sens, Beauvais, Amiens. Et, dans la plupart de ces villes, de grandes
cathédrales s'élevaient. Celle de Paris était presque achevée,
ainsi que celle de Laon qui avait été bâtie très rapidement.
Les cathédrales de Soissons, de Chartres, de Reims étaient
en pleine construction. Les projets de celle d'Amiens étaient
prêts à être mis en œuvre. Or, toutes ces cathédrales possédaient des transsepts. Seules, celles de Sens et de Senlis n'en
possédaient pas, non plus que la cathédrale projetée par
Pierre de Provins pour la ville de Clusy. Le plan de la
cathédrale de Paris, mis à exécution sous l'évêque Maurice
de Sully, avait été conçu sans transsept ; mais ce plan
avait été modifié peu après la mort de l'évêque fondateur,
et alors, en 1219, ce transsept ainsi que la nef étaient
achevés.

Il va sans dire que dans le conseil de l'œuvre, composé, comme on sait, moitié de membres du chapitre,
moitié de bourgeois, la discussion porta sur les cathédrales qui s'élevaient dans toutes les villes du domaine
royal, en Champagne et en Picardie, et que chacun prô-
nait celle qui lui paraissait la plus belle. Tous furent d'accord pour ajouter un transsept au projet primitif de Pierre
de Provins et pour donner, par suite, plus d'étendue au
vaisseau de la nef, qui alors eût été trop courte. Puis, la
discussion s'engagea sur le choix du maître de l'œuvre, car
l'homme qui était alors chargé de ces fonctions, depuis que

les travaux étaient suspendus, ne parut pas à la hauteur de cette tâche.

Les noms de Pierre de Corbie, de Robert de Luzarches, de Robert de Coucy furent mis en avant, mais on considéra que ces maîtres étaient déjà fort occupés et qu'ils ne pourraient guère se consacrer à une œuvre aussi importante. Après un long débat sur ce sujet, le conseil de l'œuvre décida qu'on mettrait le projet au concours.

L'évêque approuva cette résolution, et aussitôt des lettres furent envoyées dans les villes du Domaine royal pour faire savoir aux maîtres des œuvres que l'achèvement de la cathédrale de Clusy serait confié à celui d'entre eux qui fournirait le meilleur projet.

Plusieurs se rendirent en effet à Clusy pour prendre connaissance des localités et de la partie de l'église à laquelle il s'agissait de se raccorder.

En attendant que les projets fussent prêts, on ferma le chœur conservé par un pan de bois, afin de pouvoir utiliser ce chœur pour les besoins du culte et des habitants.

C'était le 1ᵉʳ octobre que les maîtres devaient remettre leurs travaux au conseil de l'œuvre qui, après les avoir examinés, interrogerait chacun des concurrents sur les moyens d'éxécution qu'il entendait choisir. A cette fin, furent adjoints au conseil, un maître charpentier, deux maîtres maçons, deux tailleurs de pierre et d'images et deux des jurés de la ville ne faisant pas partie du conseil.

Sept concurrents se présentèrent; quatre furent promptement éliminés, leurs projets ne satisfaisant sur aucun point les juges du concours. Parmi les trois autres sur lesquels le choix définitif devait porter, l'un, apparenté dans la ville, était de ces gens qui ne doutent pas du succès; il n'avait pas manqué de répéter par toute la cité que lui seul avait exactement rempli les conditions du programme et que son projet devait être certainement le meilleur.

Si, de tout temps, il a paru mal séant de se vanter, de tout temps aussi, l'axiome : « On n'a pas de plus fidèle ami que soi-même » a été vrai, et, des éloges que fait un quidam de lui et de ses œuvres, il reste toujours trace.

On trouve l'homme insupportable, mais du bourdonnement élogieux dont il a rebattu vos oreilles, l'esprit est rempli et est bien près de former une opinion favorable.

Dans la ville de Clusy, parmi les bourgeois, fort préoccupés des projets touchant la cathédrale, il paraissait ainsi hors de doute que le travail du maître des œuvres Jean d'Orbais, ne dût être adopté d'emblée. Il était si sûr de son fait ! puis ne comptait-il pas deux de ses cousins dans le sein même du conseil ?

Mais alors, quand un concours était ouvert entre plusieurs maîtres, il était d'usage d'entendre chacun d'eux et souvent même de les laisser discuter entre eux. Ces discussions étaient parfois orageuses, il n'est besoin de le dire. Les jurés impassibles laissaient parler les rivaux, persuadés que le bon sens finit par prévaloir dans toute discussion libre.

Le 2 octobre 1219, les trois maîtres, Jean d'Orbais, Jacques de Melun et Hugues de Courtenay furent admis au sein du conseil et invités à expliquer leurs projets.

Jean d'Orbais prit le premier la parole ; tout en conservant le chœur de Pierre de Provins, ainsi qu'il avait été prescrit, il y ajoutait un transsept de la largeur du vaisseau central, puis une nef à doubles collatéraux analogues à ceux de la cathédrale de Paris. Il fit valoir l'amplitude de la partie neuve, le développement que prendrait la façade dont les tours, comme à Notre-Dame de Paris, occuperaient la largeur des doubles bas-côtés. D'ailleurs, il conservait le système des voûtes hautes, admis dans le chœur, c'est-à-dire comprenant deux travées avec un arc doubleau intermédiaire. Jacques de Melun faisant valoir à son tour les mérites de son projet, qui se rapprochait des dispositions adoptées dans la cathédrale de Sens, déjà élevée, en ajoutant un transsept qui n'existait pas dans cette dernière église, montra combien sa nef, soutenue par des piliers largement espacés, aurait de grandeur. Puis, il avait terminé ses deux bras de croix par des absides, comme à Noyon et à Soissons, et il comptait beaucoup sur l'effet de ces ronds-points latéraux.

Hugues de Courtenay eut la parole le dernier ; sans expliquer tout d'abord son œuvre, il se mit à critiquer celles de ses confrères. Il démontra que les doubles bas-côtés adoptés par Jean d'Orbais pour sa nef auraient l'inconvénient de faire paraître le chœur conservé mesquin, que les collatéraux extrêmes n'auraient pas de débouchés de l'autre côté du transsept, que, pour contrebuter les grandes voûtes, il serait obligé de donner aux piles intermédiaires des collatéraux une forte section pour asseoir les arcs-boutants, ou de franchir tout l'espace et de construire ainsi des arcs à double révolution, comme à Notre-Dame de Paris, ce qui lui semblait être un défaut ; que le transsept formait une coupure sans liaison ni avec le chœur ni avec la nef, comme si ce bras de croix eût été conçu après coup ; que l'étendue démesurée de la façade ne correspondait pas à la petite dimension relative du chœur. Passant à l'examen du projet de Jacques de Melun, il n'eut pas de peine à faire comprendre que la largeur excessive des travées de la nef ferait d'autant plus ressortir l'étroitesse de celle de l'ancien chœur, que ces voûtes très-larges seraient difficiles à contrebuter, à moins de donner aux arcs-boutants une force peu en harmonie avec ceux de la partie ancienne; que les bras de croix terminés par des absides n'étaient point conformes à l'interprétation du programme donné, lequel ne demandait pas plusieurs autels; qu'au contraire le transsept devait être disposé pour présenter un écoulement facile à la foule les jours de grandes assemblées; c'est-à-dire être muni de portes.

S'il fut interrompu pendant ces critiques par les deux autres concurrents, il n'est besoin de le dire. Jean d'Orbais, lorsqu'il trouvait un contradicteur, s'échauffait et bredouillait.

Jacques de Melun, au lieu de répondre aux critiques d'un ordre général, prétendait se rabattre sur les détails et les exemples existants.

Ces interruptions ne déconcertaient pas Hugues de Courtenay qui, sans y répondre, continuait froidement, méthodiquement, son examen. Quand il l'eut terminé, il passa à l'explication de son projet dont nous donnons, figure 21, le plan. Il démontra comment il avait su relier le transsept aux bas-côtés du chœur et de la nef en faisant retourner ces latéraux, ce qui donnait au centre de l'édifice une surface considérable pour les assemblées; comment il s'était contenté pour la nef, de bas-côtés simples dans le prolongement de ceux du chœur; comment, tout en donnant un peu plus de largeur aux travées de cette nef, la différence avec celles du sanctuaire n'était pas telle qu'on pût l'apprécier à l'œil; que d'ailleurs, les collatéraux doubles, s'ils étaient justifiés à Paris, étaient inutiles pour une cathédrale d'une ville comme celle de Clusy, qui n'avait pas à contenir plus de six mille personnes; que ces collatéraux simples lui permettaient de placer à l'extérieur des contreforts assez puissants pour contrebuter les hautes voûtes; que sa façade était proportionnée à la grandeur de l'édifice et que d'ailleurs, s'il avait deux tours de dimensions suffisantes sur cette façade, il en élevait quatre aux angles du transsept et une autre centrale sur les quatre gros piliers ; de telle sorte que le monument eût trois façades comme il aurait trois entrées principales, ce qui était raisonnable ; « car, ajouta-t-il, il n'est point convenable de concevoir un monument aussi étendu avec une seule façade d'apparat en ayant l'air de négliger les autres parties. »

Il démontra que ses voûtes d'arêtes combinées pour chaque travée étaient ainsi également contrebutées. Il expliqua comment, pour faciliter le service, pour établir les tentures les jours de fête, pour réparer les vitraux des fenêtres des bas-côtés, il avait établi un passage continu relevé de deux toises au-dessus du sol, à la base des fenêtres, et comment ces passages étaient desservis par des escaliers.

Les hochements de tête approbatifs de la plupart des jurés, pendant que parlait Hugues de Courtenay, ne faisaient qu'exaspérer ses deux confrères. Ne pouvant s'attaquer à un ensemble de dispositions simples qui ne prêtaient pas le flanc à la critique, les deux maîtres, parlant à la fois, Jean bredouillant et Jacques criant, se rejetaient sur les détails.

Les voûtes hautes, bandées par travées au lieu de l'être de deux en deux comme dans le chœur, étaient contraires à ce qui s'était fait. Comment se terminerait la galerie haute du chœur sur le transsept ? Les tours de la croisée seraient mesquines et la tour centrale énorme. A quoi bon faire retourner les bas côtés dans le transsept ? etc. Hugues laissait dire ; quand, épuisés, l'un eut fini de bredouiller et l'autre de crier, il reprit ainsi :

« Maîtres jurés, messieurs du conseil, je répondrai à mes confrères en peu de mots.

« Les voûtes bandées par travées simples ont cet avantage, que n'ont pas les anciennes, de reporter les poids également sur toutes les piles égales entre elles comme section; de plus, leurs arcs-ogives ne masquent pas les fenêtres hautes. Si cela ne s'est pas fait jusqu'à présent, cela est cependant admis par le maître des œuvres de la cathédrale de Reims qui les a conçues ainsi, et vous ne nierez pas sa compétence. La galerie haute du chœur se terminera naturellement à la première travée du transsept pour adopter à la suite et dans la nef, la galerie étroite, ainsi que le fait voir mon dessin. Les tours du transsept se groupant autour de celle du centre ne peuvent paraître maigres, ainsi qu'on peut le reconnaître en visitant la cathédrale de Laon qu'on termine en ce moment. Si j'ai fait retourner les bas-côtés dans le transsept, j'ai dit pourquoi : c'est pour donner au centre de l'édifice, là où on en a le plus besoin, un très-large espace pour les réunions.

« D'ailleurs, ajouta-t-il en tirant un rouleau de dessous sa cotte, voici un pourtraict au naturel de l'ouvrage, qui en dira plus, pour ce qui est de l'extérieur, que de longs commentaires (fig. 22).

« En examinant ce dessin conjointement à la coupe de la nef projetée que vous avez sous les yeux (figure 23), vous pouvez vous rendre compte de l'œuvre assez exactement. »

Tous les jurés se mirent à regarder avec le plus vif intérêt le pourtraict au naturel qui leur faisait si bien comprendre les dispositions extérieures de l'édifice projeté par Hugues. Les deux autres concurrents se récrièrent, prétendant qu'ils auraient pu aussi donner des pourtraicts au naturel de leurs

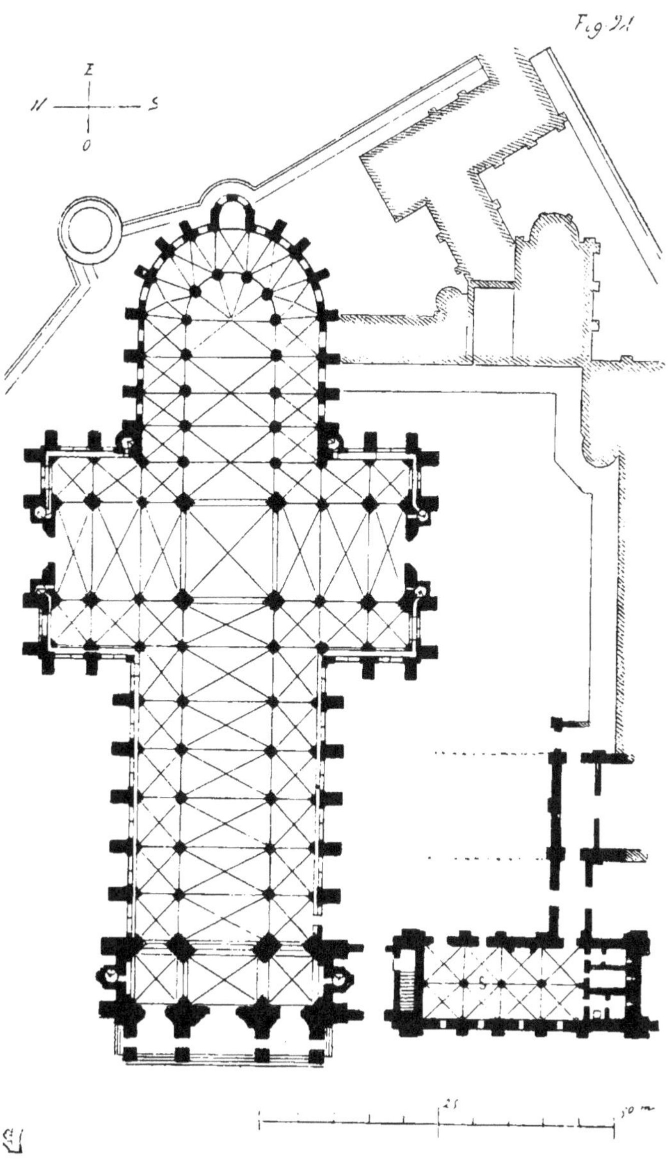

PROJET D'ACHÈVEMENT DE LA CATHÉDRALE DE CLUSY AU COMMENCEMENT
DU XIIIe SIÈCLE

VUE DE LA CATHÉDRALE DE CLUSY, COMMENCEMENT
DU XIIIᵉ SIÈCLE.

projets, et qu'alors on pourrait juger le mérite relatif des aspects.

« Que ne l'avez-vous fait ? » répliqua Hugues ; puis, s'adressant aux jurés :

« Ceci n'est qu'une image qui ne saurait donner l'économie de mon projet. Veuillez examiner le plan (fig. 21), vous observerez que le tracé des voûtes commande la disposition des piles et leur section, et cela est conforme au simple bon sens ; car, quel est le résultat à atteindre ? La clôture d'un grand vaisseau.

« Quel est dans cette clôture l'objet principal ? N'est-ce pas la voûte, c'est-à-dire la partie de l'édifice qui couvre l'assemblée ?

« Il fallait donc, au préalable, tracer les moyens de voûtage, et, de ce tracé, déduire les piles et contreforts, leur épaisseur et leur puissance de résistance, soit aux poids verticaux, soit aux poussées.

« Quant à la coupe de la nef (fig. 23), vous voudrez bien considérer le mode de tracé que j'ai adopté, et qui m'a d'ailleurs été suggéré par les règles adoptées entre plusieurs maîtres notables, depuis peu. J'ai conservé la largeur de la nef du chœur, laquelle a, d'axe en axe des piliers, six toises un quart, et la largeur des bas-côtés, lesquels portent trois toises de l'axe des piles au nu intérieur des murs. Puis, de ces points et axes, ayant élevé des triangles équilatéraux, j'ai obtenu la hauteur des piliers, y compris le chapiteau et la hauteur de la galerie extérieure à la base des fenêtres hautes.

« Traçant de ces derniers points un autre triangle équilatéral, j'ai fixé la hauteur des clefs des arcs-ogives, c'est-à-dire la plus grande hauteur dans œuvre. Ainsi obtiendrai-je une série de proportions ayant entre elles des rapports harmoniques, comme l'indiquent les maîtres.

« J'établis à rez-de-chaussée des passages au-dessus
d'une arcature intérieure qui décore la base de l'édifice,

passage utile pour le service et pour permettre la réparation des vitraux des fenêtres basses. Au-dessus des collaté-

VUE INTÉRIEURE DE LA CATHÉDRALE DE CLUSY.
JONCTION DES XIIe ET XIIIe SIÈCLES.

raux, j'ai une autre galerie intérieure dans la hauteur des combles; au-dessus de cette galerie, une coursière extérieure pour faciliter la réparation des combles des bas-côtés et des vitraux des fenêtres hautes.

« A la base de ces combles, une coursière, passant à travers les contreforts, permet la circulation tout autour de l'édifice; de même à la base du grand comble.

« La voûte du chœur à conserver étant plus basse que celle de la nef et du transsept nouveau, et les archivoltes des latéraux de ce chœur étant de même moins élevées que celles des bas-côtés à construire, je compte raccorder ces parties neuves et anciennes (ainsi que le fait voir la figure 24), en arrêtant la large galerie supérieure des collatéraux du chœur aux dernières piles cylindriques en arrière des grands piliers du transsept. Toutefois, l'arc-doubleau d'entrée du chœur demeurera plus bas que ne sont les trois autres grands arcs-doubleaux du transsept, mais cela ne saurait produire un mauvais effet, le tympan pouvant être décoré.

« J'ai fini, messieurs, à moins que vous n'ayez à me demander d'autres éclaircissements. »

Le conseil déclara qu'il était suffisamment instruit et qu'il allait en délibérer.

Jean d'Orbais avait, outre deux ou trois voix assurées dans ce conseil, des amis dans la ville qui, sur ses vanteries et cabales, étaient parvenus à disposer l'opinion en sa faveur, ce que n'ignoraient pas les juges du concours.

Hugues de Courtenay, inconnu des bourgeois de la cité, et qui s'était gardé de paraître dans les assemblées, ne semblait avoir aucune chance en sa faveur. Tout en reconnaissant que son projet paraissait être le meilleur des trois, le conseil n'osait cependant manifester une opinion absolue et s'en référa à l'évêque. Quant à Jacques de Melun, il était de fort méchante humeur en voyant que la lutte semblait devoir se limiter entre ses deux confrères seulement, sans qu'il fût question de lui.

L'évêque, après avoir examiné les projets et ouï ses conseillers, ne savait trop que résoudre, car les partisans déclarés de Jean d'Orbais, quoiqu'en petit nombre dans le conseil, faisaient beaucoup de bruit et revenaient sur les mêmes critiques adressées au projet de Hugues de Courtenay, sans tenir compte, bien entendu, des réponses de ce dernier.

Après avoir réfléchi quelque temps, l'évêque décida qu'une seconde séance serait ouverte, dans laquelle, en présence du conseil, il interrogerait lui-même les trois concurrents.

Ceux-ci furent donc appelés de nouveau, le lendemain, dans le palais épiscopal. Et il fut entendu qu'ils se contenteraient de répondre aux questions qui leur seraient adressées.

Les projets furent appendus aux murs; l'évêque qui, comme on l'a vu déjà, ne manquait pas d'esprit d'à-propos, s'adressant tout d'abord à Jacques de Melun, lui demanda s'il avait pris connaissance des projets de cathédrales élaborés depuis peu, et notamment de ceux des cathédrales de Reims et d'Amiens.

« Seigneur évêque, répondit le maître, j'ai fait mieux, j'ai étudié soigneusement les édifices déjà construits, les cathédrales de Noyon, de Sens, de....

— Ce n'est pas ce que je vous demande, répliqua le prélat. Connaissez-vous, oui ou non, les projets dont je vous parle?

— J'en ai ouï parler.

— Bien! Et vous, Jean d'Orbais, les connaissez-vous?

— Oui, seigneur évêque.

— Eh bien, alors, pourquoi, dans les dessins que vous nous montrez, présentez-vous des dispositions qui appartiennent à un édifice conçu il y a soixante ans bientôt, et ne profitez-vous pas des progrès réalisés depuis par les maîtres qui ont su donner à leurs constructions plus de légèreté, plus d'air et de lumière, plus d'espaces couverts? »

Jean d'Orbais, toujours bredouillant :

« C'est, en vérité, dit-il, parce que j'ai pris connaissance des projets élaborés pour la cathédrale de Reims par Robert de Coucy, et pour la cathédrale d'Amiens par Robert de Luzarches, que je n'ai adopté ni l'une ni l'autre des dispositions conçues par ces maîtres. Cela ne saurait tenir debout, ce sont des échasses que le premier ouragan renversera. D'ailleurs, je ne prétends imiter personne, et je crois qu'il appartient à un maître d'innover.

— Mais, reprit l'évêque, je crois que vous n'innovez guère, puisque votre œuvre rappelle Notre-Dame de Paris ?

— Excusez-moi, seigneur évêque, ma façade offre un parti nouveau, splendide, qui sera la gloire de votre évêché ; voyez quelle ampleur ! quelle....

— Il ne s'agit pas de la façade seulement, et je ne prétends pas bâtir une cathédrale pour montrer une façade... splendide, mais pour contenir la foule des citoyens de Clusy ; or, je vois que vos bas-côtés doubles sont étroits, bas, que dans le voisinage du transsept l'espace manque, que vos fenêtres hautes sont petites, que la lumière du jour éclairerait difficilement le vaisseau, surtout à cause de ces doubles bas-côtés.

— Seigneur évêque, il n'y a que trop de lumière dans les églises, les grandes fenêtres ne se peuvent vitrer ; on verra que ce n'est pas possible. On peut faire des collatéraux simples, si vous voulez; la galerie supérieure donne des jours suffisants. Je sais bien qu'on médit de mon projet, mais la façade! Il n'y aura jamais eu de façade plus majestueuse!... »

Ces phrases incohérentes, jetées coup sur coup sans achever même les mots, firent sourire le prélat qui, interrompant l'orateur:

« Bien, bien, c'est entendu, dit-il.... Et vous, Hugues! répondez à mes questions, sans vous en écarter. Pourquoi avez-vous donné à votre transsept une si grande largeur?

— Parce que c'est le centre de l'édifice, le point où la foule se réunira avec plus de presse.

— Pourquoi, ayant fait les travées de la nef plus larges que celles du chœur, avez-vous cependant tenu les derrières de ces travées, proche les gros piliers de la croisée, plus étroites?

— Pour diminuer la poussée des archivoltes sur ces gros piliers.

— Pourquoi avez-vous rétréci la nef centrale à l'entrée?

— Pour donner plus d'assiette aux deux tours de la façade et former un vestibule, de telle sorte que les fidèles ne se trouvent pas immédiatement dans la partie qui doit être réservée aux assemblées.

— Quel motif vous a fait placer des tours aux quatre angles du transsept?

— Pour que l'édifice accuse trois façades, puisqu'il possède trois portails; cependant, j'ai tenu les tours de la façade occidentale plus larges et plus hautes, parce que c'est de ce côté qu'est l'entrée principale de l'édifice.

— Les piliers de la nef ne sont-ils pas trop grêles en raison de la hauteur de cette nef ?

— J'ai donné à ces piliers la section qui suffit à leur fonction verticale, car toutes les poussées sont neutralisées par la disposition des arcs-boutants qui reportent ces poussées sur les contreforts extérieurs, de manière à laisser le plus grand vide possible dans l'intérieur....

— Ah! interrompit Jean d'Orbais, il ferait beau voir ces piles, quand avant d'être chargées elles recevront la poussée des voûtes des bas-côtés!

— L'interruption vient à point, reprit Hugues ; mon confrère ne sait donc pas que nous plaçons des tirants provisoires en bois ou même en fer, — et c'est ainsi qu'on prétend procéder à la cathédrale de Reims, — pour permettre de bander les voûtes des collatéraux, tirants que l'on enlève ou que l'on coupe lorsque toute la construction est terminée et que la stabilité des piles est assurée par les poids supérieurs.

— Comment, continua l'évêque, entendez-vous disposer l'imagerie de l'église future ?

— Seigneur évêque, j'entends, à cet égard, m'en rapporter à vos lumières.

— Soit ; mais avez-vous en vue une conception générale ?

— Je placerais sous le portail principal, au trumeau central, le Christ homme entouré des douze apôtres sur les deux ébrasements ; au-dessus, dans le tympan, le Christ assistant au Jugement dernier ; dans les six voussures au-dessus, les anges et archanges, les martyrs, les vierges martyres, les prophètes, les sybilles et l'arbre de Jessé. A la porte de gauche, la sainte Vierge sur le trumeau ; ses ancêtres sur les piédroits ; dans le tympan, la mort de la mère du Sauveur et son couronnement; dans les voussures, des anges, des saints et saintes. A la porte de droite, saint Martin sur le trumeau, les saints évêques de France autour de lui; dans le tympan, l'histoire de saint Martin, et dans les voussures, des saints des Gaules.

« Au-dessus du portail, les rois, ancêtres de la Vierge, images colossales, puis, dans les quatre pinacles, les fondateurs de votre église.

« Le portail sud du transsept serait consacré à saint Étienne, en souvenir de l'ancienne église, et celui du nord à la Vierge, en souvenir de la chapelle qui existait de ce côté.

— Bien, nous causerons de cela s'il y a lieu. »

Sur ces derniers mots, l'évêque ayant levé la séance, les maîtres se retirèrent; Jacques de Melun, de plus en plus mécontent et déclarant qu'on n'avait pas voulu l'entendre; Jean d'Orbais répétant partout qu'il avait écrasé ses rivaux et que l'évêque lui-même était resté confondu devant ses réponses; Hugues de Courtenay ne disant mot et se retirant dans la chambre de son hôtel.

Aussi y eut-il une certaine émotion dans la ville, le lendemain, quand on sut que le projet de Hugues de Courtenay était préféré, et les bons bourgeois, qui n'avaient vu aucune des œuvres soumises au conseil et aux jurés, s'entretenaient, dans les tavernes et sur les places, de ce jugement qui leur paraissait inique de tout point; Jean d'Orbais n'était pas le dernier, bien entendu, à crier au scandale.

Quant à Jacques de Melun, il était parti dès que le résultat du concours avait été connu.

Les conseillers et jurés furent assaillis de questions, de critiques, par les bourgeois qui avaient pris en main la cause de Jean d'Orbais sur ses propres affirmations et sans connaître d'ailleurs les projets des concurrents; si bien que le maire crut bon de réunir dans le chœur de la cathédrale, avec l'assentiment de l'évêque, tous les habitants qui voulaient être éclairés sur les considérants des conseillers et sur leur jugement. Hugues de Courtenay et Jean d'Orbais furent convoqués également afin de s'expliquer en public si on le croyait nécessaire. Ce dernier se rendit à la cathédrale entouré de tous ses partisans, bien décidés à faire revenir le conseil sur sa décision.

Hugues de Courtenay y vint seul; peu d'habitants le connaissaient.

Les premiers moments de la réunion se passèrent au milieu du tumulte; le maire, entouré des conseillers et jurés, eut grand'peine à se faire entendre. Il essaya cependant d'expliquer les motifs du jugement porté sur les projets des concurrents; mais il était interrompu à chaque instant par les amis de Jean d'Orbais.

Impatienté, le maire dit enfin : .

« Eh bien! que Jean explique lui-même en quoi son projet eût dû être préféré à celui de Hugues.

— Oui, oui! » cria-t-on de tous côtés.

Nous l'avons dit, Jean d'Orbais s'exprimait de la manière la plus confuse, quoiqu'il n'eût pas la conscience de ce défaut, car il ne s'en connaissait aucun. Il commença donc, en bredouillant, suivant son habitude, un discours que personne n'entendit, répétant à peu près ce qu'il avait dit devant le conseil. La foule, qui ne comprenait rien à ce flot de paroles précipitées, à ces phrases sans suite, commençait à murmurer. Un plaisant se mit à dire tout haut et d'une voix bien claire :

« Celui-ci parle comme un chandelier qui tombe dans un escalier. »

Les rires accueillirent ce propos et gagnèrent bientôt toute l'assemblée. L'orateur, ne pouvant deviner la cause de cette hilarité, bredouillait, s'embrouillait de plus belle; et les rires de s'accentuer, au point de couvrir la voix du malheureux Jean qui, à bout de forces et irrité au dernier point, cria ces dernières paroles aussi haut qu'il put.

« Vous n'y entendez rien! et je vois bien que vous êtes tous conjurés contre moi! Eh bien, tant pis pour vous, car vous n'aurez qu'une méchante cathédrale! »

De violents murmures succédèrent aux rires.

« Il nous injurie! Ce ne sont pas des raisons cela! » criait-on de toutes parts.

Les amis de Jean étaient consternés et, comme il voulait continuer sur ce ton, le forcèrent à grand'peine au silence.

« Que l'autre s'explique! » cria la foule.

Quand le calme fut rétabli, Hugues s'avança et parla ainsi :

« Que vous faut-il? une cathédrale.... c'est-à-dire un édifice qui permette de réunir sous ses voûtes un grand nombre d'habitants, pouvant délibérer, voir, entendre, circuler, entrer et sortir facilement, qui, par conséquent, présente de vastes espaces dans sa partie centrale, des issues nombreuses, qui soit largement éclairé, d'une construction assez simple pour pouvoir être élevé rapidement, qui laisse aux clercs les espaces nécessaires pour le service religieux, qui, à l'extérieur, signale au loin l'importance de la ville de Clusy, le goût de ses habitants, leur piété et les efforts qu'ils ont faits de tous temps pour maintenir leurs franchises municipales sous la garantie du seigneur évêque.... N'est-ce pas là ce que vous voulez?

— Oui, c'est cela! répondit la foule.

— Eh bien, si messieurs les conseillers et jurés ont

choisi mon projet entre tous, c'est qu'ils l'ont considéré comme remplissant mieux que les autres ces conditions ; c'est que j'ai pu leur expliquer sans difficulté, sans détours, ces avantages que les tracés sur le vélin permettent d'apprécier ; c'est qu'il n'y a pas une partie de ces tracés dont je ne pusse donner la raison ; c'est que j'ai indiqué les moyens de construction que j'emploierai ; c'est qu'enfin, sachant que je travaillais pour une ville renommée par l'intelligence de ses habitants, je m'étais mis en mesure de pouvoir rendre compte de l'ensemble comme des moindres détails de ma conception, ne doutant pas que les choses seraient examinées avec soin et jugées par des personnes compétentes ; c'est que j'ai cherché à obtenir un tout complet sans sacrifier aucune des parties, n'essayant pas d'entraîner les suffrages par un morceau capital séduisant, conçu au détriment du reste. Que diriez-vous d'un imagier qui, taillant une statue, lui donnerait une tête énorme et un corps grêle? C'est cependant ce qu'a fait mon confrère Jean qui vient de parler et qui réclame contre la décision du conseil. Il a fait une belle, une énorme façade, et derrière, une nef basse bordée de doubles bas-côtés écrasés, terminés par un transsept étroit. Le conseil, avec raison, a donc rejeté son projet, car si la façade de votre cathédrale doit être digne de la cité, ce n'est pas dans la façade ni dans ses tours que vous vous rassemblerez, mais dans la nef et la partie centrale de l'édifice. La façade n'est pas le principal, mais l'accessoire....

— C'est pour cela que Hugues, interrompit Jean, fait trois façades au lieu d'une seule !

— Oui, je fais trois façades, dont une plus riche et plus importante que les deux autres, posées aux extrémités des bras de croix. Comme il y a trois portails pour permettre à la foule de circuler facilement et de se rendre au centre de l'édifice de divers points de la cité, il y a trois façades. C'est la raison qui l'indique.

« Mais aussi, dans mon projet, j'ai dû penser à la circulation qui doit être ménagée à tous les étages de l'édifice, pour assurer un bon et facile entretien des vitraux et couvertures, pour permettre d'éteindre les incendies si le feu du ciel tombe sur les toitures, pour pouvoir tendre l'intérieur aux jours de fêtes et allumer les lampes.

« C'est donc probablement au soin que j'ai pris de tout prévoir dans la construction d'un édifice, que nous voudrions voir rivaliser avec les cathédrales déjà bâties à Sens, à Senlis, à Meaux, à Paris, à Noyon, à Soissons, à Laon, et avec celles que l'on construit à Reims, à Amiens, à Bourges, à Chartres, que je dois d'avoir vu mon projet choisi comme le plus digne; d'ailleurs, m'en rapportant entièrement à la décision des juges et à l'opinion des habitants que je tiens à éclairer, je m'offre à faire un modèle en relief de la cathédrale conçue par moi; mon confrère Jean pourra, s'il le veut, faire de même, et nous soumettrons ces modèles au jugement des citoyens de Clusy. »

On avait écouté cet exposé dans le plus profond silence; quelques interrupteurs, qui avaient tenté de déconcerter l'orateur, furent contraints de se taire.

« C'est cela! dirent d'une commune voix les assistants, que Jean et Hugues nous montrent des modèles de leurs projets! »

Mais, en sortant de la cathédrale, Hugues de Courtenay fut d'autant plus entouré de bourgeois que Jean fut délaissé par ses partisans d'un jour. Tout en cheminant vers son hôtel, le premier répondait à toutes les questions qui lui étaient adressées avec autant de clarté que de pa-

tience; la foule se pressait autour de lui, tandis que Jean
déconcertait ses amis par des sorties ridicules et des propos
sans suite. Aussi le groupe déjà maigre qui l'entourait à la
sortie de l'assemblée, était-il réduit à trois ou quatre fidèles
lorsqu'il arriva à la porte de son logis.

Ainsi fut fait comme il avait été dit ; un mois après
cette réunion, Hugues de Courtenay, travaillant jour et nuit
avec un des meilleurs huchiers de la ville et ses deux apprentis, fut en mesure de montrer au public le modèle en
relief de son projet, lequel fut exposé au milieu du chœur
de la cathédrale.

On attendit vainement, pendant deux semaines encore,
celui que devait produire Jean. L'eût-il exposé que l'opinion était entièrement tournée en faveur du projet de
Hugues de Courtenay; si bien que les notables, au nom de
la ville, vinrent supplier l'évêque de déclarer la clôture
définitive des épreuves et de confier l'œuvre à Hugues,
ainsi que le conseil l'avait décidé.

CHAPITRE VI

POURQUOI ET COMMENT LA CATHÉDRALE
SUBIT CERTAINES MODIFICATIONS.

Sous l'épiscopat de Eudes de la Ferté, les travaux de la
cathédrale de Clusy, confiés au maître des œuvres Hugues,
furent poussés avec une activité prodigieuse, si bien qu'en
1240, l'édifice était achevé, y compris la salle synodale indiquée en S sur le plan (fig. 21), et sauf quelques parties supérieures de la façade, et les quatre tours du
transsept; mais alors, la suite de l'opération était confiée au
fils de Hugues, Guillaume de Courtenay.

Le maître dont le projet a été expliqué dans le chapitre
précédent, étant mort en 1238, Guillaume, non moins ha-
bile que son père, avait été élevé près de lui, dans ce grand
et actif chantier de la cathédrale de Clusy; mais Hugues,
sachant par expérience que celui qui n'a vu qu'une chose
n'a rien vu, voulut que son fils parcourût les divers chantiers de la France; et comme alors tous les maîtres des
œuvres étaient en relations constantes et intimes, se faisaient part, réciproquement, de leurs tentatives, de leurs

succès ou de leurs insuccès; comme aussi certains secrets du métier étaient religieusement gardés et transmis
seulement entre les membres par la parole, et jamais par
écrit, il s'était établi entre eux une sorte d'association dans
laquelle, pour être admis, il fallait faire ses preuves.

Guillaume s'était donc instruit au contact de ces maîtres
dont il avait visité successivement les chantiers, non-seulement sur le domaine royal, mais en Champagne, en Bourgogne et dans les Flandres; il était devenu ainsi maître très-
ingénieux en l'art de construire, fort versé dans les procédés
secrets de disposer les plans et de tracer les voûtes suivant
la méthode la plus nouvelle.

Mais, pour construire cette grande cathédrale, il avait fallu
beaucoup d'argent, et les corporations d'ouvriers étaient devenues d'autant plus exigeantes qu'on avait un plus grand
besoin d'elles. Le prix moyen des journées s'était successivement élevé jusqu'à la somme de six sous et plus [1]; puis,
les ouvriers avaient demandé à être dispensés de faire maigre pendant le carême; les corporations s'étaient fait octroyer
des priviléges tels que : dispense du guet, franchise des droits
sur le vin pour elles, faculté de travailler après le couvre-
feu jusqu'à dix heures du soir, etc.

Quant aux sommes nécessaires à l'exécution de ces constructions et à l'acquisition des matériaux, l'évêque ne pouvait guère les trouver que dans l'escarcelle des bourgeois;
car, bien que le roi fît des dons pour hâter le travail, ces
sommes étaient, relativement aux besoins, peu importantes.
Demander de l'argent aux nobles, il ne fallait pas y songer,
on va voir pourquoi.

1. Environ cinq francs cinquante de notre monnaie, d'après le
prix du blé à cette époque.

Les bons bourgeois de Clusy n'étaient pas disposés à vider leurs bourses seulement par un sentiment de piété ou de vanité, il leur fallait, en échange, trouver des avantages réels.

L'évêque Eudes de la Ferté, qui était homme d'esprit et de grand sens, le savait très-bien, mais, ainsi que tous les autres évêques de France alors, il tenait à accomplir pleinement le projet formé par ses prédécesseurs et notamment par Baudoin de sainte mémoire. Pendant la régence de la reine Blanche, mère de Louis IX, la coalition des grands vassaux de la couronne ayant été dissoute, grâce à l'habileté de cette princesse et à la défection du comte de Champagne, les évêques crurent le moment des plus favorables pour atteindre le but vers lequel ils tendaient depuis près de quatre-vingts ans et que nous indiquerons en peu de mots.

Depuis Philippe-Auguste notamment, et même déjà du temps de la régence de l'abbé Suger, le pouvoir des grands vassaux était ébranlé. Philippe lui avait porté un coup terrible ; il avait protégé les communes, s'était servi de leurs milices dans ses expéditions ; mais l'œuvre était de trop longue haleine pour qu'il pût l'achever. A sa mort, les grands seigneurs féodaux prétendirent reconquérir tout le terrain perdu et partager le royaume en seigneuries suzeraines, indépendantes les unes des autres. Ils ne furent secondés dans cette levée de boucliers ni par les populations des villes ni par les évêques qui prétendaient, eux, à autre chose, savoir : à ce rôle qu'ils avaient rempli jadis avec éclat, de maîtres absolus dans les cités sans contrôle d'aucune sorte, maîtres à la fois séculiers et spirituels, c'est-à-dire des corps, des biens et des âmes. Ils avaient compris que ce résultat ne pouvait être obtenu par la force ; le soulèvement des communes avait éclairé souvent d'une lueur sinistre leurs tentatives à cet égard ; ils avaient compris également que le pouvoir royal ne les seconderait pas dans cette entreprise, non plus que la noblesse laïque. Leur seule alliée était donc la commune ; mais il fallait acheter cette alliance et la cultiver avec la plus grande prudence, car les bourgeois des villes étaient défiants et payés pour l'être.

C'est pourquoi les cathédrales s'élevaient bien plus comme des édifices affectés à une destination civile qu'à un service religieux. La cathédrale devait devenir le monument de la cité, remplacer l'hôtel de ville ; donc, le parloir aux bourgeois n'avait plus sa raison d'être, puisque les citoyens pouvaient à toute heure se réunir dans l'église mère, y discuter de leurs affaires ; puisque les cloches des tours étaient mises en branle par leur ordre ; puisque, dans ces vastes vaisseaux, ils pouvaient même se livrer à certains passe-temps, jeux et mystères, à l'occasion.

Seulement, la *cathedra*, le siége épiscopal était là, il était la sauvegarde des droits concédés, mais surtout le tribunal, le prétoire où toute cause devait être appelée, car tout crime ou délit étant l'occasion d'un péché, c'était à l'évêque, comme chef spirituel, d'en connaître et d'en juger tous les cas.

C'est ainsi du moins que l'entendait l'épiscopat au commencement du règne de Louis IX, et les prélats croyaient bien par ce raisonnement supprimer toute autre juridiction seigneuriale, réduire la noblesse féodale à néant et gouverner au nom du suzerain, d'abord sur les villes, puis bientôt sur toute l'étendue de leur diocèse.

En un mot, c'était une théocratie, ayant à sa tête une sorte de doge dont les volontés eussent été entièrement soumises à ses décisions.

Encore une fois, pour obtenir ce résultat, il fallait que la cathédrale fût bâtie, qu'elle existât. Aussi, avec quelle hâte on s'empressait d'élever les édifices retardataires, à Troyes, à Reims, à Amiens, à Beauvais, à Bourges, à Rouen! Et pour obtenir l'argent nécessaire à leur construction, les évêques ne ménageaient pas l'octroi des franchises municipales. La garde et la police de la cité, le jugement des simples délits, la perception des droits, l'édilité, la tenue des marchés, le cri des édits royaux, les règlements touchant la voirie, tout cela avait été successivement accordé aux villes par les évêques-seigneurs et sanctionné par des chartes moyennant subsides qui étaient employés en partie à la construction de la grande œuvre.

D'ailleurs, les bourgeois, se voyant maîtres chez eux, nantis de franchises qui assuraient l'autonomie de la cité, ne faisaient plus de difficultés quand il s'agissait de subvenir aux dépenses de la cathédrale, symbole visible et réel de ces libertés. Ils étaient les premiers à hâter les travaux, soit de leur argent, soit par des prestations consistant en bêtes de somme, chariots, engins, etc.

Si la bourgeoisie des villes s'élevait ainsi à la hauteur d'un pouvoir homogène compacte, le bas peuple profitait également, dans une certaine mesure, de ce nouvel état de choses. La royauté poussait à l'affranchissement des serfs des campagnes qui, s'incorporant à des communes, passaient ainsi de l'autorité du seigneur féodal sous celle du roi. De telle sorte que les villes et leur banlieue se peuplaient d'autant, s'enrichissaient, pendant que les seigneurs voyaient déserter leurs terres.

Ceux-ci s'émurent bientôt de la situation qui leur était faite; leurs seigneuries se dépeuplaient pour aller grossir les communes; leurs droits de justiciers, auxquels ils tenaient grandement, étaient menacés par le nouveau pouvoir que s'arrogeaient les évêques dans leurs cathédrales en vertu du principe établi par les prélats : que toute contestation judiciaire a sa source dans la fraude ou la violence et que l'église doit prendre connaissance de tout ce qui est péché, afin de savoir s'il convient de remettre ou retenir, de lier ou de délier.

De sa *cathedra*, l'évêque prétendait juger toutes les contestations, les causes criminelles et féodales, les nobles comme les vilains, et recourait au besoin à l'excommunication, même en cas de contestations civiles, lorsqu'il était admis que la partie lésée dans ses intérêts purement temporels était un clerc.

En 1235, la noblesse, réunie à Saint-Denis, en présence du roi Louis IX, rédigea une protestation contre les prétentions des évêques et adressa ses plaintes au pape. Un décret fut rendu qui établissait :

1° Que les seigneurs ne seraient pas justiciables des tribunaux ecclésiastiques pour les affaires civiles ;

2° Que si un juge ecclésiastique excommuniait quelqu'un dans ce cas, il serait contraint à lever l'excommunication par la saisie de son temporel ;

3° Que pour leurs fiefs, les ecclésiastiques seraient tenus de répondre devant les juges laïques.

Cette première manifestation contre les prétentions ecclésiastiques, fit réfléchir les plus prudents parmi les évêques, et plusieurs songèrent déjà à enlever à la cathédrale quelque chose du caractère de prétoire épiscopal et de basilique qui lui avait été donné, pour en faire plus spécialement un édifice religieux.

Une tentative avait été faite directement auprès du roi pour connaître ses sentiments personnels à l'endroit de ces prétentions du clergé, touchant le droit qu'il entendait s'arroger de juger tous les cas et de ne voir dans le pouvoir laïque que l'exécuteur aveugle de ses décisions.

L'évêque d'Auxerre, Guy de Mello, au nom d'un grand nombre de prélats, se présenta un jour à la cour et dit au roi :

« Sire, des évêques et archevêques, en grand nombre, m'ont chargé de vous faire savoir que la chrétienté périt entre vos mains ! »

Louis, surpris, se signa et répondit :

« Or, me dites comment cela est?

— Sire, reprit l'évêque, c'est parce qu'on prise si peu les excommunications aujourd'hui, que les gens se laissent mourir excommuniés avant qu'ils se fassent absoudre et ne veulent pas faire satisfaction à l'Église. Ces seigneurs évêques vous requièrent donc, Sire, pour l'amour de Dieu et parce que vous le devez faire, que vous commandiez à vos prévôts et baillis que tous ceux qui resteront excommuniés un an et un jour, qu'on les contraigne par la saisie de leurs biens à ce qu'ils se fassent absoudre. »

A cela le roi répondit :

« Qu'il le leur commanderait volontiers pour tous ceux dont on lui donnerait la certitude qu'ils eussent tort. »

Mais l'évêque de Mello répliqua :

« Que les prélats ne le feraient à aucun prix et qu'ils lui contestaient la juridiction de leurs causes.

— Je n'agirai point autrement cependant, dit le roi, car ce serait contre Dieu et raison si je contraignais les gens à se faire absoudre quand le clergé leur ferait tort. Et à ce propos, je vous citerai l'exemple du comte de Bretagne qui a plaidé sept ans, étant excommunié, avec les prélats de Bretagne et a si bien fait que le pape a condamné ceux-ci. Donc,

si j'eusse contraint le comte de Bretagne, la première année, de se faire absoudre, j'eusse péché contre Dieu et contre
le pape. »

Depuis cet entretien, persuadés que le roi ne changerait
pas d'avis, les évêques se résignèrent et prirent de nouvelles
dispositions, d'autant que, pour conformer ses actes à ses
paroles, Louis IX établit dans chaque seigneurie et dans
chaque ville, indépendamment du prévôt, un bailli royal,
lequel, lorsqu'une cause quelconque était appelée devant
la justice seigneuriale, pouvait la réserver, comme *cas
royal*, et l'introduire ainsi à sa cour, à celle du prévôt ou
au Parlement, prétextant que le roi, comme chef du gouvernement féodal, avait, de préférence à tout autre, le droit
de juger certaines causes nommées *cas royaux*.

A ces prétentions, les évêques, aussi bien que les seigneurs laïques, essayèrent de mettre des bornes, en demandant que ces cas royaux fussent spécifiés ; mais les baillis
ne l'entendirent point ainsi. Ce fut vainement que les seigneurs employèrent près d'eux les prières, les instances et
même les menaces ; les baillis, toutes les fois qu'ils entendaient débattre dans les cours seigneuriales une cause qui paraissait intéresser l'autorité du roi, s'interposaient au milieu
des parties, déclaraient la cause *cas royal*, et en attiraient
le jugement à leurs cours. Or, si les bourgeois préféraient
la justice de l'évêque à celle d'un seigneur laïque, parce que
la première s'appuyait sur une législation moins arbitraire
et offrait ainsi plus de garanties, ils trouvaient encore dans le
tribunal du bailli, soustrait aux passions du moment et aux
intérêts locaux, délégation de la justice royale établie déjà,
quant aux grands principes, sur le droit romain, plus d'im-
partialité et d'équité. D'ailleurs, le roi investissait chaque
jour les bourgeois des villes de fonctions de plus en plus

étendues ; ceux-ci s'habituaient à considérer le nouveau suzerain comme la sauvegarde de leurs droits municipaux, de leurs franchises et coutumes, et leur alliance avec l'évêque, quant au maintien de ces droits, perdait beaucoup d'importance ou d'efficacité à leurs yeux.

Ces quelques développements étaient nécessaires pour faire comprendre ce qui va suivre.

Eudes de la Ferté était mort vers 1236, au moment où l'édifice conçu par Hugues de Courtenay présentait déjà un ensemble complet. Son successeur, Odon de Gisors, trouva le chapitre de son église singulièrement relâché dans ses mœurs, car l'évêque Eudes vivait plus comme un seigneur laïque que comme un prélat. Il aimait à s'entourer de gens de société facile et bons vivants, était grand chasseur, et laissait volontiers ses chanoines mener une vie qui n'était rien moins qu'édifiante. Plusieurs étaient mariés et même bigames ; d'aucuns ne sortaient jamais que vêtus richement et coiffés de chapeaux de fleurs, ou même armés ; ils couraient les tavernes et menaient joyeuse existence.

Odon de Gisors commença, en s'appuyant sur les décrets des conciles, à réprimer ces abus ; puis, tout en continuant l'œuvre entreprise par son prédécesseur, il dut, comme tous les autres prélats de France, reconnaître que l'attitude nouvelle prise par le pouvoir royal devait faire abandonner à l'épiscopat l'espoir longtemps caressé de donner à la cathédrale de la cité le caractère attribué jadis à la basilique antique, à la fois lieu de réunion, centre des transactions de toutes les affaires, édifice municipal et tribunal.

Odon de Gisors crut donc prudent de modifier l'édifice dans la partie particulièrement réservée au culte. A cet effet, il demanda au maître de l'œuvre, Guillaume, de dresser un projet de reconstruction d'un chœur plus vaste, avec chapelles, à l'instar de ceux que l'on construisait à Troyes et que l'on commençait à établir à Amiens.

Guillaume se mit à l'œuvre avec d'autant plus d'empressement que ses connaissances, ses voyages, lui permettaient d'entreprendre cette opération de manière à satisfaire au beau programme qui lui était imposé.

Dans son projet, il conservait les hauteurs données par Hugues aux voûtes de la nef, du transsept, et la disposition des travées ; il conservait les dimensions du sanctuaire, lui accolait latéralement des collatéraux doubles, puis établissait au chevet cinq chapelles, dont une plus vaste consacrée à la Vierge, suivant la conception de l'architecte d'Amiens, Renault de Cormont, qui était alors chargé de la continuation de l'œuvre de Robert de Luzarches.

Guillaume présenta donc bientôt à l'évêque les dessins de ce chœur.

Le plan (fig. 25) offrait un tracé savamment et simplement conçu. Se servant des fondations du chœur du douzième siècle, il établissait les piliers intérieurs sur ces fondations, mais il élargissait le vaisseau par l'adjonction des doubles collatéraux A. Du centre O, il divisait le demi-cercle du chevet en cinq parties, et traçait l'abside avec ses chapelles comme on le voit en B.

Ce plan, pour être mis à exécution, devait déborder de beaucoup l'enceinte de la ville qui, comme on l'a vu, figure 21, était tangeante au chevet, et par conséquent il devait recevoir l'approbation royale, cette enceinte, comme celle de toutes les bonnes villes, ne pouvant être modifiée qu'avec l'assentiment du roi.

Comme son prédécesseur, Guillaume de Courtenay avait fait un dessin donnant le pourtraict au naturel du chœur projeté, lequel était joint aux coupes et élévations. La dif-

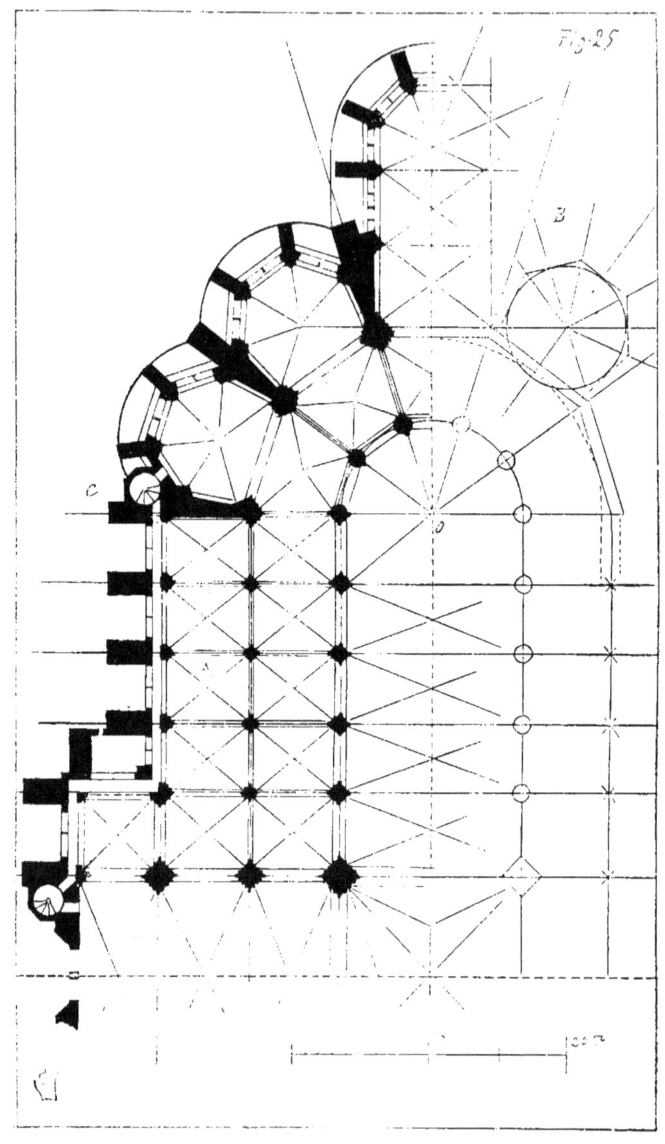
Fig. 25
B
C

férence de niveau entre le sol de la ville et celui du dehors lui avait permis de concevoir des cryptes sous les chapelles, auxquelles on serait descendu par les escaliers C qui s'élevaient jusques aux combles des bas-côtés.

L'évêque Odon voulut montrer lui-même ces projets au roi (c'était en 1242), afin d'obtenir de lui les modifications aux remparts de la ville et des sommes pour l'aider dans son entreprise.

Les choses furent réglées à la satisfaction du prélat. Le roi l'autorisait à jeter bas la muraille de la ville, à s'emparer du terrain nécessaire dans les fossés pour asseoir les fondations des chapelles, à la condition toutefois d'établir avant toute entreprise une nouvelle portion d'enceinte munie de deux tours, à dix toises au delà de la chapelle de la Vierge, et de s'entendre à ce sujet avec le sénéchal et le prévôt.

Il lui fit remettre en outre 700 livres pour lui donner les moyens de commencer les travaux sans retard.

Toutefois, quand l'évêque fit part aux notables de Clusy de son projet, il ne trouva pas chez ceux-ci un empressement très-vif. Plusieurs, parmi ceux du conseil, firent observer au prélat que le chœur actuel était fort beau et fort bon, bien qu'il eût déjà vu passer plus d'un demi-siècle, et que les grandes dépenses qu'occasionnerait la nouvelle construction n'étaient point fort utiles. L'évêque fit valoir le dévouement que les bourgeois avaient apporté précédemment à l'œuvre et les sacrifices faits pour édifier une cathédrale digne de Clusy. Il fit la critique du chœur ancien, dépourvu de chapelles et si mal disposé pour le service religieux. Les notables ne répliquèrent rien à ces raisons, mais ne s'engagèrent que pour des sommes assez faibles.

L'évêque ne fut pas sans constater cette froideur et ne

s'en étonna guère d'ailleurs, n'ignorant pas que pareille disposition existait dans beaucoup d'autres villes depuis que les prétentions épiscopales avaient été limitées brusquement par les récentes décisions et mesures du roi touchant l'exercice du pouvoir judiciaire; mais il crut qu'une fois les travaux commencés, il obtiendrait facilement de la cité des subsides et dons pour les pousser aussi activement que par le passé. En homme prudent cependant, et aussi pour ne pas interrompre ou gêner trop longtemps l'exercice du culte, l'évêque se garda de rien démolir des vieilles constructions et, ayant pris possession des terrains du fossé, fait relever plus loin la muraille de la ville sur les indications du sénéchal, le maître des œuvres, Guillaume, put commencer les substructions de trois des chapelles absidales et notamment de celle de la Vierge.

L'évêque Odon avait grande hâte de voir celle-ci construite; « car, pensait-il, si nous n'avons pas des ressources suffisantes pour achever le reste, du moins cette chapelle donnera-t-elle au chevet un caractère plus convenable à un édifice religieux. » Puis, alors, le culte de la Vierge s'étendait singulièrement, et il fallait satisfaire à ce nouveau besoin des âmes pieuses.

En effet, en 1248, la chapelle de la Vierge était élevée et provisoirement raccordée au bas-côté du douzième siècle en démolissant l'absidiole ancienne, de telle sorte qu'on pût se servir de cette adjonction. Quant aux quatre autres chapelles, l'architecte, avec les ressources mises à sa disposition, n'avait pu les élever que jusqu'au ras du sol de l'église (fig. 26).

La consécration de la nouvelle chapelle fut faite en grande pompe et suivie de beaux sermons et belles processions, dans l'espoir de ranimer le zèle du bourgeois qui

VUE DE LA CHAPELLE DE LA VIERGE DE LA CATHÉDRALE,
MILIEU DU XIII° SIÈCLE.

faiblissait chaque jour. L'évêque Odon n'espérait plus pou·
voir entreprendre l'œuvre totale de la construction du
chœur ; mais il tenterait du moins de terminer les quatre
chapelles absidales et de les mettre en communication avec
le pourtour.

A cet effet, pour recueillir les sommes nécessaires, la
cathédrale possédant des reliques insignes et, entre autres,
un morceau de la vraie croix, la dalmatique de saint
Étienne et le corps de saint Babolein, l'évêque imagina de
faire porter ces reliques dans un grand nombre de cités,
par des clercs doctes et sages, qui, les montrant aux fidèles
avec toute la solennité et les cérémonies convenables,
recueilleraient ainsi des dons abondants.

De leur tournée prolongée pendant toute une année, les
clercs rapportèrent, en effet, une assez belle somme qui
permit de reprendre les travaux. Mais, sur ces entrefaites,
l'évêque Odon vint à mourir (1251) et, suivant ses intentions, il lui fut élevé un tombeau le long de la paroi de la
première travée de la chapelle de la Vierge, bâtie sous son
épiscopat.

Jusqu'alors, bien que les cérémonies religieuses se fissent
en grande pompe dans le chœur, cette partie de l'édifice
n'était point enclose. Les clercs se tenaient soit debout,
soit assis sur des bancs sans dossiers ou à genoux sur les
dalles. Le trône épiscopal était placé au fond du chœur,
accompagné, des deux côtés, de siéges en bois avec dossiers
disposés en hémicycle pour les chanoines.

Le public circulait librement dans les bas-côtés pendant
les cérémonies, ou se tenait dans le transsept et dans la nef,
parlant, se groupant, et s'occupant parfois de toute autre
chose que des cérémonies sacrées. Le long des murs des
bas-côtés de la nef, il y avait même des marchands qui

vendaient de menus objets, images d'étain ou de bois, des lacets, des boutons, fermoirs et bijoux communs, sur des éventaires mobiles.

Les deux évêques avaient cru devoir tolérer ces abus en raison du caractère d'édifice civil qu'ils prétendaient laisser, en partie, à la cathédrale; mais les dispositions étaient modifiées et, du moment que l'église de la cité reprenait une affectation purement religieuse, il n'était plus possible de souffrir ces empiétements du profane dans le lieu saint.

Le successeur d'Odon, Raymond de Villeneuve, résolut de faire cesser, à cet égard, toute équivoque. C'était un homme froid, d'esprit net, aux mœurs austères et qui ne se faisait pas d'illusions. Il commença par établir parmi les clercs de son entourage et les chanoines une discipline sévère; appréciant les nécessités du temps, l'importance de plus en plus grande que prenait le pouvoir royal, il abandonna tout projet d'extension de la cathédrale, fit suspendre les travaux des chapelles du chœur, et prétendit aménager l'intérieur de l'édifice de telle sorte que les cérémonies du culte pussent se faire avec recueillement. Après s'être fait rendre un compte exact de toutes les conventions passées avec les bourgeois relativement aux droits concédés à ceux-ci dans l'intérieur de l'église, il fit venir les jurés et notables et leur parla en ces termes.

« Grâce aux efforts de mes prédécesseurs et aux vôtres, notables bourgeois, une cathédrale a été élevée dans ce diocèse de Clusy en l'honneur de Dieu, de la sainte Vierge et des saints martyrs. Elle répond à vos besoins et nous prétendons nous en tenir à cette œuvre achevée; mais nous avons considéré avec tristesse que dans cet édifice, qui ne doit retentir que des louanges du Seigneur, on pourrait se croire souvent dans une place publique ou dans un marché. Sans vouloir revenir sur les conventions librement consenties entre vos prédécesseurs et les habitants de Clusy, il nous a paru que de grands abus s'étaient introduits dans cette église et que la décence, qui doit présider à toute assemblée tenue dans le temple dédié à Dieu, n'y était pas toujours observée, cela au grand détriment du salut des âmes; car, s'il n'est pas admis que dans la salle du palais de notre sire le roi, on puisse se livrer à des conversations futiles, à des jeux et à des transactions commerciales, à plus forte raison ne saurait-on le faire dans la maison de Notre Seigneur Jésus-Christ.

« Or donc, nous avons cru qu'il était bon de vous faire savoir que nous ne saurions admettre plus longtemps dans la cathédrale, des marchands ambulants, des réunions profanes autres que celles desquelles il a été stipulé dans les actes de nos prédécesseurs, à certaines occasions, ou sur permission spéciale de l'évêque; que notre intention est de clore le chœur afin que les clercs ne soient point distraits pendant les cérémonies religieuses.

« Les chartes royales garantissent l'intégrité de votre commune; pour les affaires qui touchent à ses intérêts, vous avez la maison de ville qui convient aux délibérations des jurés, et où vous pouvez vous réunir toutes fois que cela est nécessaire. Veuillez donc instruire vos concitoyens de ce que je viens de vous dire, afin que toute chose rentre dans l'ordre et que la maison du Seigneur soit désormais préservée de toute souillure, conformément au désir de notre sire le roi et à notre volonté. »

Nous ne saurions dire si ce discours plut fort aux notables bourgeois, mais au total, on ne leur demandait pas d'argent; il n'était pas question de toucher à leurs franchises ; ils s'en allèrent donc le cœur tranquille après avoir reçu la bénédiction épiscopale.

Les travaux des quatre chapelles absidales étant suspendus, l'argent qui était destiné à leur construction fut employé à l'édification d'une délicate clôture de pierre, en avant et autour du chœur, toute remplie des images de l'Ancien et du Nouveau Testament, derrière laquelle seraient établies de belles et hautes stalles de bois de chêne pour le chapitre.

L'évêque voulut également élever dans le sanctuaire un autel de pierre derrière lequel seraient placés les reliquaires, sous un magnifique baldaquin de cuivre doré.

La clôture en avant du chœur servit de jubé, c'est-à-dire de tribune élevée, d'où on pouvait lire au peuple l'Épître et l'Évangile, et sur laquelle se tiendraient les chœurs pour chanter noëls et cantiques.

Trois portes étaient percées sous le jubé, lesquelles, ouvertes pendant les offices, permettaient aux fidèles d'entrevoir les cérémonies religieuses (fig. 27).

On montait au jubé par deux escaliers latéraux, à vis.

Les imageries et toute l'architecture de ces clôtures furent peintes et dorées avec grand soin et au moyen de dons particuliers faits par les plus riches bourgeois dont les noms furent inscrits sur les parois. De même aussi, furent réservées, dans les clôtures latérales, quelques enfoncements propres à recevoir la sépulture de nobles chanoines qui avaient laissé des legs importants pour concourir à l'œuvre et qui s'étaient consacrés à l'édification de ces clôtures.

Ainsi, désormais, la séparation était complète entre le lieu affecté aux clercs et l'espace réservé à la foule. Le programme de la cathédrale s'était modifié profondément dans l'espace d'un siècle.

Toutefois, les populations des villes ne cessèrent de considérer cet édifice comme leur propriété, et les évêques ne purent les empêcher d'y tenir des assemblées, de s'y livrer même à des passe-temps burlesques à certaines époques de l'année. Alors même, le chapitre tout entier participait

à ces sortes de mascarades qui n'étaient rien moins que décentes.

Cette clôture du chœur, ainsi que l'établissement des stalles de chêne, richement sculptées, demandèrent beaucoup de temps. Quatre imagiers et leurs apprentis, sans compter les tailleurs de pierre et les huchiers, furent occupés à ce travail pendant près de vingt ans, et l'argent venant à manquer, cette entreprise ne put être achevée qu'avec les dons que firent encore à l'œuvre plusieurs des notables et riches chanoines.

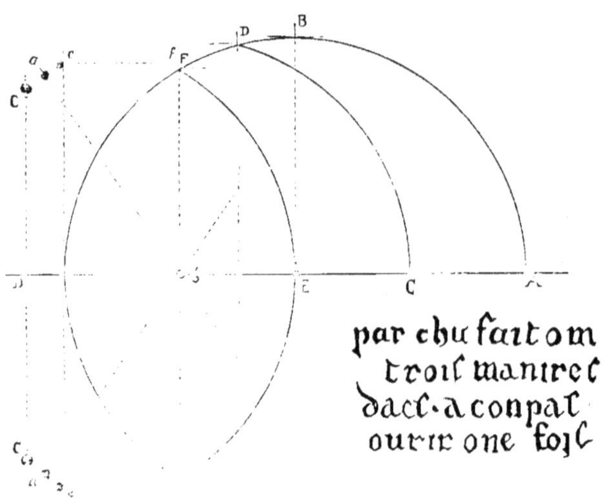

CHAPITRE VII

L'HÔTEL DE VILLE DE LA FIN DU XIIIe SIÈCLE.

Désormais la commune de Clusy vivait en paix, s'enrichissait et prospérait grandement.

Les *Établissements de saint Louis*, sorte de code de jurisprudence, avaient été discutés dans un conseil composé de barons et de prud'hommes, c'est-à-dire de nobles et de bourgeois. Le roi, ne voulant pas rester étranger à la nomination des officiers et magistrats des villes, rendit deux ordonnances, en 1256, par lesquelles la nomination des maires de toutes les villes du royaume était fixée au lendemain de la Saint-Simon, Saint-Jude.

Le nouveau maire, l'ancien et quatre notables, dont deux avaient participé pendant l'année à l'administration de la ville, devaient venir à Paris, aux octaves de la Saint-Martin, pour rendre leurs comptes.

Quant au mode à suivre pour l'élection des maires, le maire sortant et les notables faisaient une liste de quatre prud'hommes qu'ils présentaient au roi à Paris. Le roi choisissait le maire parmi ces candidats ; ceux qui n'avaient pas été élus devenaient conseillers de la commune.

Après la mort de saint Louis, la législation touchant les communes fut non-seulement respectée, mais prit de plus grands développements. Beaumanoir nous montre l'état de ces communes, insiste sur le soin que prenait le pouvoir royal pour empêcher les mairies de se fixer dans les familles opulentes, pour que le peuple participât à ces charges, qu'il assistât à la reddition des comptes, etc.

Des commissaires-voyers étaient envoyés dans les provinces pour inspecter les routes, pour surveiller la navigaion des rivières et pour donner leur avis sur les travaux à entreprendre aux murailles des villes. Les seigneurs terriens furent rendus responsables des crimes ou délits commis sur les routes de leur territoire, depuis le lever du soleil jusqu'au coucher.

On comprend qu'en face de cette organisation, qui tendait de plus en plus à affranchir la commune de toute autorité locale autre que celle déléguée par le roi, les bourgeois des villes n'aient plus eu grand souci de consacrer leurs ressources à construire des cathédrales.

Aussi, toutes celles qui n'étaient pas achevées vers 1260, ne le furent jamais ou furent continuées péniblement par les évêques eux-mêmes, sur leur propre avoir.

Par contre, l'hôtel de ville, délaissé de 1150 à 1260, pendant la construction fiévreuse des cathédrales, prend alors une nouvelle importance. Les bourgeois s'occupent de rebâtir ces édifices ou de les agrandir en raison des besoins nouveaux de la cité.

Nous avons vu, figures 11 et 12, ce qu'était l'hôtel de ville de Clusy au commencement du douzième siècle. En 1280, li n'avait guère changé, mais alors les bourgeois résolurent

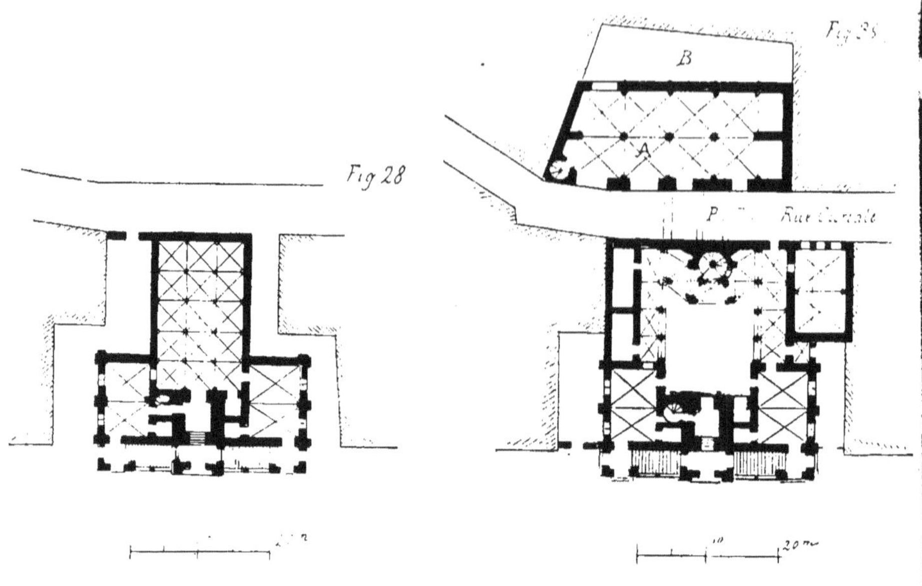

PLAN DE L'HOTEL DE VILLE, FIN
DU XIII° SIÈCLE

PLAN DE L'HOTEL DE VILLE, REBATI
A LA FIN DU XIV° SIÈCLE

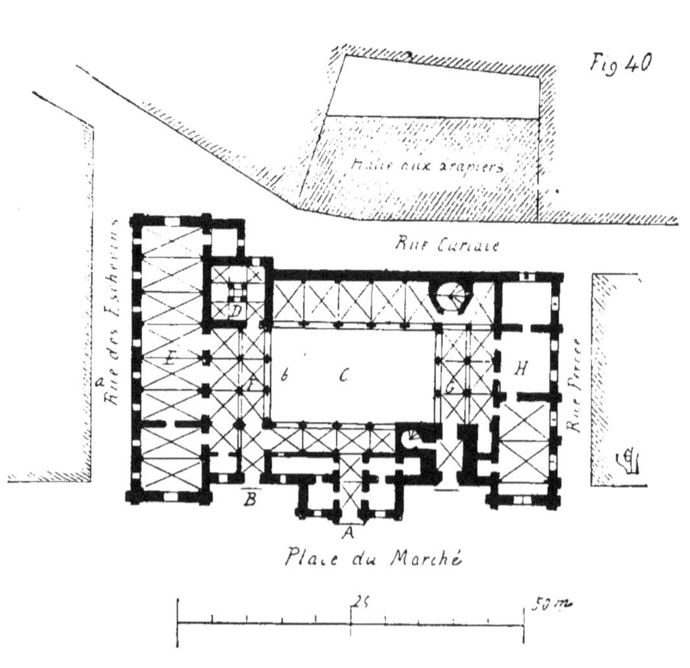

LE PLAN DU NOUVEL HOTEL DE VILLE EN 1470

ÉLÉVATION DE L'HOTEL DE VILLE DE CLUSY, FIN DU XIIIe SIÈCLE.

d'ajouter au vieux bâtiment deux ailes et un vaste perron avec loge.

A cet effet, des maisons voisines furent acquises, avec l'autorisation royale, et on projeta à droite et à gauche de la tour du beffroi, à la place des deux galeries étroites, deux corps de bâtiment contenant chacun une salle à rez-de-chaussée et une salle au premier étage (fig. 28). Un perron à double degré, couvert, permettait de monter de la place à une loge également couverte qui donnait entrée aux salles du premier étage; les salles latérales du rez-de-chaussée servaient de dépôt des armes de la milice; dans la vieille salle centrale basse se réunissaient les dizainiers lors des prises d'armes. De la loge du perron, le maire, assisté des jurés, parlait au peuple assemblé sur la place quand les circonstances le demandaient.

Le maire et les jurés se réunissaient au premier étage dans l'une des salles latérales; dans l'autre étaient disposées des tables pour les scribes et officiers municipaux, afin qu'ils pussent se livrer à leurs occupations de comptables ou d'administrateurs. La grande salle centrale était réservée aux assemblées des notables et au jugement des causes ressortissant au tribunal du maire et jurés, car ce tribunal connaissait des délits de police.

Autour du beffroi étaient disposées des prisons à rez-de-chaussée et au premier étage, indiquées dans notre plan.

Le trésor était renfermé dans la salle voûtée du deuxième étage de la tour sous le beffroi.

Ces adjonctions au vieil hôtel de ville furent conçues et bâties par le maître des œuvres de la cathédrale, Guillaume de Courtenay, qui vivait encore.

La figure 29 donne l'élévation de la façade sur la place, avec son grand perron couvert. Au-dessous, nous avons tracé en A le plan du rez-de-chaussée, et en B, le plan du premier étage de cette nouvelle construction.

Mais l'autorisation d'augmenter les bâtiments de l'hôtel de ville de Clusy ne fut accordée que moyennant une somme de 3oo livres au profit du trésor royal. De plus, l'état prospère de cette cité avait été le prétexte d'une augmentation des redevances à payer au roi et à l'évêque, surtout depuis la mort de Louis IX. Si bien qu'alors, ces redevances annuelles ne s'élevaient pas à moins de cinq cents livres. En ajoutant à ces sommes les dépenses imposées par les prévôts royaux pour remettre en état les murailles de Clusy, et celles enfin qu'occasionnaient les constructions de l'hôtel de ville, l'état des finances municipales était loin d'être satisfaisant. Il fallait donc augmenter les impôts qui frappaient certaines denrées, et de là, un grand mécontentement parmi les bourgeois. — Car il faut observer que plus ceux-ci s'enrichissent, plus ils tiennent à leur avoir et ne veulent en distraire que la plus faible portion possible.

Les plaintes devinrent si vives que le maire et les jurés élus durent s'en émouvoir. D'ailleurs, quelques notables parlaient déjà de demander l'abolition de la commune, son maintien étant une charge trop lourde, et d'obtenir du roi que la ville fût gouvernée par un prévôt royal qui régirait les habitants suivant leurs coutumes, libertés et franchises, ainsi que cela avait été établi dans d'autres localités, lesquelles se trouvaient ainsi déchargées, moyennant une redevance annuelle et fixe, de toutes les dépenses qui incombaient à la commune lorsqu'elle s'administrait elle-même : dépenses de voirie, de police, de guet, de défense, de bâtiments, éventuelles, etc.

Cette opinion réunissait chaque jour un nombre plus

considérable d'adhérents, et le maire crut devoir assembler les bourgeois afin de s'en expliquer avec eux.

Le 10 avril 1282, ceux-ci furent donc convoqués dans la grande salle, demeurée dans son état ancien (fig. 30).

Le premier qui prit la parole était un riche bourgeois, Pierre l'Ormier, qui faisait le commerce des vins et qui possédait dans les environs de beaux vignobles. C'est ainsi qu'il parla :

« Chers concitoyens ! Il fait beau de nommer son maire et ses échevins, de pourvoir soi-même, et sans que le sire notre roi et le seigneur évêque s'en mêlent, à l'administration de la cité, à sa police, à sa garde, à la perception des impôts ; de rendre la justice s'il s'agit de délits, d'avoir ses *jurés*[1], ses *paiseurs*[2], son *sigillier*[3], son *argentier*[4], ses *ménestreux*[5], ses *riguiers*[6] ; mais tout cela coûte gros. Or, nous sommes endettés de plus de mille livres, et nos charges s'accroissent, rien que pour satisfaire au plus pressé et aux dépenses de chaque jour.

« Vienne un tumulte dans le royaume, nous n'avons pas dix sous en réserve afin de pourvoir aux levées royales.

« Où trouverons-nous de l'argent, puisque nous sommes hors d'état de payer ce que nous devons déjà ? Je dis que cela est grande folie. Je vois que nos maires et eschevins tirent leur épingle du jeu et que tous, les uns après les autres, vident notre bourse pour faire des dépenses qu'il nous faut payer : que les assemblées du commun peuple, qui n'ont ni sens ni entendement de discerner et pressentir le bien du mal, choisissent, non les plus sages et les plus économes, mais ceux qui font des largesses avec notre argent. Tout cela nous mène à la ruine et à la misère. Je propose donc qu'il soit demandé au sire le roi, ainsi que cela a été demandé par d'autres villes plus sages que celle-ci, de faire administrer notre cité, suivant ses coutumes, par un prévôt royal, et cela moyennant une somme que nous payerons chaque année fidèlement, mais sans être exposés à voir chaque jour augmenter les impôts sous le bon plaisir de messieurs nos eschevins et pour satisfaire à leurs fantaisies et bobans. J'ai dit ! »

Un des eschevins, Jacques Santier, homme d'âge et vénérable, se leva et répondit ainsi à ce discours :

---

1. Conseillers qui rendaient la justice. — 2. Officiers de paix
3. Greffier de la ville. — 4. Trésorier.
5. Chefs artisans. — 6. Gardes champêtres.

« Chers concitoyens, laissez-moi vous dire un fabliau d'abord, que contait le trouvère Odillon le Fol. Du temps que les ânes étaient en liberté dans les herbages et les bois, ils vivaient en commun ; les plus paresseux ne mangeaient guère quand venait l'hiver, mais ils s'étaient entre eux concertés afin que toute la compagnie des ânes fût avertie par les plus alertes des endroits où il y avait quelque écorce tendre ou quelques herbes conservées sous la neige et aussi du voisinage des loups, ours et autres bêtes sauvages ; car alors toute la troupe se réunissait, braïant horriblement tout d'une haleine, et les ours et loups, entendant cette clameur horrifique et craignant aussi les ruades, tiraient ailleurs.

« Survint un homme qui dit à l'un de ces ânes gros, gras, mais auquel il déplaisait d'aller quérir sa nourriture et de veiller au besoin pour se défendre avec ses frères :

« Eh ! bon âne, mon ami, vous voilà bien en point et
« luisant comme châtaigne à la Toussaint. Qu'il est dur à
« votre âge, et ainsi que de pauvres diables d'ânes, de
« courir les champs et de gratter la neige en hiver pour
« trouver un peu d'herbe pourrie, de vous lever la nuit
« pour braire après les ours et les loups et lancer force
« ruades au risque d'attraper quelque morsure et coup de
« griffe.

« Que ne venez-vous chez moi ? Vous aurez logis clos
« toute l'année et belle herbe fraîche ou sèche, suivant la
« saison, dans la mangeoire. Des loups et des ours vous
« n'aurez cure, car je suis là pour leur envoyer de bons
« carreaux ou sajettes. Vous dormirez à votre aise et man-
« gerez à vos heures.

« Pour prix de ces biens, je vous demanderai moins que
« rien, un peu d'aide pour porter mon bled et mon avoine,
« sans vous fouler jamais, mais pour vous entretenir en

« appétit, car nous sommes amis; c'est chose sûre, et j'ai
« seulement pitié de votre mésaise. Dites la chose à vos
« frères. »

« Ainsi fit l'âne, et tous, sur son conseil, s'en allèrent chez
les hommes. Les bêtes s'en trouvèrent-elles bien ? Deman-
dez-leur ?

« Pierre l'Ormier, qui a pignon sur rue, bon vin dans
sa cave et froment dans sa huche, trouve dur de songer au
guet, aux tailles, à toutes les charges que chaque citoyen
doit remplir; il voudrait se débarrasser de ces soins et s'en
aller dire au sire le roi : « Je vous abandonne, sire, une
« partie de mon avoir, et vous voudrez bien veiller pour
« moi, guetter pour moi, gérer pour moi la commune,
« faire dresser les actes touchant mes affaires.... — Eh!
« mais, dira le sire roi, très-bien, Pierre l'Ormier, mon ami,
« paye, c'est entendu; » et il enverra prévôts, sénéchaux,
baillis et voyers ruraux qui remettront au roi fidèlement
ce que Pierre l'Ormier aura promis de payer, mais qui
prendront aussi une part à leur convenance; et si tu te
plains, Pierre l'Ormier, qui donc recevra ta plainte ? Ceux-
là mêmes qui l'auront fait naître par leurs exigences.

« Tu n'auras plus ni maire, ni eschevins pour dépenser
ton argent dans ta ville et t'en rendre compte, c'est vrai;
mais un prévôt pour le prendre et le dépenser à son profit,
si cela lui plaît. Les bras du roi, notre sire, sont longs, et
si longs que la tête ne voit ni ne sait ce à quoi s'occupent
les mains, souvent.

« Et crois-tu donc qu'il sera bien difficile aux agents
royaux d'obtenir un édit pour augmenter les taxes sur le
vin, sur le beurre, sur l'hydromel? Et ainsi, ton argent s'en
ira sans que tu saches à quoi il est dépensé, et sans que tu
aies mot à souffler.

« Mais laissons cela. Si vous n'êtes pas contents de votre maire et de vos eschevins, citoyens, ne les renouvelez-vous pas chaque année? Ainsi l'abus, le gaspillage dont vous croyez avoir à vous plaindre, ne sont au moins que temporaires, vous pouvez y remédier. Si vous trouvez qu'on dépense trop ici ou là, ne pouvez-vous en toute liberté proposer des économies? S'il faut établir une taxe nouvelle, n'est-ce pas vous-mêmes qui décidez sur quels objets elle doit porter, de façon à grever le moins possible le pauvre monde?

« S'il y a tumulte dans la ville, n'est-ce pas à vous qu'il appartient de le réprimer et de punir les coupables? Et si vous confiez ce soin à d'autres, qui peut prévoir les calamités qui en résulteront?

« C'est au prix du sang de nos pères et de leur argent, que nous avons la commune de Clusy, et vous voudriez demander son abolition! Et cela parce qu'il nous faut travailler, nous ingénier pour payer nos dettes et satisfaire à des besoins pressants?

« Afin de vous éviter les soucis, les difficultés journalières de la gérance de la cité, vous voudriez vendre vos libertés? Je dis et soutiens que celui ou ceux qui proposent un pareil marché sont de mauvais citoyens, ou qu'ils parlent sans avoir réfléchi aux conséquences de leurs paroles, car le plus grand des biens pour une cité est de pouvoir librement gérer ses affaires; le pire des maux est de les laisser gérer par d'autres! J'ai dit. »

Ces derniers mots excitèrent la colère des partisans de l'abolition de la commune, lesquels, bien qu'en minorité, formaient un groupe compacte au milieu de la salle, et, pendant quelques instants, les apostrophes les plus violentes se croisèrent dans l'assemblée. Le silence étant rétabli à grand'peine, Pierre l'Ormier reprit ainsi la parole :

« Notre eschevin Jacques Santier, que Dieu garde en santé, trouve bon l'eschevinage et le veut maintenir, mes bons amis ; quoi de plus naturel ? Mais nous autres, qui payons les dépenses ordonnées par ces messieurs, et qui ne recherchons pas les honneurs et priviléges dont jouissent les élus de la cité, il ne nous plaît guère d'avoir une vingtaine de seigneurs qui disposent de nos biens et de nos personnes, et nous préférerions n'en avoir qu'un.... Ceux qui briguent les fonctions de maire et d'eschevin font au peuple, pour obtenir ses suffrages, des promesses qu'il faut bien remplir peu ou prou ; et ainsi, à chaque élection, ce sont de nouvelles charges pour remplir les engagements pris par nos élus. Et quand Jacques Santier vient nous dire que si nous ne sommes pas contents d'eux, nous les pouvons changer, c'est vrai, mais c'est toujours la même chose, et en changeant les personnes, nous ne changeons pas les habitudes de dépense et les abus que se transmettent nos messieurs de la ville. Ainsi, il y a deux ans, il fut résolu qu'on augmenterait les bâtiments de l'hôtel de ville, et cela devait être fait en dix années, moyennant certaines sommes prises annuellement sur nos revenus du marché. Mais le maire et les eschevins élus l'an dernier ont prétendu marcher plus vite et ont engagé dans ces constructions les revenus futurs ; ils ont obtenu des avances de Lombards qui se font payer de gros intérêts, de sorte que nous mangeons notre blé en herbe. Nous allons bientôt avoir à nommer un nouveau maire et quelques eschevins ; ceux-ci ne voudront pas arrêter les travaux, mais au contraire les pousser plus activement, pour marquer leur passage ; ils emprunteront encore, car ils trouveront la caisse vide, ou feront appel à nos bourses....

— Ils feront bien! dit une voix dans l'assemblée; moi, je donne vingt livres pour les travaux de l'hôtel de ville; que chacun en fasse autant! Mais nous ne voulons pas être gouvernés par un prévôt royal!

— Non! non! » répondirent un grand nombre des assistants.

Autre tumulte, que domina bientôt la voix formidable du boucher Simon :

« Par ma foi, dit-il, voici de bons frileux et couards! ils veulent rendre une ville qui n'est pas assiégée. Nous avons bien trouvé des monceaux d'argent pour bâtir une cathédrale, parce que nous y sommes chez nous, bien qu'elle appartienne à l'évêque, et nous ne pourrions réunir ce qu'il nous faut pour élever notre maison de ville où personne que nous n'a le droit de mettre le pied!

« Assez de discours de traîtres; par le sang du Christ! il me prend l'envie, en les écoutant, de fendre la tête jusqu'aux épaules à ceux qui les tiennent. Eh! Pierre l'Ormier, quels beaux cadeaux as-tu reçus du roi pour lui vendre ainsi notre ville à si bon compte? Au moins devrais-tu partager avec nous, si tu veux que nous écoutions tes belles raisons. Mais nous sommes quelques bourgeois à Clusy qui saurions arracher la langue aux parjures disposés à vendre nos franchises, s'ils répétaient ce que nous venons d'entendre! »

Cette violente apostrophe entraîna les indécis, d'autant que le boucher Simon jouissait d'une certaine popularité dans la ville, et qu'on le savait homme à mettre ses menaces à exécution. Les cris s'accentuèrent donc contre le groupe des partisans de l'abolition de la commune.

Pierre l'Ormier, monté sur un banc, invectivait Simon, mais on ne l'entendait pas.

Le boucher, de son naturel peu patient, franchissant la presse qui le séparait de son adversaire, l'enlevant dans ses bras robustes et le serrant à l'étouffer, le jeta hors de la salle comme un sac, aux applaudissements de la majorité de l'assistance, et sans qu'aucun des partisans de Pierre l'Ormier osât s'opposer à cet acte de violence, car ils se sentaient trop faibles.

Après cet exploit, Simon, dominant le tumulte, reprit ainsi la parole :

« Mes amis, en voilà un dehors; ainsi ferons-nous de tous ceux qui ne tiennent compte de nos franchises.

« Quels sont-ils? Eh! je les vois d'ici! Des gens qui n'ont droit de cité que depuis peu, des gaillards qui font de méchantes affaires ou des enrichis comme Pierre l'Ormier, aux dépens du peuple, et qui voudraient se soustraire aux charges civiques. J'admire que vous ayez écouté si patiemment ces propos de traîtres. Je jure, quant à moi, que je ne les souffrirai pas, comme j'ai juré, petit, à mon grand-père de défendre nos franchises communales. Si je suis seul à les soutenir dans notre ville, cela ne m'inquiète guère, je tiendrai mon serment!...

— Non, non, Simon! nous sommes avec toi, » crièrent cent voix.

— Eh bien! si vous êtes de mon avis, je demande que vous déclariez déchus de leurs droits de cité, ceux qui auraient l'audace de répéter les paroles que vous avez entendues, soit en assemblée, soit dans la ville!

— Oui, oui, c'est cela.... déchus, déchus!

— Faites donc expliquer clairement les bonnes gens qui semblaient approuver les propos de Pierre l'Ormier?

— Oui, qu'ils s'expliquent. »

Plusieurs quittèrent la salle; quant aux autres, ils décla-

VUE DE L'HOTEL DE VILLE DE CLUSY, COMMENCEMENT
DU XIV° SIÈCLE.

rèrent n'avoir fait qu'écouter Pierre l'Ormier, sans partager ses idées.

L'incident ainsi terminé, le maire, prenant la parole, dit qu'en effet, les fonds destinés à la continuation des travaux de la maison de ville étaient pour le moment épuisés, mais que les eschevins ni lui n'avaient jamais eu l'idée d'emprunter les sommes nécessaires à leur achèvement; qu'on attendrait, et que si les bourgeois de Clusy voulaient jouir de leur maison commune à bref délai, il était nécessaire qu'ils fissent des dons volontaires, comme on en avait fait pour la construction de la cathédrale, car les eschevins ne proposeraient pas de nouvelles taxes municipales.

Séance tenante, la plupart des notables bourgeois s'inscrivirent pour des sommes assez grosses à payer dans le cours de l'année, afin de donner aux travaux une nouvelle impulsion; les partisans de Pierre l'Ormier ne furent pas des derniers à apporter leur souscription, afin peut-être de faire oublier leur manifestation en faveur de l'abolition de la commune.

Ces travaux durèrent jusqu'en 1290. Les dons s'étant élevés au fur et à mesure de l'avancement des ouvrages, on résolut alors de refaire le couronnement de la tour du beffroi, qui était en fort mauvais état.

L'étage du guet fut dérasé, et on éleva à la place une élégante construction composée de huit gables de pierre avec balcon et pinacle, surmontés d'un comble pyramidal plus élevé que ne l'était l'ancien. L'escalier fut également dérasé à la hauteur du beffroi, et, pour accéder à l'étage du guet, on établit à l'intérieur un degré très-délicat en charpente.

Ces derniers ouvrages étaient achevés en 1294; alors l'hôtel de ville de Clusy présentait, sur la place, l'aspect que donne la figure 31, et il y eut de belles fêtes et réjouis-

sances le jour où les eschevins tinrent la première séance
dans la salle qui leur était destinée. Le soir, le maire parla
au peuple du haut du perron et on alluma des feux de joie
sur la place, pendant que de la fontaine du Marché cou-
lait du vin.

CHAPITRE VIII

ABOLITION DE LA COMMUNE DE CLUSY.

Les gens de Clusy se gouvernaient donc, protégés par leurs franchises municipales. Mais la bonne intelligence qui n'avait pas cessé de régner entre eux et leur seigneur évêque pendant la plus grande partie du treizième siècle ne tarda pas à s'altérer. La magistrature bourgeoise tendait chaque jour à empiéter sur le domaine ecclésiastique ; tantôt c'était un délinquant arrêté dans une maison dépendant de l'évêché, tantôt un clerc ivre ou turbulent emprisonné au beffroi, ou bien encore un membre du chapitre lésé ou injurié, auquel le tribunal municipal refusait de rendre justice. Les plaintes de l'évêque à ce sujet s'accumulèrent et furent portées au parlement de Paris ; le chapitre eut gain de cause et la commune fut condamnée à payer de fortes amendes envers le roi et le chapitre ; plus, les dépens qui furent considérables. Cela n'améliora pas sa situation financière déjà fort obérée. Les bourgeois résolurent de contracter un emprunt pour liquider ces dettes dont le payement était immédiat. Cet emprunt fut couvert par les Lombards ou les *changeurs* établis à Clusy ; mais l'évêque, comme seigneur féodal, réclama le dixième de cet emprunt. Les bourgeois refusèrent absolument de céder à cette prétention. L'évêque menaça de suspendre la célébration des offices si on ne faisait pas droit à sa demande.

Les choses en étaient là, au commencement de l'année 1315, à Clusy, et les affaires du royaume allaient s'empirant, car l'état des finances était déplorable. Les villes et les campagnes, écrasées d'impôts, commençaient à murmurer hautement. L'altération des monnaies était de plus une cause de ruine et d'épuisement pour le commerce. Les gens du bas peuple et les paysans, livrés aux maltotiers du roi, aux agents fiscaux du seigneur féodal et aux collecteurs d'impôts des eschevins, réduits à la misère pendant que le luxe ne faisait que s'accroître chez les nobles clercs et laïques, et même parmi les riches bourgeois, se réunissaient dans des lieux écartés et menaçaient de résister par la force ouverte. Quoique composée uniquement de laïques, cette multitude se donna un roi, un pape et des cardinaux, prétendant se gouverner ainsi en dehors de la société civile et religieuse, et surtout rendre le mal pour le mal.

Un de ces groupes se forma dans la banlieue de Clusy. Les notables bourgeois résolurent de sévir contre ces malheureux, mais il était difficile de les saisir ; l'évêque les excommunia, mais ils se faisaient absoudre par leur pape, et recevaient les sacrements de leurs cardinaux, ou employaient la force pour se les faire administrer par des prêtres.

À ces troupes de misérables, poussés par le désespoir, se réunissaient des aventuriers, des moines défroqués, des vagabonds et des voleurs de grand chemin. Ces nouveaux *pastoureaux* n'étaient pas de force à s'attaquer aux villes et aux châteaux fermés ; mais ils pillaient les maisons seigneuriales répandues dans la campagne, ils comblaient les puits, détruisaient les vergers, s'emparaient des troupeaux.

Chose étrange, ils prétendaient composer une immense armée qui, comme celle réunie jadis par Pierre l'Hermite, irait délivrer les Saints Lieux, tant il est vrai qu'il faut toujours à une multitude, livrée aux sentiments les moins avouables, un but élevé qui la puisse tenir unie.

L'homme qui avait pris sur cette troupe des environs de Clusy le plus d'influence, et qu'ils avaient désigné comme leur pape, était un prêtre condamné par l'officialité de Sens à la prison perpétuelle, à cause de ses débordements, et qui, étant parvenu à s'échapper, se donnait dans les campagnes pour un des derniers débris des Croisés. On le connaissait sous le nom de frère Robert. Il avait le don d'émouvoir la multitude ignorante et grossière en flattant ses passions et en la grandissant à ses propres yeux. Il était de belle apparence ; son air hardi, inspiré, faisait pénétrer l'enthousiasme et le mépris du danger chez les plus timides.

Alors, le maire de Clusy avait été nommé directement par le roi, à la suite des contestations intervenues entre les hauts bourgeois, riches marchands et les gens de métier, qui n'avaient pu s'entendre sur l'élection de ce magistrat. Il y avait eu des troubles dans la ville ; l'évêque prétendait avoir le droit de désigner le maire en cas d'élections dans lesquelles aucun des candidats n'aurait obtenu la majorité. Pour couper court à ces difficultés qui menaçaient de troubler la paix publique, ayant ouï son conseil, le roi avait désigné, de son autorité suzeraine, un maire étranger à la ville, ce qui était contraire à l'esprit comme aux termes des chartes et lettres octroyées et suivies dans toutes les communes.

Toutefois, le vieil esprit municipal, tendant à s'éteindre

chaque jour sous la prédominance du pouvoir royal, les plus notables, parmi les bourgeois, avaient accepté l'élu du roi.

Il n'en fut pas de même dans la petite bourgeoisie et dans les corporations de métiers.

Cette nomination, considérée comme une violation des droits communaux, provoqua une vive irritation parmi le peuple de Clusy, d'autant que la signification des arrêts du parlement touchant les amendes et frais que devait payer la commune et le projet d'emprunt, coïncidèrent avec l'arrivée de ce maire dans la ville.

Il faut dire que ces emprunts étaient, non sans raison, fort mal accueillis par la petite bourgeoisie. Couvert par les riches marchands ou *changeurs*, à un taux élevé, le payement de l'intérêt exorbitant de cette dette retombait sur les plus pauvres et ne pouvait se faire qu'en augmentant les impôts. Si, à ces conditions lourdes, on ajoute la dépréciation monétaire qui, par un mécanisme fort usité alors à la cour du roi de France, enlevait les épargnes du peuple des villes, la situation de la petite bourgeoisie était des plus précaires. En effet, le roi remplissait son trésor en recueillant la monnaie de bon aloi, puis, payait ses dettes avec de la monnaie fabriquée à un titre inférieur à la valeur nominale, en forçant ses sujets à l'accepter, ce qui lui procurait un gros bénéfice; puis encore, lorsque le stock de monnaie trébuchante était ainsi dénaturé et épuisé, il relevait la fabrication au titre normal, n'acceptait plus la monnaie fausse, émise par son trésor, que pour sa valeur réelle, et réalisait encore un gros bénéfice.

En un mot, cette double opération consistait à payer les dettes avec une monnaie qui n'avait plus sa valeur nominale mais dont le cours était forcé, et à ne recevoir cette

CONJURATION DES GUEUX DANS LES BOIS.

même monnaie que pour sa valeur réelle ; de telle sorte, qu'avec un bon écu d'or de douze livres, le trésor royal en faisait deux, qu'on forçait les gens à prendre ainsi pour vingt-quatre livres, — bénéfice net douze livres, — et si le trésor avait à recevoir, celui qui devait douze livres était obligé d'en donner vingt-quatre.

On comprend que les épargnes du peuple devaient être absorbées par cette opération de trésorerie qu'on peut qualifier de déprédation.

Mais les riches marchands, les *changeurs* et Lombards, comme on les appelait, qui pouvaient attendre et faire leurs conditions, ne prêtaient leur argent ou ne faisaient leurs transactions qu'en raison de la valeur réelle de la monnaie, et profitaient souvent de ces variations.

Informé de l'état des esprits, frère Robert réunit ses gens dans un bois des environs (fig. 32), et leur parla ainsi :

« Frères! vos ennemis sont partout, vous le savez ; nobles, évêques, prêtres, abbés, bourgeois, tout ce monde a grand souci de vous tondre comme brebis, et quand vous n'avez plus de laine à couper, de vous faire travailler comme des bêtes de somme pendant qu'ils vivent dans l'abondance. Vous savez cela, mais ce que vous ne savez peut-être pas, c'est que ces ennemis si bien ligués hier pour vous tondre et manger, ne s'entendent pas à cette heure. Les petits bourgeois de Clusy trouvent que les gros ont l'appétit trop vaste et qu'on commence à les tondre aussi. Les gros bourgeois sont en querelle avec l'évêque qui demande partie de la tonte, et le prévôt du roi regarde faire, pour prendre tout, pendant que l'on se disputera les parts. Le moment est favorable ; participons à la fête que nous pouvons rendre complète ; allons reprendre un peu de la laine que nous avons largement fournie... J'ai vu nombre de marchands et d'artisans prêts à en finir avec leur maire et ses eschevins qui les ruinent. Demain on doit commencer le branle, rendons-nous au marché dès l'ouverture des portes, non tous ensemble, mais par petites troupes, et chargés de légumes, fourrages ou bourrées ; ayons de bons bâtons, et quand les petits bourgeois nous verront si bien disposés à les aider, tout ira plus vite et mieux qu'ils ne voudront ! »

Cette allocution fut, comme on le pense bien, fort goûtée de cette assemblée de pauvres diables, de ribauds et d'aventuriers, et rendez-vous fut pris pour le lendemain au marché de Clusy dès la première heure.

Les magistrats de la cité n'étaient pas sans inquiétudes ; ils avaient quelque soupçon d'une émotion prochaine, et s'étaient réunis dans la maison de ville, située, comme on sait, sur l'un des côtés de la place du Marché. De la loge élevée devant le beffroi, ils pouvaient voir, parmi la foule réunie sur cette place, des groupes se former qui semblaient s'occuper de toute autre chose que de vendre et acheter des denrées. La milice avait été convoquée, mais les bourgeois ne se pressaient pas de se rendre à l'appel, d'autant que plusieurs, accueillis par des huées et des quolibets, avaient jugé prudent de rentrer chez eux.

Le maire crut devoir faire prévenir le prévôt ; celui-ci répondit que les eschevins avaient la police de la ville, qu'il ne pouvait se mêler de ce qui ne le concernait pas et qu'il n'interviendrait que si les droits royaux étaient méconnus.

Vers dix heures du matin, quelques bourgeois se détachèrent des groupes plus compactes de minute en minute, et demandèrent à être introduits auprès des eschevins, ce qu'on n'osa pas leur refuser.

Là, dans la salle de l'hôtel de ville, ils déclarèrent que

le peuple de Clusy exigeait qu'un maire fût élu, conformément aux us et coutumes de la commune. Cette prétention fut mal accueillie. Les eschevins, s'appuyant sur ce que le roi avait nommé le maire en fonction, alléguèrent qu'il appartenait au roi de recevoir la requête des bourgeois. A cela, un des délégués répondit :

« C'était à vous à maintenir les priviléges de la commune; vous ne l'avez pas fait, nous nous en prenons à vous. Nous déclarons ne pas reconnaître l'autorité du maire, irrégulièrement élu, et nous ne reconnaîtrons pas la vôtre si vous refusez de procéder aux élections dans la forme ordinaire.

— Et que ferez-vous? dit l'un des eschevins.

— Nous vous chasserons de la maison de ville comme des parjures et traîtres à vos serments, puisqu'en prenant possession de vos fonctions, vous avez juré de respecter et de faire respecter nos droits et franchises.

— C'est ce que nous verrons, dirent les magistrats.

— C'est ce que vous allez voir sur l'heure, répondirent les délégués, si l'on ne procède immédiatement à l'élection d'un maire. »

Sur cette menace, les eschevins voulurent faire appréhender les bourgeois par des gens de la milice, mais ceux-ci refusèrent leur concours. La position devenait critique pour les magistrats. Les moins résolus invitaient le maire à se démettre de ses fonctions; celui-ci résistait et prétendait qu'étant nommé par le roi, il ne pouvait se démettre qu'entre ses mains et avec son agrément.

Les délégués étaient donc descendus tranquillement rejoindre les groupes réunis sur la place, et, sur leur rapport touchant la conférence engagée avec les magistrats de la cité, l'agitation prenait un caractère agressif.

Cependant, un assez grand nombre de notables s'étaient joints aux magistrats; la salle se remplissait, ainsi que les rues qui bordaient les deux côtés de l'hôtel de ville, de citoyens dévoués au maire, — car il avait des partisans dans la haute bourgeoisie. — La plupart étaient armés et fort disposés à défendre les eschevins. Leur présence avait redonné du cœur aux quelques miliciens rassemblés dès le matin.

Le perron se garnissait de monde et les grilles avaient été fermées. Ce que voyant, la foule qui stationnait sur la place poussa de violentes clameurs et se massa devant le perron en demandant qu'on ouvrît les grilles.

Des pierres furent jetées.

Le maire, qui était brave, voulut alors parler au peuple et parut sur le balcon de la loge.

A sa vue, les huées, les cris partirent de toute la place. De la main, vainement, il réclamait le silence; les pierres pleuvaient et plusieurs atteignirent ceux qui l'entouraient. Il fit alors rentrer tout le monde sous la tour, et, demeurant seul au milieu de la loge, il croisa les bras et attendit.

Cette contenance fière fit impression sur la foule, et les applaudissements succédèrent aux cris. Alors, profitant d'un moment de calme :

« Que demandez-vous? cria-t-il.

— Un maire élu! hurlèrent mille voix.

— Soit, répondit le maire; mais, nommé par le roi, c'est à lui qu'il faut demander une élection nouvelle.... Faites votre requête et je la porterai moi-même à notre sire le roi.

— A bas! à bas! à bas le maire! pas de maire royal, pas de prévôt! Retournez chez vous! Il n'est pas de la ville, nous ne le connaissons pas! Maire élu! Maire élu!

— Je n'abandonnerai la place que quand celui qui me l'a confiée me donnera l'ordre de la quitter; ne me demandez pas de forfaire à l'honneur. Mais je jure d'informer le roi de votre désir et de faire valoir vos raisons auprès de lui. Vous savez bien qu'on ne peut ainsi procéder à une élection.... N'attirez pas des malheurs sur la cité, en offensant notre sire par la violence et par des demandes sous forme de menaces....

— Gardez pour vous vos avis.... Vous n'êtes pas de la cité; à bas! Laissez-nous faire nos affaires comme nous l'entendrons. »

Et les pierres de pleuvoir de plus belle.

Frère Robert, vêtu en paysan, rassemblait son monde; il ne lui convenait guère que les choses traînassent en longueur, et ces pourparlers n'étaient pas de son goût. Sur un signal donné par lui, ses ribauds, armés de gros bâtons et de leviers, se ruèrent sur les grilles du perron et les eurent bientôt fait sauter, malgré la résistance des notables et miliciens qui se tenaient sur les degrés. Là, il y eut des têtes cassées et de durs horions donnés de part et d'autre. La population, voyant l'attaque commencée, à l'aide de bancs, d'échelles, se mit à escalader les rampes du perron et de la loge.

Le maire, rentré alors dans la salle, en fit fermer les portes et, entouré des eschevins, attendit les événements. La mêlée fut rude sur le perron et sous la tour, car les défenseurs combattaient pied à pied. Puis les bourgeois et miliciens rassemblés dans les deux rues latérales et les salles basses, faisant irruption sur les assaillants, ouvrirent deux larges trouées dans la foule et, se rabattant sur les degrés, assommaient les malheureux engagés dans les galeries rampantes et dans la loge. A cette vue, entendant les cris des blessés, la masse du populaire, qui, jusqu'alors, n'avait pas pris part à la lutte, exaspérée, se jeta sur les défenseurs, les refoula dans les rues latérales et, montant les degrés, vint se heurter comme un bélier sur la porte de la salle, qui fut bientôt enfoncée à coups de coignée et de levier.

Toutefois, voyant les magistrats assis sur leurs siéges, entourant le maire, ces furieux s'arrêtèrent, retenus par un reste de respect.

Ce moment d'indécision pouvait faire échouer les projets de frère Robert. Dans la lutte, il n'avait pas été atteint, mais ses habits étaient couverts de sang.

« Eh! beaux amis, dit-il, en s'adressant aux magistrats, vous voilà paisibles et délibérant, pendant que vous nous faites assommer dehors. Par Dieu! Allez donc voir un peu comment les choses se passent à vos portes.... »

Et, prenant l'un des eschevins par son large chaperon fourré, il le fit tomber de son siége sur les dalles.

Alors la scène fut horrible : le maire, les eschevins, saisis, leurs habits en lambeaux, furent poussés dehors et entraînés sur les degrés remplis de morts et de blessés; trébuchant à chaque pas, souillés de sang, ils arrivèrent à grand'peine jusque sur la place, croyant leur dernière heure venue.

A la vue de leurs magistrats ainsi traités outrageusement, un assez grand nombre de bourgeois furent indignés. Ils reconnaissaient d'ailleurs, parmi ceux qui s'acharnaient autour de ces malheureux chefs de la commune, des hommes mal famés dans la ville, des malandrins de la pire espèce ; puis se montraient des figures étrangères à la cité,

sordides, lie qui n'apparaît que dans les tumultes, sortant
d'on ne sait quels repaires (fig. 33).

23

« A bas les gueux! cria une voix, tombons dessus !

— Sus! sus aux gueux! » vociféra la foule.

Mais les gens de frère Robert n'étaient pas hommes à
se laisser faire; ils étaient armés de gros bâtons, quelques-
uns avaient aux mains des coignées et de lourdes barres de
fer. Devant la nouvelle attitude des bourgeois, ils se serrè-
rent, tenant au milieu de leur troupe les eschevins, et présentèrent aux assaillants un demi-cercle formidable appuyé
aux murs du perron. Alors les bourgeois s'écartèrent et
commencèrent à lancer contre ce bloc humain des pierres,

des escabeaux ramassés sur la place du Marché, des bûches. La position devenait critique.

Si l'on jette les yeux sur les figures 28 et 29, on verra que sous la loge du perron était percée une porte donnant dans la salle basse. Frère Robert l'eut bientôt fait enfoncer, et toute sa troupe s'engouffra sous le beffroi, barricadant la porte derrière elle; puis, quelques gaillards alertes montèrent par l'escalier à vis de la tour pour barricader également la porte de la salle donnant sur la loge.

Dans ce mouvement de retraite, quelques eschevins avaient été abandonnés; d'autres, avec le maire, entraînés par la troupe de frère Robert, restaient entre ses mains, enfermés avec elle.

Sur la place, la confusion était inexprimable; les uns voulaient avoir raison des gueux, les autres tenaient pour eux et prétendaient empêcher qu'il ne leur fût fait aucun mal, puisqu'ils n'avaient agi que dans l'intérêt des bourgeois décidés à en finir avec leurs magistrats.

Nul n'osait s'aventurer sur les degrés du perron et dans la loge, encombrés de morts et de blessés, dans la crainte d'un retour offensif des gueux.

Par les brisures de la porte basse enfoncée et barricadée, frère Robert avait jeté ces mots:

« S'il est tenté une attaque contre nous, défenseurs des libertés de la commune, nous enverrons tout d'abord les têtes du maire et de ses eschevins, du haut du beffroi, sur les traîtres bourgeois, leurs complices. »

Ces paroles n'étaient pas faites pour simplifier la situation.

Les plus exaltés d'entre les gros bourgeois voulaient qu'on ne tînt compte de ces menées, et qu'on mît le feu aux portes de l'hôtel de ville pour déloger les insurgés et les assommer; mais ce n'était pas l'avis de ceux qui, parmi les eschevins retenus comme otages, avaient des parents, des amis. Les femmes se mêlèrent bientôt de la partie et invectivaient les partisans de la lutte à outrance.

Ceux-ci perdaient visiblement du terrain; vers quatre heures du soir, après bien des propos échangés et quelques rixes deci et delà, la foule parut vouloir entrer en arrangement.

Quelques hommes de métiers qui tenaient plus volontiers pour les gens enfermés dans l'hôtel de ville que pour les riches bourgeois, s'approchèrent de la porte basse et demandèrent à parler au chef de la troupe enfermée..... Frère Robert s'avança vers l'huis brisé, et les propos suivants furent échangés :

« Nous sommes vos amis, dit l'un de ceux du dehors; ce que vous voulez nous le voulons aussi : un maire nommé par nous, des eschevins qui fassent respecter nos franchises et qui ne nous écrasent pas d'impôts. Mais il n'y a eu que trop de sang répandu aujourd'hui; il n'est pas besoin de nous battre, puisque nous voulons tous les mêmes choses. Il n'est pas besoin de nous défaire du maire et des eschevins, ce serait la cause de nouveaux malheurs.

« Qu'ils se démettent de leurs fonctions et s'en aillent où bon leur semblera; et quant à nous tous, délivrés de ces traîtres, vivons en bonne intelligence.

— Soit, répondit frère Robert; mais qui nous assurera que nous ne serons pas de nouveau attaqués par vos bourgeois ligués avec le maire et les eschevins pour nous réduire tous à la misère? Quelles garanties donnez-vous si nous sortons d'ici? Qui eût pu supposer qu'après avoir fait la bonne besogne de ce matin, à nos risques et périls, puisque plusieurs d'entre nous sont restés sur le pavé, on nous remercierait en nous jetant des pierres et en nous assommant ?

— Nous sommes assez nombreux pour empêcher les gros bourgeois de vous faire le moindre tort.

— Eh ! que ne l'avez-vous fait tout à l'heure quand on nous assommait?

— On n'a pas compris; nous étions dispersés, il y a eu malentendu.

— Eh bien, vous tous, bons citoyens qui voulez la paix et la fin du règne des traîtres et des *changeurs* qui grugent le monde, assemblez-vous devant le perron. De bons diables parmi nous reconnaîtront bien les amis. Vous vous compterez, nous nous compterons, et alors, si nous sommes en force, ensemble, nous nous réunirons pour faire taire les assommeurs du peuple. Quand nous en serons là, on rendra aux bourgeois leur maire et leurs eschevins pour en faire ce que bon leur semblera.

« M'est avis cependant que, quand on a séparé l'ivraie du bon grain, le mieux est de ne l'y point mêler de nouveau. »

Cet entretien fut fidèlement rapporté à la foule assemblée sur la place. Les gros bourgeois crièrent fort, s'indignèrent, mais ils n'étaient pas en majorité ; puis on voulait aller souper.

Les ménagères étaient intervenues en grand nombre et demandaient impérieusement qu'on en finît puisqu'on avait ce qu'on voulait. On entendait surtout les cris des femmes des blessés.

« Les hommes sont plus bêtes que les animaux, puisqu'ils se battent sans savoir pour quoi et pour qui, » disaient-elles entre leurs clameurs.

Ainsi fut-il fait, comme il avait été dit ; vers huit heures du soir, on vit s'assembler devant le perron, à distance, une portion notable de la foule, femmes mêlées parmi; car une fois que les femmes ont pris place dans un tumulte, le diable ne les ferait pas rentrer à la maison.

Alors, on vit sortir frère Robert et bon nombre de ses hommes, qu'il avait choisis parmi les plus connus de la ville. Ils s'avancèrent jusqu'à la balustrade de la loge.

Aussitôt les propos de se croiser entre les gens de la place et ceux du perron :

« Eh! compère le Potier, te voilà là-haut comme un gros eschevin?

— Mais oui, j'ai fait la besogne que tu as regardé faire.

— Et souper! là-dedans, à quand?

— Nos femmes y auraient bien pourvu; vous ne seriez pas restés là toute la nuit, vous autres.

— Par saint Crépin! ta femme te croyait assommé, l'ami Toucqueville! viens donc te montrer; qui sait si elle ne querre pas un nouveau mari?

— Holà! te voilà donc là-dedans! criait une commère, avec toute la ribaudaille de Clusy; belle besogne, ma foi!....

— Voyez-vous cette pie qui nous traite de ribaudaille? Eh! la mère, est-ce que l'évèque est ton parrain? »

Bientôt les deux troupes n'en firent qu'une; on alla boire, et frère Robert avec quelques bourgeois.

Cependant, les notables avaient, dès le milieu du jour, envoyé avis au prévôt de ce qui se passait dans la ville, et celui-ci s'empressa d'expédier un message au conseil du roi.

L'évêque était absent, mais son bailli lui dépêcha un exprès pour qu'il eût à revenir au plus tôt dans sa seigneurie.

On fraternisait entre gens de métier, petits bourgeois, populaire et suppôts de frère Robert.

Pendant une heure encore, on promena le maire, sa robe déchirée, par la ville, en criant autour de lui, chaque fois qu'on le maltraitait pour le faire marcher : « Nous te faisons maire cette fois ! »

Le malheureux était épuisé.

La troupe diminuait à chaque instant, les uns pensant à leurs soupers et à leurs femmes qui les attendaient, les autres entrant dans les tavernes.

Il n'y avait plus guère autour de frère Robert que ses gens à lui, qui commençaient à murmurer, ne voyant, en cette affaire, aucun bénéfice pour eux ; mais frère Robert passait de l'un à l'autre, leur disant quelques mots à l'oreille.

Arrivée à un des carrefours de la ville, dans le voisinage des plus beaux hôtels, la troupe, qui se composait d'environ trois à quatre cents hommes, se trouva en face d'une masse de bourgeois passablement armés, lesquels barrèrent le chemin aux ribauds et les invitèrent à s'en retourner en leur logis et à remettre en leurs mains le maire, ainsi que cela avait été promis.

Et, sans plus attendre, les bourgeois se précipitèrent hardiment sur la troupe.

Ces gens, surpris, abandonnèrent le maire et prirent ia fuite en criant : « Trahis ! trahis ! »

Sur leur passage, on ouvrait les huis pour savoir la cause de ce nouveau tumulte ; mais compagnons de métier et petits marchands se gardaient de sortir.

« Les gens du roi ! crièrent quelques voix dans les rues déjà sombres, les gens du roi arrivent ! »

Si invraisemblable que fût cette nouvelle, répandue aussitôt par la ville, elle contribua d'autant à faire que chacun demeurât chez soi.

Plusieurs des hommes de la troupe de frère Robert, tout en fuyant, ne perdaient pas de vue le quidam, car il leur était venu des soupçons.

Quand ils virent celui-ci, à la faveur de l'obscurité, tourner dans une ruelle étroite, ils le saisirent vivement par les bras et le forcèrent, quoi qu'il en eût, à marcher avec eux.

En courant droit devant eux, les ribauds se trouvèrent sur la place de l'hôtel de ville.

A leurs cris répétés, nul ne répondit ; on voyait seulement quelques fenêtres s'ouvrir, des lumières apparaître, puis c'était tout.

Il n'y avait plus rien à faire ; cependant, la troupe reprenait haleine ; personne ne la poursuivait ; les trois hommes qui tenaient toujours frère Robert dirent à leurs compagnons :

« Cet homme nous a trahis, nous en avons la preuve ; liez-le bien avec des cordes, afin qu'il ne s'échappe, puis faisons notre journée à cette heure. D'abord, mettons le feu à la maison de ville pour occuper ces traîtres bourgeois ; pendant ce temps, nous travaillerons à l'aise.

— Bien parlé, » dirent les bandits.

Plusieurs d'entre eux se dirigèrent donc vers l'hôtel de ville. Quelques hommes, munis de lanternes, achevaient d'enlever les morts et ne firent guère attention aux nouveaux venus, les croyant des leurs. Les portes brisées, les escaliers ouverts permettaient d'atteindre le faîte de l'édifice. S'emparant d'une des lanternes posées dans la loge, deux des truands montèrent l'escalier à vis jusqu'au comble du beffroi ; mais là, ils trouvèrent le guetteur ; le brave homme était à son poste. Avant qu'il n'eût ouvert la bouche, deux coups de couteau l'avaient étendu sur le carreau; puis, ramassant à la hâte quelques débris de menu bois, les vêtements du pauvre guetteur, le tout arrosé de l'huile de la lampe du guet, sous le grand poinçon de la charpente, là où les bois forment un embranchage compliqué, ils y mirent le feu et descendirent aussitôt. En passant, ils dirent aux gens qui s'occupaient encore de leur lugubre besogne sur le perron, qu'ils venaient de porter à souper au guetteur.

Pendant cette expédition, la troupe de frère Robert s'était répandue sur la place et sembla se dissiper peu à peu, tout en restant aux aguets par groupes, au coin des rues adjacentes. Frère Robert avait voulu crier, on l'avait bâillonné et fortement lié aux bras et aux jambes; il était étendu à terre comme un ballot.

Une demi-heure environ s'était écoulée, que les bandits virent poindre une lueur au centre de la flèche du beffroi, par les ouvertures de la guette. Sûrs de leur affaire, dorénavant, ils se divisèrent en deux troupes et filèrent vers le quartier des hôtels.

Quand les habitants s'aperçurent du feu, la flèche du beffroi, tout entière, était enveloppée de flammes, et les brandons embrasés étant tombés dans le beffroi même, les cordes des cloches brûlaient. Il était impossible de sonner le tocsin. Il fallut aller aux tours de la cathédrale et crier par les rues : « A l'eau ! » Les magistrats de la cité n'existant plus, aucun ordre régulier ne pouvait être transmis. Ce ne fut guère que vers dix heures du soir que les secours purent être à peu près organisés.

Alors, non-seulement le beffroi était en feu, mais l'incendie s'était communiqué au comble de la grand'salle et à

L'INCENDIE DE L'HOTEL DE VILLE DE CLUSY

l'un des combles des bâtiments latéraux, sous le vent (fig. 34).

Par bonheur, l'air était calme, sans quoi, tout le quartier bas de la ville eût été brûlé.

Renonçant à sauver leur hôtel de ville, tous les hommes valides, répandus dans les rues avoisinantes et sur les toits des maisons, étaient occupés à éteindre les charbons incandescents qui tombaient dru comme grêle assez loin du lieu du sinistre.

Les ribauds ne perdaient pas leur temps. Quand ils virent que tout le monde était dehors, que de toutes parts on courait effaré, ils se ruèrent sur deux des plus riches hôtels de la ville, les pillèrent à fond en un clin d'œil, en tuant les habitants qui essayaient de défendre leur bien; puis, se dirigeant vers une des portes de la ville, en aval de la rivière, ils massacrèrent les portiers, levèrent les herses, ouvrirent les huis, sans pont-levis sur ce point, et gagnèrent au large, chargés de leurs dépouilles et de frère Robert.

Avant le jour, ils étaient réunis dans la forêt. Là, ils firent bon feu, ne craignant guère les forestiers qui se gardaient de les déranger, pour cause, se mirent à rôtir des quartiers de viande qu'ils avaient volés, sortirent du pain et du vin de leur bissac et comptèrent leur butin. Il était gros : beaux écus, argenterie, bijoux, vêtements. Quand le partage fut fait équitablement, ils songèrent à leur prisonnier; on le délia, puis on procéda à son interrogatoire.

« Tu nous as trahis ! dit le grand gaillard à la physionomie sombre qui, le premier, avait eu des soupçons sur frère Robert.

— Non, répondit celui-ci.

— Ne nie pas.... Quand tu es allé boire avec quatre

bourgeois, après que nous sommes sortis de l'hôtel de ville, ceux-ci t'ont remis une somme pour nous livrer?

— C'est faux.

— Qu'on le mette tout nu. »

L'ordre fut aussitôt exécuté et, des chausses de frère Robert, on tira une vingtaine d'écus d'or.

« Ces écus sont à moi, c'est mon avoir.

— Nous te ferons bien parler vrai, » dit l'interrogateur; et, sur son ordre, les pieds du malheureux furent approchés d'un des brasiers.

Alors, en poussant des cris affreux, frère Robert avoua tout ce qu'on voulut:

Comme quoi, voyant que les choses traînaient en longueur et que, le peuple de Clusy ne jouant pas franc jeu contre les notables, on arriverait à un arrangement, il avait voulu au moins tirer quelque profit de l'échauffourée; que, pour se débarrasser de ses complices, il les avait menés au point de la ville où ils devaient trouver des bourgeois armés....

Chaque fois que le misérable essayait de revenir sur ses aveux ou d'atténuer sa trahison, ses pieds étaient posés sur les charbons.

Alors, il confessait tous les méfaits qu'on lui imputait.

Quand l'interrogatoire fut terminé, la sentence fut prononcée par le même bandit, et quelques secondes après, le corps de frère Robert se balançait au bout d'une grosse branche d'un hêtre.

Pendant que la troupe des ribauds, vagabonds, truands et pauvres hères employait ainsi son temps dans la forêt, on était en grand émoi dans la ville de Clusy. L'hôtel de ville était détruit par le feu; toutefois, le trésor et les archives, enfermés dans l'étage voûté de la tour sous le belfroi, avaient été préservés; deux riches hôtels étaient pillés, on ne savait trop par qui, avec meurtres.

Il n'y avait plus de magistrature, les eschevins et le maire ayant, dès l'aube, quitté la ville. L'évêché demeurait fermé et le prévôt royal ne donnait signe de vie.

Qu'allait-il advenir? Chacun se faisait, au matin, cette question.

Les bourgeois toutefois, se donnèrent rendez-vous à l'heure de midi, dans la cathédrale, pour aviser. Les chanoines en laissèrent les portes ouvertes, mais à toutes les questions ne répondirent autre chose, sinon qu'on attendait l'évêque.

L'assemblée nomma à la hâte un maire, des eschevins et jurés, et vers le soir, le prélat entra dans la ville. Les nouveaux élus le reçurent avec de grandes marques de respect, lui déclarant que la ville se mettait sous sa protection, comme étant le gardien naturel de ses franchises, et que tous les excès de la veille avaient été provoqués par le maire étranger, imposé par le roi, par les eschevins qui lui étaient entièrement dévoués et par des gens sans aveu, poussés par eux.

L'évêque écouta froidement les dires des délégués des bourgeois, mais leur déclara que les élections auxquelles ils avaient procédé dans la journée étaient nulles, comme ayant été faites contrairement à toutes les formes, et que, s'ils voulaient obtenir sa protection, il fallait d'abord qu'ils remissent entre les mains de ses officiaux les plus compromis d'entr'eux, afin qu'il pût faire juger le cas.

Fort mécontents, les délégués rapportèrent à l'assemblée les paroles de l'évêque. Il était évident que les élections faites le matin, du moment qu'elles n'étaient pas agréées par l'évêque, n'avaient aucune valeur. Une délégation envoyée au prévôt ne reçut que des réponses évasives. Ce personnage déclara qu'il avait informé le conseil du roi des événements de la veille et qu'il attendait des ordres.

Depuis quinze jours, l'anarchie régnait dans la ville de Clusy. Il n'y avait plus de police, les bourgeois osaient à peine sortir de leurs maisons. Des bandes de malandrins parcouraient la banlieue et venaient piller jusque dans les faubourgs, lorsque l'arrivée des troupes du roi fut annoncée.

Louis X se présentait en personne à la tête de deux mille hommes d'armes, le 5 juin, devant les portes de la ville. L'évêque s'empressa de se rendre près de lui, et lui demanda aussitôt, comme à son seigneur, ce qu'il convenait de faire, car il comptait bien jouer en cette circonstance le rôle d'arbitre.

« J'aviserai, répondit le roi ; et j'aurai soin de faire bonne et prompte justice.

— Mais, reprit le prélat, vous n'ignorez pas, très-cher et honoré sire, que c'est moi qui ai dans la ville haute justice. »

Le roi ne répondit rien, mais se dirigea vers la cathédrale où furent convoqués les bourgeois.

Les parents de ceux qui avaient été tués ou blessés pendant l'émeute, se jetèrent à ses pieds en réclamant justice.

Un conseil fut composé, comprenant le maire et les anciens eschevins, auxquels furent adjoints des conseillers du roi. Une information fut commencée et poursuivie cinq jours durant, à la suite de laquelle douze cents habitants furent exilés, comme ayant participé au tumulte, malgré les protestations de l'évêque qui revendiquait le jugement des coupables, conformément aux priviléges appartenant à son siége. Il demanda que les bannis lui fussent remis, comme étant jugés illégalement.

Mais le roi ne tint compte de sa requête et, avant de quitter la ville, réclama de l'évêché cent livres pour son droit de gîte, ce qui irrita profondément le prélat.

Nous ne saurions dire si la somme fut payée.

La commune de Clusy était dans une situation désastreuse. Endettée, sa maison de ville brûlée, une partie des bourgeois et gens de métier exilés, n'ayant plus de crédit, et, devant elle, des charges énormes, elle ne pouvait plus s'administrer.

A la suite d'une réunion des notables, il fut décidé qu'on proposerait au roi de lui vendre l'abolition de la commune et de se soumettre au régime prévôtal, à la condition que la dette municipale tomberait à la charge de la couronne.

Après quelques pourparlers et de bonnes sommes versées par les plus riches d'entre les bourgeois entre les mains des officiers du roi, cette proposition fut agréée et un traité conclu le 1ᵉʳ juillet 1315 à Clusy, scellé du sceau royal et ainsi libellé :

« Louis, par la grâce de Dieu, etc., faisons savoir à tous présents et à venir, que Nous, ayant reçu de la commune de Clusy, supplication des bourgeois et habitants d'icelle, pour certaines causes tendantes aux fins qu'ils fussent ci-après gouvernés à perpétuité en prévôté, en Notre nom, par un prévôt que Nous y établirons désormais sans qu'ils aient maires ni jurés en commune ; Nous, à la supplication des dits habitants, la commune avec les juridictions, droitures et émoluments, avons reçu et recevons par la teneur de ces présentes lettres et gouvernerons en Notre nom, dorénavant, par un prévôt que Nous y députerons ; et voulons que le prévôt qui, de par Nous, sera député en la ville, pour la gouverner en Notre nom, gouverne en prévôté les habitants, selon leurs lois et coutumes, avec les libertés et franchises qu'ils avaient au temps qu'ils étaient gouvernés en commune, excepté que dorénavant majeurs ni jurés n'y seront mis ni établis, que les habitants n'auront ni sceau, ni bannière, ni beffroi municipal, ni assemblées publiques.... »

En quittant de nouveau la ville, le roi voulut bien accepter des habitants un don de quatre cents livres.

CHAPITRE IX

RÉTABLISSEMENT DE LA COMMUNE DE CLUSY.

La ville de Clusy eut grand'peine à se relever de l'état dans lequel nous l'avons vue tomber; car les impôts n'étaient pas moins lourds sous l'administration prévôtale que sous celle des eschevins. Loin de là, ils avaient été augmentés afin de payer l'intérêt et l'amortissement de la dette mise à la charge du trésor royal, lequel d'ailleurs avait confisqué et vendu aux enchères le bien des exilés pour se couvrir d'une partie de cette dette, sans que le produit de cette vente eût été porté en déduction des emprunts contractés par la commune.

L'évêque préférait de beaucoup le régime de la commune à celui de la prévôté; car de l'administration municipale l'évêché tirait certains avantages sous forme de redevances féodales, que le prévôt royal contestait sans cesse quand il ne refusait pas absolument de les reconnaître. Il fallait alors recourir au parlement, et cette juridiction lente penchait toujours en faveur du pouvoir royal.

Cependant les habitants de Clusy étaient industrieux,

travailleurs et économes. La fabrication des étoffes de laine et notamment des serges, prenait chaque jour un plus grand développement dans la cité, et alors ces tissus étaient fort prisés dans toutes les classes.

Malgré les impôts dont ils étaient accablés, les Clusianois voyaient peu à peu leurs biens s'accroître et avec les biens le désir de recouvrer leur indépendance et leurs anciennes libertés municipales ; en effet, l'amour de la liberté naît du travail et de la richesse, fruit de l'épargne.

Les vieillards ne pouvaient passer sur la place du Marché sans jeter un regard plein d'amertume sur les ruines de leur vieille maison de ville, abandonnée depuis l'incendie de 1315. Car les bâtiments avaient été laissés à peu près tels qu'ils étaient le lendemain du sinistre.

Le beffroi découpait sa noire silhouette calcinée sur le ciel ; la grande salle du douzième siècle, effondrée, avait été déblayée et servait de marché aux volailles ; l'aile gauche, recouverte provisoirement, servait de magasin, et celle de droite, seule intacte avec le grand perron et sa loge, était à la disposition du prévôt. Le trésor, placé dans la tour sous le beffroi, contenait les archives que personne ne consultait, puisque le passé de la commune était effacé ; quant aux prisons, le prévôt les utilisait au besoin, mais les entrées du perron, murées jusqu'à la hauteur d'une toise, ne permettaient plus l'accès à la loge, abandonnée aux hirondelles.

Malgré l'ordonnance royale du 1ᵉʳ juillet 1315, les bourgeois n'avaient pas entièrement perdu l'habitude de se réunir dans la cathédrale.

L'évêque encourageait volontiers ces réunions, dans l'espoir de voir renaître les jours où les habitants de Clusy considéraient l'église épiscopale comme le *palladium* de la cité.

Les prévôts ne se montraient très-vigilants que lorsqu'il s'agissait de faire rentrer les impôts, mais se souciaient médiocrement de l'édilité, de la police et de la gestion des biens communaux.

La nuit, les rues de la ville, malgré la milice, n'étaient pas sûres; les maisons mal famées, chaque jour plus nombreuses, étaient l'occasion de rixes et de scandales. Les règlements de voirie, mal observés ou éludés, moyennant finance, donnaient lieu à des réclamations continuelles.

Et au total, plus la ville s'enrichissait par le travail, plus elle présentait l'aspect de l'abandon, de l'incurie et de la misère.

Ces choses touchaient les habitants qui aimaient leur cité, d'autant qu'ils pouvaient établir une comparaison entre cet état et celui que présentaient certaines villes voisines qui avaient conservé leurs institutions communales.

L'évêque, profitant du peu de soin que prenait le prévôt de l'administration de la ville, commençait à empiéter sur la juridiction royale. Ses officiaux attiraient les procès devant la cour du prélat; ils interdisaient aux gens de la prévôté d'arrêter les clercs pour quelque cause que ce fût. En même temps, à l'aide des notaires ecclésiastiques nommés en face des officiers royaux, les testaments, les successions passaient par les mains du clergé en y laissant de grosses parts, sous forme de droits de mutations.

En décembre 1329, le roi Philippe convoqua cinq archevêques et quinze évêques pour essayer de mettre un terme à ces empiétements; en effet, sur le réquisitoire de l'avocat général au parlement, Pierre de Cugnières, le conseil du roi opina pour que le spirituel fût séparé du temporel, et une année fut donnée aux prélats pour remédier aux abus. Les droits des populations, toutefois, ne

furent guère protégés à la suite de cette assemblée ; mais il
fut défendu aux évêques de mettre en interdit aucune partie du domaine royal, et le roi maintint le plein exercice
du droit de régale, c'est-à-dire de battre monnaie et de
pourvoir à tous les bénéfices d'un diocèse pendant la vacance du siége et d'en économiser à son gré les revenus.

Dans cette assemblée également, fut établi le principe de
l'*appel comme d'abus*, c'est-à-dire l'appel interjeté d'une
sentence d'un évêque auprès du parlement ; mesure ineffi-
cace s'il en fut.

L'évêque de Clusy, cependant, se fit auprès du roi l'in-
terprète des plaintes des bourgeois de sa ville épiscopale,
croyant trouver un avantage au rétablissement du régime
communal, pendant que son collègue Albert de Roye
sollicitait l'abrogation de celle de Laon et l'obtint, moyennant une forte somme d'argent.

Ces plaintes se résumaient ainsi : « Depuis qu'il n'y a
plus de corps de ville à Clusy, personne ne prend soin des
affaires publiques, toutes choses vont s'empirant par la né-
gligence des agents du prévôt, et la perte totale du revenu
ainsi que des édifices municipaux est imminente ; la police
est mal faite, les milices sont découragées et font leur
service très-incomplétement, etc..... »

Le roi écouta ces doléances, voulut bien recevoir une
députation des notables bourgeois, mais ne consentit pas
au rétablissement de la commune telle qu'elle existait
vingt ans auparavant.

Il maintint dans la ville de Clusy le gouvernement en
son nom et l'office de prévôt royal, mais il permit aux
bourgeois d'élire chaque année six d'entre eux qui, sous le
titre d'eschevins, assisteraient le prévôt dans ses fonctions
de magistrat et prendraient soin des affaires municipales,

touchant la levée des impôts, l'édilité et l'organisation de la milice locale.

Il fallut bien se contenter de ces concessions incomplètes qui, si elles satisfaisaient pleinement la haute bourgeoisie, ne donnaient point à l'évêque les avantages qu'il espérait, et les choses furent mises sur un meilleur pied dans la ville de Clusy. On songea au rétablissement des bâtiments de l'hôtel de ville; mais peu après, les malheurs qui affligèrent le royaume et l'étendue des subsides qu'il fallut payer pour subvenir aux dépenses de la guerre contre les Anglais, puis les courses des grandes compagnies qui désolaient le plat pays et menaçaient même les villes, puis l'insurrection des Jacques, puis les courses du roi de Navarre et des Anglais, puis la rançon du roi Jean, empêchèrent les Clusianois de mettre la main à l'œuvre.

Ce ne fut qu'en 1375 que l'on put s'occuper de cette affaire qui tenait fort à cœur aux bourgeois.

A plusieurs reprises, des sommes avaient été réunies pour commencer les travaux, mais elles avaient été absorbées pour satisfaire à des besoins plus pressants et notamment à la réparation des murailles de la ville et aux levées des milices aussi bien qu'à leur équipement, pour pourvoir aux besoins du royaume, sans grand profit, comme on sait, toutes les ressources fournies par les villes s'en allant en fumée, sans que la chose publique fût en meilleur état.

Mais alors, de sages ordonnances du roi Charles cinquième, rendaient confiance aux villes et aux campagnes. Le *droit de prise*, qui n'était autre que la réquisition arbitraire exercée au nom du roi par tous les gens de cour, fut aboli, ce qui soulagea fort le pauvre monde et permit

à nombre de gens éloignés de leurs biens pour se soustraire à ce pillage, de revenir et de les faire valoir.

A la suite de la belle conduite des gens de Clusy lors du
soulèvement des Jacques, le roi avait accordé aux bourgeois
des sauvegardes comme aux hommes de ses domaines,
sauvegardes qui leur permettaient de circuler et de com-
mercer librement.

En 1371, le roi avait renouvelé d'anciens édits qui
défendaient à tous clercs, nobles, avocats, sergents d'armes, etc., de prendre à ferme les prévôtés ou autres charges
touchant les marchés et péages. Il avait astreint à la taille
et à tous les impôts personnels, pour biens non nobles,
les nobles, les clercs et autres privilégiés.

Mais les villes soumises aux Anglais, qui rentraient
sous l'autorité royale, étaient exemptes d'impôts, et les
charges incombaient d'autant plus lourdement à celles
qui étaient restées fidèles ou qui avaient pu résister à l'invasion.

Aussi fallut-il encore augmenter ces impôts, transformer les aides extraordinaires en aides permanentes et
substituer aux collecteurs élus par les communes des collecteurs et répartiteurs choisis parmi les élus royaux; ce
qui bientôt conduisit à l'affermage des tailles et aides et
fut une source de déplorables abus.

Mais la monnaie demeurait stable, ce qui était un grand
point, et les villes dépendant du domaine royal étaient relativement prospères, après les désastres qui accablèrent le
royaume pendant vingt ans. On sortait d'une crise terrible; le commerce, l'industrie, l'agriculture ne demandaient
qu'à se développer sous l'influence d'un gouvernement
régulier et d'une autorité respectée, après ces années
d'anarchie effroyable.

La ville de Clusy, pendant cette dernière période désastreuse, avait eu le bonheur de posséder, comme prévôt, un homme sage, intègre et qui savait défendre les intérêts de la cité. Il était aimé du peuple et respecté des notables bourgeois, à cause de son équité.

Ce fut lui qui le premier engagea les habitants de Clusy à rebâtir leur vieil hôtel de ville ruiné; il obtint même du roi, pour les y aider, une somme à prendre sur la gabelle.

Un architecte fut donc appelé à Clusy afin d'examiner les moyens d'utiliser les anciens bâtiments et de les compléter en raison des besoins de la ville.

Ce maître des œuvres se nommait Raymond, natif de Paris; il avait, dans cette ville, élevé ou réparé des hôtels de nobles et de riches bourgeois depuis la rentrée du roi, et était fort expert.

Il fut fort bien reçu à Clusy par le prévôt et les eschevins et alla tout d'abord visiter les vieux bâtiments, écoutant les observations qui lui étaient faites. Comme il a été dit plus haut, le perron n'avait pas grandement souffert; la tour du beffroi, ruinée dans sa partie supérieure par l'incendie, conservait intacts les étages bas et la salle des archives; l'aile de gauche n'avait pas souffert de dommages sérieux; la toiture ancienne de l'aile de droite, brûlée, mais remplacée provisoirement, préservait les voûtes de la salle du premier étage. Cette aile pouvait être facilement réparée. Quant à la grande salle, il n'en restait que les murs calcinés, les voûtes basses s'étant effondrées sous la chute de la grande charpente.

Le prévôt et les eschevins auraient voulu qu'on rebâtît cette salle dont l'étendue était médiocre, mais cependant ils demandaient plus d'espace pour les services de la cité et un grand magasin propre à contenir les armes des milices.

Provisoirement, ces armes étaient déposées dans des maisons situées de l'autre côté de la rue Curiale et que la ville avait acquises à cet effet, dans des conditions avantageuses.

Après avoir examiné le tout sans mot dire, Raymond demanda quarante-huit heures pour préparer un avant-projet et soumettre ses idées aux bourgeois.

La vue des localités suggéra au maître des œuvres l'idée de convertir l'emplacement de l'ancienne grande salle en une cour, ce qui donnerait plus d'air et de lumière aux bâtiments des ailes, d'élever des deux côtés de cette cour des portiques donnant accès à un escalier intérieur et de bâtir la grande salle de l'autre côté de la rue, en la mettant en communication avec cet escalier par un pont jeté sur cette rue.

En conséquence, il dressa le plan[1] (fig. 35).

Le rez-de-chaussée du grand bâtiment neuf A devait servir de dépôt des armes de la ville; il restait derrière ce bâtiment une cour d'isolement B.

Au premier étage s'élevait la grande salle mise de plain pied en communication avec le grand escalier par un pont P. Des deux côtés du portique qui se retournait devant l'escalier, des bâtiments annexes réclamés par les eschevins couvraient les anciennes rues latérales, ainsi supprimées en partie et réduites à l'état de cours.

Il faut dire que les maisons donnant sur ces rues réser-

---

1. La teinte noire indique dans ce plan les constructions antérieures conservées, et la teinte rouge, les constructions projetées par Raymond.

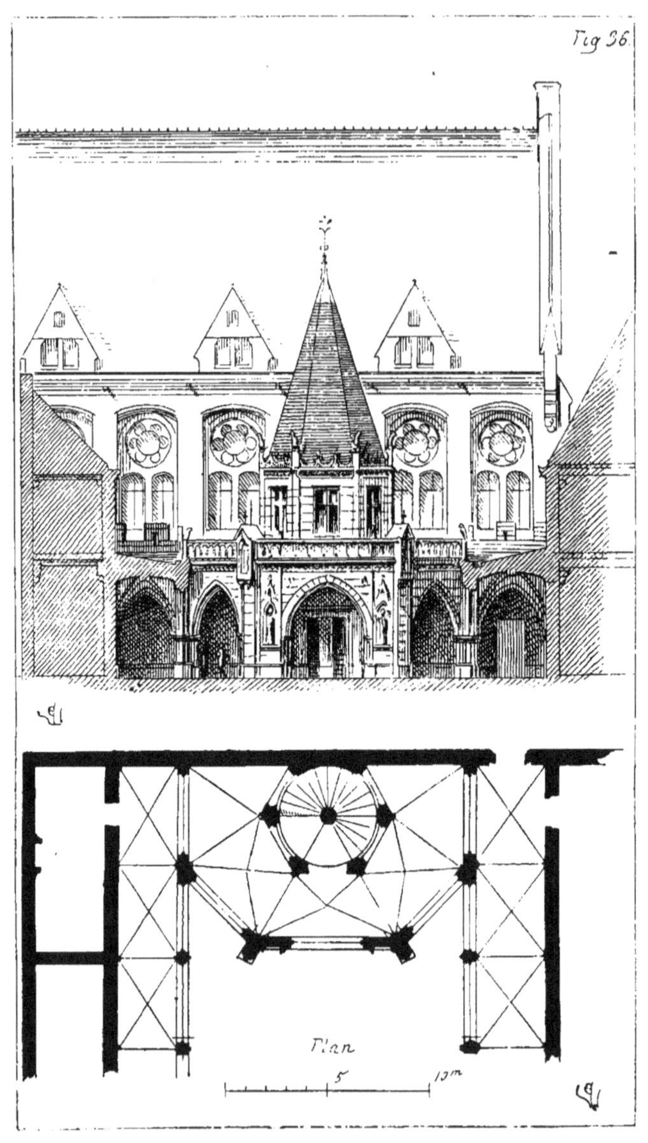

LE GRAND ESCALIER DE L'HOTEL DE VILLE, FIN DU XIVᵉ SIÈCLE.

37

LE NOUVEAU BEFFROI DE L'HOTEL DE VILLE.

vées au service de l'ancien hôtel de ville, n'avaient point droit de vue sur ces passages fermés habituellement.

L'architecte avait joint à son plan une coupe sur la cour qui montrait la disposition des portiques, du grand escalier et du bâtiment de la grande salle en arrière (fig. 36).

Ces dispositions plurent fort au prévôt et aux eschevins; après quelques observations de détail, Raymond fut invité à rédiger un projet de devis pour être soumis à l'enquête. L'année suivante, en avril 1376, on jetait les fondements des nouveaux bâtiments.

Toutefois les travaux ne furent poursuivis qu'avec lenteur; les ressources n'étaient pas étendues, et les habitants de Clusy, surchargés d'impôts, ne pouvaient faire de grands sacrifices.

Quant à emprunter, il n'y fallait pas songer, les revenus de la commune ne le permettant pas et l'intérêt de l'argent étant à un taux exorbitant.

On restaura toutefois assez rapidement le sommet du beffroi, car les Clusianois tenaient beaucoup à leur tour, et on mit en bon état le bâtiment de droite; le perron fut réouvert et réparé; on commença les portiques et les bâtiments annexes, ainsi que la grande salle.

Nous donnons (fig. 37) le couronnement neuf du beffroi.

De la tour du douzième siècle on ne conserva que la partie inférieure, comprenant le rez-de-chaussée, le premier et le deuxième étage; toute la partie supérieure ayant été calcinée profondément par l'incendie de 1315 ne pouvait être maintenue.

L'étage contenant les cloches fut donc construit à neuf en belles pierres de taille. Cet étage présentait un plan octogonal avec quatre tourelles ajourées sur quatre des faces, l'une de ces tourelles contenant un escalier, des baies jumelles s'ouvrirent sur les quatre autres faces. Au-dessus de cet étage du beffroi était un chemin de ronde avec ouvertures en façon de carniaux pour les guetteurs. Cet étage fut surmonté d'une charpente couverte d'ardoises avec échauguettes sur les huit faces, garnies de plomb.

Ces échauguettes étaient à l'usage des guetteurs, lorsqu'il s'agissait de découvrir d'un niveau plus élevé tous les points de l'horizon, en cas d'incendie, de tumulte ou de mouvements de troupes.

Alors seulement, les armes de la ville de Clusy, qui avaient été figurées de diverses manières, furent définitivement blasonnées et octroyées par lettres royales. Elles portaient : de gueules à la porte d'argent, maçonnée de sable, hersée d'or, surmontée d'une corneille volante de sable au chef cousu de France ancien, comme bonne ville, avec cette devise, se rapportant à la corneille : « AVULSÆ PLUMÆ REVIVISCUNT; » et ainsi furent-elles peintes et sculptées sous la loge et dans la salle des eschevins (voyez le frontispice), gravées sur le sceau de la ville et brodées sur sa bannière.

Mais en 1380, le roi Charles cinquième était mort et une nouvelle ère désastreuse allait commencer pour le royaume.

En l'année 1381, les sires des Fleurs-de-Lys, — ainsi appelait-on les frères du roi défunt, auxquels fut remis le gouvernement du royaume pendant la minorité de Charles sixième, — se partagèrent le trésor de Charles V, qui était considérable, et voulurent bientôt augmenter encore les impôts qui écrasaient les villes et les campagnes. Le soulèvement fut général et s'étendit des Flandres jusque dans le domaine royal. Gand se mit en insurrection. Le peuple de Paris s'armait, décidé à résister par la force à toute demande de subsides, et menaçait les percepteurs. Les bourgeois de Rouen avaient dû être désarmés, après un gouvernement populaire qui dura quatre mois et fut noyé dans le sang.

Mais les Gantois se soutenaient vaillamment contre la noblesse, correspondaient avec les communes de France, ce qui encourageait fort celles-ci dans leur résistance.

A Clusy, un droit nouveau ayant été établi par les régents du royaume sur les boissons et les serges, les habitants refusèrent absolument de le payer, tuèrent les percepteurs, s'armèrent, nommèrent des dizainiers et quartiniers, chassèrent le nouveau prévôt royal envoyé dans la ville depuis la mort de Charles V, tendirent des chaînes dans les rues, élurent, dans une réunion populaire, un maire des jurés, maltraitèrent des membres du chapitre, lesquels s'enfuirent de la ville ainsi que l'évêque.

Le maire élu était un marchand fort aimé du peuple, car il savait flatter la multitude et s'était élevé à plusieurs reprises contre les administrateurs de la ville, riches bourgeois qui ne savaient résister aux exigences des agents royaux et aux prétentions de l'évêque et finissaient toujours par voter les subsides demandés.

On l'appelait maître Cornil. C'était un homme de petite taille, gros, à l'œil noir et vif, au front large et chauve, en tout temps perlé de sueur, toujours en mouvement, parlant avec facilité, ambitieux, et au total actif, énergique et intelligent. Il détestait la haute bourgeoisie à l'égal des nobles et on le craignait à cause de l'influence qu'il avait su prendre sur le populaire.

Sitôt entré en fonctions, entouré des jurés dévoués à sa cause, il promulgua les arrêtés suivants par la ville :

« Tout habitant qui attentera à la vie d'un autre habitant de Clusy et de sa banlieue, perdra la tête. Tout citoyen qui proposera la paix avec les nobles, perdra la tête. Toutes les querelles, rixes, blasphèmes, jeux de hasard, tumultes, seront punis de quarante jours de cachot au pain et à l'eau. — Le pauvre comme le riche aura accès et voix délibérative dans l'assemblée du peuple. — Il sera rendu compte chaque mois de l'administration des deniers de la commune en assemblée. »

Maître Cornil changea les doyens des métiers et organisa la défense de la ville.

Il nomma par quartier des capitaines qui, à tour de rôle, devaient garder les portes.

Il fit fouiller les maisons pour recueillir les armes et les harnais de guerre, qui furent déposés à l'hôtel de ville comme réserve.

Il s'assura que tous les habitants faisant partie de la milice étaient armés d'arcs, d'arbalètes, de piques, de vouges, de plommées ou de fléaux.

Il fit placer sur les murailles, dans le voisinage des portes, quelques *ribaudequins* que possédait la ville, fit fabriquer de la poudre, des flèches et des carreaux.

On le rencontrait partout, jour et nuit. Cependant, plusieurs d'entre les plus riches bourgeois et les eschevins dépossédés ne voyaient pas sans grande appréhension ces façons de faire et essayaient de persuader aux notables que la ville de Clusy marchait ainsi infailliblement à sa ruine; que le conseil du roi, lorsqu'il en aurait fini avec de plus grosses affaires, ne manquerait pas de rétablir le pouvoir royal dans la cité, laquelle ne pouvait espérer résister à toute la gendarmerie de la noblesse liguée, et qu'alors il fallait s'attendre aux plus cruelles représailles, ainsi qu'il était advenu à la bonne ville de Rouen, bien autrement puissante et forte.

D'autre part, le conseil du roi, voyant le soulèvement des villes se prononcer de tous côtés, n'était pas sans de grandes inquiétudes sur l'issue de ces affaires. Chaque jour, on signalait l'insurrection d'une commune.

Il était impossible aux princes de séjourner à Paris, après la paix plâtrée faite avec les *maillotins;* Reims, Sens avaient fermé leurs portes aux troupes royales et chassé leurs prévôts. Partout le clergé et les religieux étaient rançonnés par les bourgeois et, dans les campagnes, les paysans se soulevaient pour recommencer la *jacquerie* contre les châteaux, manoirs et abbayes.

La noblesse de France ne pouvait ignorer que la tête de cette révolte était à Gand. Van Artevelde, assiégé dans cette ville, était sorti, le 1er mai 1382, à la tête d'une troupe des plus braves citoyens; le lendemain, il battait l'armée du comte Louis sous les murs de Bruges, s'emparait de cette ville, et bientôt il fut en possession de presque toute la Flandre. C'est alors que ce Van Artevelde établit une correspondance avec les villes de France et les encouragea ainsi à la résistance contre la noblesse.

Le péril était donc imminent pour la cour de France. Il fallait vaincre ce soulèvement là où était son foyer principal, et en attendant l'issue, ménager les villes douteuses, essayer de ramener, par des promesses de concessions, les communes insurgées. A cet effet, des ouvertures furent faites aux gens de Clusy et des sauf-conduits furent donnés à six bourgeois notables pour qu'ils pussent traiter des conditions de la paix avec les princes qui se préparaient à passer en Flandre avec le jeune roi.

Maître Cornil, ayant assemblé le peuple sur la place, parla ainsi, du haut du perron :

« Habitants de Clusy, les lions ont peur des loups à cette

heure et viennent leur offrir la paix.... Mais est-ce la guerre
que nous voulons, est-ce la guerre que nous faisons ? Non,
nous ne demandons rien, nous n'attaquons personne, nous
voulons nous gouverner nous-mêmes, nous voulons manger
le fruit de notre travail entre nous et empêcher les nobles
de le manger. Quelle paix nous offre-t-on ? Que veut-on
de nous ? Que nous nous remettions pieds et poings liés
dans la gueule du lion pour qu'il nous puisse dévorer à
sa volonté. Voulez-vous qu'il en soit ainsi ?

— Non ! non ! cria la foule.

— Eh bien, ce n'est donc pas à nous à faire des propositions. Résolus à défendre nos libertés, nous attendrons
celles qu'on nous fera. Que les princes et les nobles nous
laissent tranquilles chez nous, nous n'irons point les chercher dans leurs châteaux ; qu'ils vivent sur leurs biens et
nous laissent jouir des nôtres sans nous en demander la
moitié, quand ils ne prennent pas tout, pour s'ébattre en
leurs fêtes, tournois et guerres sans raison.

« Que nos députés, si c'est là votre avis, aillent donc
trouver les princes et leur disent ce que je viens de vous
dire.

— Oui, c'est cela ! » cria de nouveau la foule.

Les six bourgeois, munis de leurs saufs-conduits, se dirigèrent vers Arras à grand'peine, car le plat pays était dé-
vasté durement par les troupes que rassemblaient les princes
et spécialement par les Bretons, conduits par le connétable
de Clisson ; toutefois ils se gardèrent de reproduire devant le
conseil du roi les paroles de maître Cornil ; outre qu'ils ne
les croyaient point propres à faciliter un arrangement
amiable, ils s'étaient concertés avec les notables de Clusy
pour tâcher d'obtenir les conditions les moins dures, en
promettant obéissance et cessation de toute sédition.

Il fut répondu à ces bonnes gens que le roi comptait sur la fidélité de ses bourgeois de Clusy, lesquels s'étaient laissé surprendre par quelques hommes sans aveu et porteurs de troubles ; que, sur l'avis de son conseil, il oublierait les révoltes et méfaits derniers, à la condition qu'on lui livrerait, pour en faire ce que bon lui semblerait, cent des habitants, auteurs principaux de la révolte et désignés par lui ; que, moyennant ce, quand il reviendrait, après avoir châtié, comme ils le méritaient, ces ribauds Gantois, il entrerait dans sa bonne ville de Clusy sans y causer nul dommage, ni exercer nulle vengeance des insultes faites à la noblesse, à son prévôt et à l'évêque, ainsi qu'à son clergé, et sans demander de nouveaux subsides. D'ailleurs, les six notables furent bien traités et il leur fut donné à chacun des cadeaux pour leurs femmes.

Ils étaient toutefois fort perplexes, ces six notables, et ils ne se pressèrent pas de rapporter cette réponse aux gens de Clusy, d'autant qu'ils espéraient, en raison des dispositions des riches bourgeois, que le règne de maître Cornil ne serait pas de longue durée, et qu'au retour ils trouveraient les esprits disposés à la conciliation.

Mais en cela, ils se trompaient. Maître Cornil ne perdait pas son temps. Il avait fait emprisonner quelques notables bourgeois soupçonnés de répandre des nouvelles de nature à décourager les partisans de la résistance à outrance. La milice urbaine, bien organisée, s'exerçait au tir de l'arc et de l'arbalète. La ville était divisée en quartiers, chacun sous la direction d'un quartinier qui devait recevoir les ordres directement de jurés désignés d'avance. Au son de la grosse cloche du beffroi, les cinquantainiers et les dizainiers se réunissaient chez le quartinier pour agir avec leurs hommes conformément aux ordres reçus des jurés, et les positions sur les murailles étaient désignées à chaque quartinier dès que la grosse cloche sonnerait le tocsin.

Des provisions de vivres emmagasinées permettaient de soutenir un siége pendant deux mois au moins, et les habitants avaient été invités à son de trompe de réunir dans leurs logis de la farine et des salaisons pour quinze jours. Le maire avait mis la main sur les magasins à sel et sur les produits de la gabelle. Chaque nuit, les chaînes étaient tendues dans les rues, et les postes de milice ne laissaient circuler personne passé l'heure du couvre-feu.

Quand les six notables rentrèrent dans Clusy, ils trouvèrent donc les esprits plus que jamais résolus à la résistance. Avant de faire leur rapport au corps de ville, ils communiquèrent à un certain nombre de bourgeois du parti de la conciliation les conditions imposées par le conseil des princes ; tous résolurent, plutôt que de courir les risques d'une lutte qui ne pouvait avoir qu'une issue fâcheuse, de représenter au peuple les dangers qui menaçaient la ville et de le déterminer à accepter les conditions imposées.

En effet, le lendemain, maître Cornil, les jurés, les six notables députés se réunirent à l'hôtel de ville avec un nombre considérable de bourgeois pour connaître les propositions des princes. Les partisans de la paix entouraient les six députés, ce qui n'échappa pas aux regards perspicaces du maire.

Alors l'un des six prit la parole ; après s'être étendu longuement sur la bonne réception qui leur avait été faite, sur le désir que le conseil du roi montrait de rétablir la paix et d'oublier les attentats commis contre l'autorité royale, d'abolir les taxes nouvelles et de laisser à la ville ses franchises ; quand l'orateur exposa à quelles conditions cette paix serait souscrite, comment la ville serait tenue de livrer au roi cent bourgeois désignés par lui, et pour en faire ce que bon lui semblerait, une violente clameur s'éleva dans une partie de la salle ; mais, d'un geste, maître Cornil imposa le silence, et s'adressant aux députés :

« Je savais bien, leur dit-il, que rien de bon ne nous viendrait de cette députation ; mais, du moins, les traîtres sont entre nos mains et ne trafiqueront plus de notre sang avec ces nobles.... Tiens, ajouta-t-il en tirant un large couteau de dessous sa cotte et en le plongeant dans la gorge du député par un mouvement prompt comme l'éclair, voici la réponse à ton discours. »

Aussitôt les jurés et bon nombre de partisans de Cornil, qui avaient des armes cachées sous leurs vêtements, l'entourèrent pour le protéger.

Surpris par la brusque attaque du maire et la contenance de ses partisans, les bourgeois qui comptaient soutenir leurs députés, pâles, atterrés, paraissaient peu disposés à la résistance ; plusieurs gagnaient prudemment la porte. Les cinq députés, voyant leur compagnon expirant, sentirent cependant l'indignation les saisir à la gorge, et l'un d'eux, s'avançant vers Cornil, en lui montrant le poing :

« Lâche meurtrier, lui dit-il, le sang demande du sang. Par Dieu, tu payeras ta félonie ! »

Mais Cornil, le repoussant de la main :

« Meurtrier ! je ne le suis point, mais justicier ; tu vas le reconnaître, toi et tes compagnons ; et s'adressant aux jurés : Que pas un de ces cinq traîtres qui sont là devant nous ne s'échappe, et faisons justice. »

Les cinq députés furent aussitôt entourés d'hommes armés de couteaux, et maître Cornil, s'asseyant :

« Le conseil de la ville a décrété, dit-il, que tout citoyen qui proposera la paix avec les nobles perdra la tête. Ces hommes ont-ils proposé la paix au prix du sang de leurs concitoyens?

— Oui! répondirent les jurés.

— Eh bien, que justice soit faite publiquement. »

A peine si quelques rumeurs sorties des rangs des bourgeois, partisans des députés, se firent entendre, et Cornil, suivi de la troupe armée qui entourait les cinq bourgeois, s'avança sur le balcon de la loge. La place était remplie et déjà la foule avait connaissance de la scène tragique qui venait de se passer; sitôt que parut Cornil retentirent les cris de « Vive le maire! »

Celui-ci, réclamant le silence de la main, parla ainsi :

« Citoyens de Clusy! Las d'une longue oppression, décidés à ne plus la souffrir, pendant que confiants dans vos droits, calmes dans votre force, vous organisiez la défense dans votre cité, afin de résister aux exactions de ces nobles qui vous traitent comme un vil troupeau, pendant que chacun de vous se dévouait corps et âme au triomphe de notre cause, pendant qu'autour de nous, dans les campagnes, dans les villes voisines, s'élevait comme un seul cri d'affranchissement, six de vos notables, sur votre consentement, munis de saufs-conduits, s'en allaient traiter de la paix avec les princes conseillers du roi.... Dussent-ils périr, ils avaient pour instruction de ne céder sur aucun point touchant vos franchises, vos libertés conquises, votre sécurité.... Savez-vous ce qu'ils ont fait, là-bas? Ils achetaient une promesse vague de paix et d'oubli, au prix de la tête de cent de nos concitoyens.... »

Une immense clameur accueillit ces derniers mots. Cornil continuant :

« Celui d'entre eux qui avait l'audace de nous proposer

ce marché infâme a été puni comme notre loi le commandait. Ses cinq complices, que voici, ont été condamnés, comme coupables de trahison, à perdre la tête.... Que la sentence soit exécutée !...

— A mort ! à mort ! hurla la foule.

— Faites place, faites place ! ajouta Cornil ; les décrets de la justice du peuple doivent être exécutés avec calme. »

Alors on vit la foule s'écarter du bas perron comme la vague qui se retire sur la plage sablonneuse ; les cinq malheureux bourgeois descendirent lentement les degrés, entourés des jurés et d'hommes armés.

Un billot fut pris dans une maison voisine et, sous la hache d'un boucher, les cinq têtes roulèrent l'une après l'autre sur le pavé.

Les bourgeois qui penchaient pour la modération, pour les transactions, étaient consternés et s'enfermaient dans leurs maisons, pleins d'angoisses, pendant que la foule, enivrée par l'acte de puissance qu'elle venait d'accomplir, parcourait les rues en criant : « Mort aux traîtres ! »

Toutefois, maître Cornil n'entendait pas que cette exécution fût suivie d'excès, et il donna des ordres rigoureux pour que les quartiniers fissent arrêter tout individu qui serait la cause de quelque tumulte.

Une vingtaine de misérables avinés furent enfermés dans les prisons de la ville.

Vers les premiers jours de décembre 1382, des nouvelles sinistres circulaient dans la ville. On disait que les Gantois, sur la résistance énergique desquels toutes les communes comptaient et qui étaient considérés par elles comme invincibles, avaient été anéantis par l'armée royale, commandée par le connétable de Clisson, près de Roosebeke.

Maître Cornil, averti de ces bruits, fit crier par la ville

que quiconque propagerait des nouvelles évidemment trans-
mises par les ennemis des villes fédérées, perdrait la tête.

Depuis l'exécution des six députés, bien que le maire
maintînt une police sévère, la terreur régnait dans la ville
de Clusy.

Les bourgeois riches, la plupart des notables n'osaient
se montrer dans les rues, dans la crainte d'être insultés par
les miliciens qui les accusaient de trahir la cause du peuple
et de vouloir livrer la ville aux princes sans conditions.
Chaque jour, dans les tavernes, étaient prononcées des menaces contre ces bourgeois dont les moindres démarches
étaient épiées et qui ne pouvaient communiquer entre eux
sans provoquer les soupçons.

Maître Cornil, autant pour calmer les défiances du peuple que pour éviter des excès contre les personnes et les
propriétés, avait même jugé prudent de faire mettre en
prison quelques-uns des gros bourgeois accusés de cons-
pirer contre les libertés conquises.

Grâce à l'énergie et à l'activité du maire et de ses jurés,
il n'y avait nul tumulte dans la ville, le marché était bien
approvisionné, car la fraude ou le pillage était puni sans
délai; un homme, qui vola un jour une botte d'oignons à
une pauvre marchande de la banlieue, avait eu la main
coupée sur la place. Cette main, clouée au poteau du
pilori, en disait plus que tous les arrêts criés par les rues.
Une autre fois, un marchand ayant refusé le salaire à un
pauvre homme qui avait porté au marché un lourd paquet
de laine, le marchand fut condamné à porter le même
paquet une heure durant par la ville, accompagné d'appa-
riteurs qui usaient du fouet lorsqu'il s'arrêtait. Chaque
jour, Cornil siégeait à l'hôtel de ville avec six des jurés et
jugeait, séance tenante, tous les cas présentés devant son

tribunal, quelle que fût la nature du crime ou du délit. Cette manière sommaire de rendre la justice et de mettre à exécution les sentences, sans nul répit, avait pour conséquence d'inspirer une crainte salutaire à la tourbe des gens sans aveu qui s'étaient réfugiés à Clusy, depuis que la ville s'était soustraite aux autorités féodale et royale et à l'influence des riches bourgeois qui espéraient faire leur paix, à part, avec ces pouvoirs.

Mais à l'animation, à la gaîté qui régnaient dans cette jolie cité, l'une des plus agréables du domaine royal, à l'affluence des marchands, avait succédé un aspect sévère et sombre.

Les habitants se considéraient avec défiance et ne se réunissaient guère que pour remplir leurs devoirs de miliciens.

Toute pompe religieuse était supprimée, ce qui n'était pas du goût des femmes.

Quelques prêtres obscurs, restés dans la ville, disaient les offices; car l'évêque, homme âgé et prudent, n'avait pas jugé à propos d'excommunier les habitants et s'était contenté de s'éloigner.

Les religieux de l'abbaye de Saint-Martin ne sortaient pas de leur enclos et se faisaient oublier. Maître Cornil n'avait eu garde de les tourmenter ; il les laissait tranquilles dans leur cloître.

L'aspect morne de la ville, l'absence des étrangers, la suspension de toutes les affaires pesaient lourdement sur les esprits et causaient une grande gêne. Les métiers chômaient; chaque jour le nombre des mendiants était plus nombreux.

On voyait, le matin, devant le perron de l'hôtel de ville, quelques centaines de malheureux, de femmes et d'enfants qui venaient demander du pain. Le maire faisait distribuer des vivres à ces affamés, mais le lendemain leur nombre s'était accru.

Pour subvenir à ces dépenses et à celles touchant la défense de la ville, il avait fallu frapper les ventes d'un droit très-élevé, sur le marché, et la consommation diminuait d'autant. Cette ressource étant insuffisante, le conseil de la ville avait taxé les riches bourgeois sur leur revenu; cet impôt, difficile à établir et à percevoir, était l'occasion de discussions incessantes.

Plusieurs, parmi les notables, avaient abandonné la ville. Le maire fit crier à son de trompe que les biens des bourgeois qui quitteraient la cité, sans une permission revêtue du sceau municipal, seraient confisqués et vendus. Voulant faire un exemple, trois ou quatre hôtels abandonnés par leurs propriétaires furent mis aux enchères, mais nul acquéreur ne se présenta.

Ceux qui souffraient le plus de cet état de choses étaient les gens de métier et les petits bourgeois, commerçants, petits propriétaires, fournisseurs de l'évêché et des nobles des environs. Ils commençaient à se plaindre, non trop haut, car on craignait fort maître Cornil, mais ils se faisaient part entre eux de leur détresse croissante et se rapprochaient des riches bourgeois demeurés isolés jusqu'alors.

Ce fut à ce moment critique qu'arrivèrent les nouvelles certaines de la destruction des Gantois à Roosebeke et du retour de l'armée royale victorieuse. On montrait cette armée comme étant disposée à raser toutes les villes qui s'étaient soustraites au joug féodal et royal.

On citait le brûlement de cités révoltées, le massacre ou l'enlèvement de tous les habitants, et entre autres de ceux de Courtray.

Malgré les efforts de Cornil pour donner du cœur aux Clusianois, la stupeur et le découragement régnaient dans la ville ; la masse indécise, toujours facile à entraîner dans un sens ou dans un autre, commençait à tourner ses regards vers les notables, dans l'espoir qu'ils sauraient conjurer le péril et trouver quelque accommodement.

Ce sentiment se manifesta avec une certaine insistance lors d'une assemblée que le maire crut devoir convoquer, la nouvelle du désastre des Gantois étant certaine Quelques-uns des notables osèrent même se présenter à cette assemblée et proposer de déléguer des députés près des princes pour traiter de la paix. Si la proposition ne fut point agréée, du moins n'excita-t-elle nulle protestation. Seul, Cornil déclara que la ville n'avait pas à traiter, que si on attaquait ses libertés, elle saurait les défendre. Ce discours ne fut accueilli que par quelques cris de : « Vive Cornil ! vivent nos libertés ! »

Cependant, l'armée des princes approchait, et le 4 janvier 1383, furent signalées dans les environs des troupes de Bretons qui pillaient les maisons de la campagne.

Maître Cornil montra alors toute l'énergie dont il était doué. Ayant réuni les jurés, les quartiniers et dizainiers, il leur fit entendre qu'ils n'avaient rien à espérer de cette armée de nobles et de pillards, que toute tentative d'accord serait une duperie, et qu'il valait mieux mourir les armes à la main que de se laisser pendre ou égorger sans défense ; que l'armée royale, fière de sa victoire, gorgée de sang et de pilleries, ne s'attendait pas à trouver des hommes résolus devant elle, et que, s'il fallait en venir à traiter, on obtiendrait de meilleures conditions en montrant une contenance sûre et hardie qu'en se présentant en suppliants. Ce discours rendit le courage à ces hommes. Répété parmi les miliciens, ceux-ci jurèrent de mourir plutôt que de se rendre sans conditions. Alors, il y eut une grande montre sur la place; Cornil, après avoir parcouru les rangs des miliciens, montant sur le balcon, leur dit ces quelques paroles :

« Frères, depuis cinq mois, vous avez montré ce que vous êtes, vous avez conquis et maintenu vos libertés, l'ordre, une bonne police dans votre ville; vous vous êtes habitués à porter le harnais de guerre.... Serait-ce donc pour vous soumettre comme des femmes à ces nobles, que vous avez chassés, parce qu'ils se présentent aujourd'hui, couverts du sang des justes, devant vos murs? Ainsi, pendant cinq mois, vous vous seriez préparés à la lutte, et le jour où il la faudrait soutenir, vous rentreriez dans vos maisons! Non, je jure Dieu que cela ne sera pas!... Mais si cela devait être, votre lâcheté ne ferait que rendre pires les maux dont nous sommes menacés. Ils ne sont que trop habitués, ces nobles, à compter sur la timidité des vilains, et cela ne les rend que plus durs à leur égard. Si au contraire ils voient devant eux des hommes résolus à se défendre et à mourir pour la bonne cause, ils pensent à leurs châteaux, à leurs vêtements de soie, à toutes les joies qu'ils se donnent à vos dépens, et ne veulent pas risquer tous ces biens. Autour de nous, de bonnes villes tiennent encore contre les princes; Paris n'est pas disposé à leur ouvrir ses portes.... Je le sais.... Donnerons-nous l'exemple de la défection, tandis que notre résistance rendra le courage à toutes ces cités?

« Croyant ne rencontrer sur leur passage que des malheureux sans armes, sans cœur, ils s'en viennent débandés, plus occupés de brûler, de piller et de pendre, que préparés à combattre.

38

LES MILICIENS DE CLUSY

« Montrons-leur que Clusy n'est pas un village ouvert, et, avant qu'elles se soient réunies sous nos murs, allons en bon ordre au-devant de ces troupes dispersées; détruisons-les séparément, et Dieu, protecteur des opprimés, sera pour nous! »

Les miliciens, levant leurs armes, acclamèrent chaudement ce discours (fig. 38); aussitôt, maître Cornil ayant vêtu son haubergeon, posé sur sa tête un lourd chapel de fer et saisi un vouge, descendit sur la place.

En poussant des cris, les troupes se dirigèrent vers les portes. Sur les remparts, les vieillards, les enfants, les femmes les regardaient sortir. Ils étaient environ quatre mille hommes. Leurs colonnes, commandées par les quartiniers, se réunirent en masse compacte à deux cents pas des murs et se dirigèrent vers des maisons qu'occupaient déjà des pillards bretons. Bientôt des clameurs arrivèrent aux oreilles des Clusianois groupés sur les chemins de ronde des murs, puis on vit des tourbillons de fumée s'élever au-dessus des chaumières. De loin en loin, des groupes de soldats de l'armée des princes se dirigeaient à la hâte sur le lieu du combat. Quelques hommes d'armes franchissaient la plaine de toute la vitesse de leurs chevaux. La plus vive anxiété se peignait sur les visages de cette foule attentive, groupée sur les murailles, et à peine si on entendait quelques mots prononcés à demi-voix.

A cette époque de l'année, les jours sont courts; la nuit se faisait quand on vit rentrer les gens de la ville, en assez bon ordre, couverts de boue et de sang. Ils avaient surpris et anéanti un gros parti de Bretons, puis s'étaient jetés sur les troupes qui successivement venaient secourir ces miliciens, avaient massacré quelques hommes d'armes, et, enivrés de leur succès, ils ne demandaient que bataille.

25

Dans cette échauffourée, ils avaient perdu peu de monde et juraient d'exterminer le lendemain l'armée royale.

Les vainqueurs furent reçus dans la ville avec les marques de l'allégresse la plus vive. On s'empressait autour d'eux, on leur faisait raconter les phases de la lutte, et la plus grande partie de la soirée se passa à boire.

Maître Cornil, cependant, ne partageait pas cet enthousiasme, bien qu'il montrât la plus grande confiance. Il pensait, non sans raison, que le lendemain toute l'armée des princes serait devant la ville, et croyait que le plus sage était de l'attendre derrière les murs, les miliciens ayant montré qu'ils pouvaient combattre. Il visita les défenses, pourvut à l'artillerie, et n'alla prendre quelque repos que fort avant dans la nuit, après avoir fait savoir aux quartiniers qu'ils eussent à se trouver dès l'aube, avec leurs hommes, sur la place du Marché.

Le lendemain, en effet, les miliciens étaient réunis et faisaient bonne contenance. Mais ce fut vainement que le maire voulut leur persuader de demeurer dans la ville et de se borner pour le moment à la défensive.

Leur succès facile de la veille faisait croire à ces braves gens que désormais ils étaient invincibles. Ils demandaient qu'on les menât au plus tôt au combat; ils commençaient même à murmurer en accusant Cornil de timidité et disaient hautement que si on ne voulait pas les conduire, ils sauraient bien sortir seuls.

« Eh bien! dit Cornil, si vous le voulez, sortons; mais, par Dieu! le jeu sera rude; préparez-vous donc à bien faire! »

Ayant réuni les quartiniers, il leur recommanda de tenir leurs hommes serrés en batailles, séparées les unes des autres de dix toises environ, de mettre entre elles les archers et coutillers, les arbalétriers sur les ailes, et de marcher ainsi sur une seule ligne.

Ce fut avec des cris de joie que les habitants, demeuré dans la ville, accompagnèrent les colonnes jusqu'aux portes.

Le jour était clair et la terre séchée par une petite gelée. Les miliciens formèrent leurs batailles hors des murs, et s'avancèrent dans la plaine. On voyait au loin une ligne noire étendue, et derrière, deux grosses batailles de gens d'armes dont les armures blanches brillaient au soleil.

Il ne s'agissait plus, comme la veille, de surprendre des troupes débandées, mais de livrer un combat régulier.

A la vue de la belle ordonnance qu'ils avaient devant eux, les chants et les propos cessèrent parmi les miliciens ; mais ils n'avançaient pas moins en bon ordre. On voyait en même temps la ligne noire opposée se mouvoir et planter ses pavois en herse.

Quand les deux partis furent à portée de traits, les flèches et les carreaux tombèrent dru comme grêle sur les gens de Clusy; beaucoup furent atteints, mais sans s'arrêter pour riposter, les batailles, malgré les cris des quartiniers, se mirent à courir sus aux archers et arbalétriers ennemis et ne formèrent plus qu'une masse confuse.

Alors, les deux batailles des gens d'armes, tournant les ailes des piétons qui les couvraient, vinrent fondre au galop, lances couchées, sur les flancs des Clusianois.

Ceux-ci, voyant ces deux ouragans de fer qui allaient les saisir comme dans une tenaille, ne les attendirent pas, et, saisis de panique, se bousculaient et renversaient dans leur fuite ceux qui essayaient de les arrêter.

Les habitants, qui étaient sur les murailles, voyant ce désarroi, levaient les mains au ciel et poussaient des cris de désespoir, mais ne songeaient guère à veiller aux portes demeurées ouvertes.

Les batailles débandées, poursuivies par les armures de fer, se précipitaient sur les ponts des fossés, trop étroits pour les recevoir.

Les gens d'armes arrivaient en même temps qu'eux; et avec leurs masses, leurs longues épées, ils abattaient et fauchaient dans cette foule affolée (figure 38 *bis*).

Maître Cornil avait eu la précaution de faire placer sur les portes quelques ribeaudequins et de les confier à des hommes sûrs et dévoués, avec ordre de tirer, en cas de retraite, sur l'ennemi fût-il mêlé aux gens de Clusy et au risque de tuer les fuyards. Au moment où déjà quelques hommes d'armes menaçaient de passer sur l'un des ponts, deux volées de ces pièces les enlevèrent, ainsi que plusieurs des fuyards.

Cet acte énergique rendit un peu de cœur aux malheureux miliciens qui se retournèrent.

Deux autres volées envoyées au hasard, du côté où la presse des armures de fer était la plus forte, ralentirent l'ardeur des gens d'armes, qui craignaient fort ces engins des vilains; on put ainsi faire rentrer bon nombre de fuyards et lever les ponts. Toutefois, un tiers de ces miliciens restèrent dans la plaine et furent massacrés sans miséricorde.

Maître Cornil, blessé, avait été entraîné dans le flot et rentrait dans la ville un des derniers.

Nous n'essayerons pas de peindre la confusion de ces premiers moments. « Trahison ! » criaient les uns; « Nous avons été menés à la boucherie ! » vociféraient les autres. Et les femmes de courir les cheveux épars cherchant leurs maris ! Et les blessés qui s'appuyaient mornes contre les murs et auxquels personne ne songeait à porter secours !

DÉROUTE DES GENS DE CLUSY.

Cornil, entouré de quelques quartiniers, se dirigeait sans mot dire et aussi rapidement que le lui permettait sa blessure vers l'hôtel de ville, quand au détour d'une rue il fut rencontré par un groupe de bourgeois armés.

« Traître ! » dit l'un d'eux, et le saisissant à la gorge, il lui porta deux coups de dague sous son camail. Le maire tomba lourdement sur le pavé. Les quartiniers, surpris par cette attaque, eurent un moment d'hésitation.

« Oui ! poursuivait le meurtrier, cet homme est un traître ; l'armée royale était prévenue par lui de notre sortie ; il a vendu notre sang pour faire sa paix avec les princes ! »

La foule s'amassait ; si invraisemblable que fût l'accusation, le peuple est toujours disposé à voir un traître dans le chef qui l'a mené à la déroute ; pas une voix n'osa donc s'élever pour défendre la mémoire du malheureux maire....

Les gens de Clusy, par un de ces virements subits qui se produisent dans les grandes crises, se tournèrent vers ces notables bourgeois suspectés la veille.

Eux seuls pouvaient traiter avec les princes. Il fut donc décidé dans la nuit, après une séance orageuse pendant laquelle les récriminations se croisèrent avec une extrême violence, que, dès le matin, douze notables iraient trouver les princes et tâcheraient d'obtenir les conditions les moins dures, en promettant de mettre la ville entre leurs mains.

Ainsi fut-il fait, à l'insu du menu peuple, qui seul parlait encore de résistance et se défiait des notables. Les princes promirent que la ville ne serait point livrée au pillage, et que, sauf les coupables de trahison envers le sire roi, il ne serait exercé aucune vengeance contre les habitants à propos de leurs mutineries.

Tout cela était bien vague, mais il n'y avait pas à discuter, car l'armée royale comptait plus de six mille lances et quinze à vingt mille Bretons routiers, gens de pied, puis deux mille arbalétriers génois.

Les princes avaient hâte d'arriver à Paris et ne voulaient point être arrêtés en route.

L'entrée des troupes royales se fit, en effet, en bon ordre et sans qu'il y eût excès commis.

Le conseil du roi demanda qu'on lui livrât le maire, les jurés, les quartiniers et dizainiers, les capitaines des portes et tous ceux qui avaient participé à l'administration de la ville.

Le corps du maire fut pendu sur la place du Marché, les quartiniers eurent la tête tranchée sur l'heure, et les autres furent jetés provisoirement en prison. Les cloches du beffroi de la commune durent être descendues et brisées, le sceau et les actes publiés pendant la magistrature de Cornil, brûlés sur la place.

Un corps de Bretons fut installé dans l'hôtel de la commune, avec ordre de ne laisser aucun habitant s'en approcher sous peine de la hart, et les cadavres des décapités furent brûlés sur la place du Marché, leurs cendres jetées dans la rivière.

La ville, dans les vingt-quatre heures, eut à payer 20 000 francs d'or, à fournir des vivres à toute l'armée royale, et il fut enjoint aux habitants de déposer toutes les armes au palais épiscopal, dans lequel fut mis garnison. Les plus riches bourgeois eurent à loger et à nourrir des gens d'armes et les autres gens de pied. Après quoi, ces premières mesures prises, les princes se dirigèrent vers Paris, avec le gros de l'armée, en toute hâte.

Il n'est besoin d'ajouter que les maisons de la banlieue furent brûlées et les champs saccagés.

Si durs qu'étaient ces premiers actes, les gens de Clusy craignaient un pire traitement.

Mais ils ne tardèrent pas à envier le sort de ceux qui avaient été tués en combattant pour leurs libertés

CHAPITRE X

Dès que les princes furent entrés à Paris, ils déléguèrent dans les villes du royaume de notables seigneurs pour procéder au récolement des subsides et à la nouvelle organisation des cités méchamment mutinées contre l'autorité royale.

Pendant une semaine, la ville de Clusy fut sous l'empire de la terreur. Les délégués royaux siégeaient chaque jour à l'hôtel de ville, faisaient arrêter et amener devant eux tous les adhérents principaux au dernier règne de la commune.

Ceux-ci étaient jugés et condamnés séance tenante à la corde, à la hache ou à la prison. Pour les obliger à dénoncer leurs complices, la plupart étaient soumis à la torture.

Les portes de la ville étaient fermées et gardées par des soudoyers. On ne les ouvrait le matin que pendant deux heures pour permettre aux paysans d'approvisionner le marché. Mais ceux-ci n'osaient venir qu'en petit nombre, la campagne était dévastée et la disette se faisait durement

JUGEMENT DES GENS DE CLUSY EN 1383.

sentir dans les familles, d'autant que chacun n'osait sortir de son logis.

Comme il arrive toujours, des misérables, dans l'espoir de l'impunité ou des récompenses qu'on leur promettait, se faisaient les dénonciateurs des coupables prétendus ou vrais et les pourvoyeurs du tribunal ; parfois, après avoir reçu de l'argent pour taire certains noms, ils allaient les livrer sous promesse de sommes qui d'ailleurs ne leur furent jamais payées.

Ainsi, plus de trois cents bourgeois et marchands, parmi les plus notables, furent envoyés à la mort, leurs biens confisqués, et plus de six cents entassés dans les prisons de la ville et de l'évêché.

Le huitième jour, un échafaud fut dressé devant la loge de l'hôtel de ville et couvert de beaux draps armoyés aux armoiries du roi, des princes ses oncles, et des nobles personnages là présents, lesquels vinrent s'asseoir en grande pompe sur ledit échafaud.

Devant le peuple assemblé à son de trompe, le bailli royal rappela, dans un long et beau discours, les horribles méfaits dont les gens de Clusy s'étaient rendus coupables envers le roi et les princes ; crimes et forfaits qui devaient être punis. Que si déjà la justice du roi avait frappé les plus criminels, beaucoup d'autres attendaient en prison le châtiment qu'ils avaient mérité (fig. 39).

Après cette péroraison, les parents, les femmes et les enfants des prisonniers se mirent à pousser des gémissements et à crier *miséricorde*, en grand effroi.

Ce qu'entendant, l'évêque, qui siégeait parmi les personnages réunis sur l'échafaud, se leva, implora la clémence des seigneurs délégués, les suppliant d'intercéder auprès du roi pour que toute exécution fût suspendue, et que le gra-

cieux sire voulût bien prendre sa ville de Clusy à merci.
Ces paroles furent suivies de nouveaux cris du peuple implorant *miséricorde*.

Alors, un des seigneurs se leva à son tour et déclara que
les délégués en référeraient au roi et que, jusqu'à sa réponse,
les supplices seraient suspendus.

Cette mise en scène avait fait sur la foule une profonde
impression, et un peu d'espoir se faisait jour dans les esprits. Des bourgeois se réunirent et proposèrent, pour gagner la bienveillance des seigneurs, de leur offrir une grosse
somme que ceux-ci acceptèrent en manifestant leur désir
d'obtenir du roi une amnistie.

En effet, six jours après, la réponse du roi arriva ; le peuple
ayant été de nouveau rassemblé devant l'hôtel de ville, les
seigneurs prirent place sur l'échafaud, et le bailli royal, ayant
pris de nouveau la parole, dit ceci :

« Notre très-cher sire le roi, ouï son conseil : prenant en
considération la grande affection du seigneur évêque pour
la ville de Clusy, le repentir des gens de la cité à l'occasion
des forfaits commis par iceux contre son autorité royale,
ensemble, les maux qu'entraînent avec elles les dissensions
et guerres civiles, et mû par le grand amour qu'il porte à
ses sujets, consent à ce que toute peine criminelle, touchant
les horribles forfaits des bourgeois aujourd'hui détenus, soit
commuée en peine civile, et par suite de ce, tous prisonniers délivrés. »

Le peuple manifesta tout d'abord une grande joie, mais
les gens qui savaient le fond des choses demeurèrent médiocrement contents, et n'était-ce point sans raison.

La peine civile n'était autre chose qu'une amende égale
à la valeur des biens des détenus ; ceux-ci ne sortaient de
prison qu'autant qu'ils payaient la somme taxée. Ainsi les

seigneurs amassèrent-ils grande finance, dont le quart à peine entra dans les coffres royaux. Les délégués du roi, prenant goût au jeu, ne se contentèrent pas de taxer les prisonniers, ils étendirent les amendes à tous ceux qui jusqu'alors étaient parvenus à se soustraire aux poursuites et qui possédaient du bien.

La plupart des riches bourgeois furent réduits à la mendicité; seuls, ceux qui ne possédaient rien furent épargnés; avant de partir, les délégués royaux, indépendamment des anciens subsides qui furent rétablis, frappèrent les revenus et le mobilier d'un nouvel impôt.

Les habitants durent démolir leurs portes afin de laisser la ville ouverte, dans la crainte de nouvelle rébellion.

L'évêque avait eu sa part du pillage judiciaire, et il résolut d'employer cette somme à la restauration de sa cathédrale, qui avait grand besoin qu'on s'occupât d'elle, surtout dans la partie datant du douzième siècle.

On a vu que des chapelles qui devaient entourer le chœur, une seule, celle de la Vierge à l'abside, avait été bâtie ; les autres ne possédaient que leurs soubassements jusqu'au niveau du sol intérieur. L'évêque pensa qu'il les pourrait élever; mais, auparavant, il voulut réparer les arcs-boutants et les couronnements du chœur, dégradés par le temps.

Les travaux, toutefois, ne marchaient qu'avec lenteur; la plupart des maîtres des corporations manquaient à leurs ateliers, tués, en fuite ou ruinés. Beaucoup de maisons étaient abandonnées, les bras faisaient défaut. Et il ne semblait pas que cet état misérable dût jamais finir, car les collecteurs royaux ne souffraient pas de retard au payement des impôts; chaque jour, des habitants qui ne pouvaient les acquitter étaient traînés en prison et leurs meubles vendus à vil prix.

Pour ajouter encore à ces maux, les campagnes étaient ravagées par les routiers, et les marchés n'étaient plus approvisionnés.

Comme si les princes eussent pris à tâche de ruiner le pays tout à plat, pour suffire à leurs dépenses toujours croissantes, ils empruntèrent aux prélats et aux couvents de fortes sommes qu'on n'osait leur refuser, si bien que l'évêque de Clusy se vit obligé de prêter au trésor royal les sommes qu'il destinait aux travaux à peine commencés de sa cathédrale.

Ce ne fut pas tout encore; en 1385, le titre de toutes les monnaies, sauf celles frappées sous Charles V, fut changé, au profit du roi, ce qui acheva de ruiner le commerce.

Une disette, suivie d'une épidémie, vint ajouter à toutes ces misères; les natures les plus énergiques se laissaient aller au découragement. Chaque nuit, des enfants nouveaunés étaient abandonnés sur la voie publique et des orphelins mouraient de misère et de faim; personne ne songeait à les recueillir.

Les rues étaient remplies d'immondices, les boutiques fermées. Un égoïsme farouche avait remplacé les sentiments de solidarité qui unissaient autrefois les habitants de la commune; chacun ne songeait qu'à soi, cherchait à se faire oublier en dérobant aux regards de tous et surtout des agents royaux, le peu qu'il possédait.

En moins de deux ans, la population de Clusy avait diminué de moitié, l'herbe croissait dans les rues, et, l'hiver, des troupes de loups venaient la nuit dévorer les cadavres gisants au milieu d'amas immondes.

Les collecteurs royaux trouvaient encore le moyen de tirer de l'argent des malheureux Clusianois. On enfermait les récalcitrants ou ceux qui réellement ne possédaient plus rien, et, à force de mauvais traitements, on les amenait à solliciter de leurs parents ou amis des rançons, au prix souvent des sacrifices les plus cruels. Des bourgeois étaient ainsi amenés à vendre leurs filles, à céder à vil prix un champ ou une maison, leur unique patrimoine.

Et jamais on ne vit cour plus brillante que celle du jeune roi Charles VI. Les fêtes succédaient aux fêtes. Des expéditions étaient projetées et aussitôt rompues, lorsque déjà d'énormes dépenses avaient été faites.

Les paysans se réunissaient en troupes, pour piller les domaines isolés, puis quittaient le sol, émigraient, et les campagnes restaient ainsi sans culture.

Ce n'était que désespoir et stupeur dans tout le royaume.

Seules, les femmes ne s'abandonnaient pas au morne découragement qui s'était emparé de toute la bourgeoisie de Clusy.

Seules, elles se réunissaient encore dans quelques maisons par petits groupes, devisaient librement sur les nouvelles du jour, tentaient d'aider les plus malheureux, de secourir les orphelins et de raviver quelques étincelles d'énergie dans le cœur des hommes.

Les choses durèrent ainsi jusqu'en 1388, c'est-à-dire jusqu'à la majorité du jeune roi et au renvoi de ses oncles, les ducs de Berri et de Bourgogne, dans leurs seigneuries.

Il y eut alors quelque soulagement apporté dans la condition des populations. Les travaux et le commerce reprirent une certaine activité, et les dépenses de la haute noblesse retombèrent en pluie d'or sur tous les gens de métiers qui retrouvèrent ainsi, par le travail, une partie de l'argent si durement extorqué par les princes.

Mais cet intervalle de prospérité relative et de calme ne fut pas de longue durée. La guerre civile éclata bientôt entre les factions des Bourguignons et des Armagnacs et, en 1414, la ville de Clusy, qui tenait pour le duc Jean-sans-Peur, ayant été prise par le parti d'Orléans, fut pillée et brûlée en partie, puis se rendit aux Anglais après le traité de Troyes en 1420.

CHAPITRE XI

L'HÔTEL DE VILLE DE CLUSY EST REBATI PAR LA
MUNIFICENCE DU ROI LOUIS LE ONZIÈME.

Pour arracher la France aux grands vassaux qui la déchiraient, aux Anglais qui l'occupaient, il fallut un suprême
effort national. L'excès des maux fait naître les grandes
vertus, et l'homme qui n'a plus rien à perdre fait bon
marché d'une existence misérable.

Au moment où nous reprenons le cours de cette histoire,
la ville de Clusy, après bien des désastres, respirait depuis
quelques années. Son commerce, ses métiers avaient repris
une grande activité.

Ses franchises municipales lui avaient été rendues en
partie, par le roi Charles VII, sous le contrôle supérieur
d'un prévôt royal.

Les notables bourgeois nommaient leurs eschevins et
présentaient à la sanction royale la nomination du maire.

Les impôts devaient être perçus par ces magistrats, qui
avaient entre les mains la police de la ville, étaient chargés

de lever les milices urbaines et suburbaines et de tout ce qui concernait l'édilité.

Ces impôts étaient fort lourds alors, mais l'ordre régnait dans le royaume, sous la main du roi Louis XI; le commerce était protégé, les routes sûres, les pilleries des nobles n'étaient plus à craindre; et si pesant que soit l'impôt, quand le peuple de France peut travailler en paix, il le paye sans trop se plaindre.

Toutefois, le très-redouté roi de France inspirait à ses sujets plus de crainte que d'amour. La haute bourgeoisie, qu'il favorisait volontiers, n'avait pour le noble sire qu'une affection fort modérée; car les dépenses de la cour étaient nulles. Il n'y avait plus, comme du temps des rois Charles VI et Charles VII, de belles et somptueuses fêtes, à l'occasion desquelles les grands seigneurs se ruinaient et qui étaient des coups de fortune pour les gens de métier et les marchands, quand ils parvenaient à se faire payer.

Beaucoup donc, sans songer que les gros gains qu'ils faisaient parfois, leur étaient ravis le lendemain par les mains de ceux-là mêmes d'où ils les avaient tirés, regrettaient un petit, sans le trop dire hautement toutefois, les prodigalités des cours précédentes; et on citait le faste et la générosité du duc de Bourgogne, en regard de l'économie du roi Louis.

Le bourgeois est naturellement enclin à oublier les maux passés en face des maux présents, pour ne se souvenir que des biens; ainsi trouve-t-il le temps présent plus dur que le temps passé et blâme-t-il volontiers ceux qui gouvernent la chose publique. Ce dont il a le moins de souvenance, c'est de la cause des malheurs dont il a pâti.

Il n'aimait donc guère le roi Louis onzième, mais n'osait trop le dire et pour cause.

L'hôtel de ville de Clusy avait eu fort à souffrir pendant tout le siècle. Abandonné, après la révolte de 1382, puis occupé par les agents royaux jusqu'en 1414, on avait cessé de l'entretenir. Les Anglais rétablirent une administration communale, sorte d'agence fiscale, composée par eux, parmi les plus notables habitants, qu'ils le voulussent ou non. La ville avait été taxée, aussi bien pour subvenir à l'entretien de ses édifices et pour les dépenses de voirie que pour payer les subsides au roi d'Angleterre ou à ses gouverneurs.

Quelques ouvrages avaient été faits aussi aux bâtiments de la maison de ville; mais la grande salle projetée de l'autre côté de la rue et l'escalier étaient restés inachevés.

Quant à la cathédrale, comme nous l'avons vu précédemment, les travaux entrepris pendant les dernières années du quatorzième siècle avaient bientôt été suspendus, et s'étaient bornés à quelques réparations aux arcs-boutants du chœur et aux toitures.

Après l'affaire de Péronne, en décembre 1468, avant de se rendre à Senlis où il avait convoqué le parlement et la chambre des comptes, pour avoir à enregistrer le traité conclu avec le duc Charles de Bourgogne, Louis XI passa à Clusy. Il ne portait point la tête haute en ce moment; car, bien qu'il ne fût pas scrupuleux, le traitement barbare infligé aux Liégeois par sa faute, n'était pas sans lui causer de l'ennui.

Puis il craignait fort l'esprit frondeur de ses bons Parisiens et savait qu'ils se gaussaient de lui pour s'être ainsi laissé prendre au piége par son rival. Aussi ne voulut-il point passer dans la grande cité.

Le roi Louis XI, ainsi que beaucoup de gens soupçonneux et retors, lorsqu'ils ont failli et ont été dupes dans une entreprise dont ils espéraient tirer profit par astuce, sont disposés à faire les bons compagnons et à cacher ainsi leur déconvenue sous l'apparence de la belle humeur.

Quoique au fond du cœur il fût profondément marri et courroucé, le roi n'en laissait rien paraître. Il entrevoyait déjà le moyen de se tirer du mauvais pas où il était tombé par sa faute, et cela le mettait en liesse, d'autant qu'il avait été si près de perdre la couronne et peut-être la vie, que la joie de se sentir libre lui donnait un grand soulagement.

Il arriva donc dans sa bonne ville de Clusy en bon point.

Les bourgeois, précédés du maire et de leurs eschevins vêtus de robes de drap rouge, fourrées de vair, allèrent au-devant de lui jusqu'à un quart de lieue environ en dehors des murs. Et, comme le magistrat de la cité se préparait à lui faire une belle harangue, le roi l'arrêta de la main :

« Eh ! mon compère, vous me direz cela plus tard ; il ne fait pas bon, par cette froidure, à discourir en plein champ ; entrons chez nous, s'il vous plaît. »

Ainsi, en belle ordonnance, la chevauchée du roi entra dans la ville et se rendit à la cathédrale, devant laquelle se tenait l'évêque entouré de son clergé, pendant que les cloches sonnaient à toute volée.

Le roi, ayant entendu la messe en grande dévotion, se reposa quelques instants dans l'évêché et y prit une collation, mais ne voulut point y demeurer, car il avait fait retenir son logis chez un riche bourgeois de la ville.

L'évêque lui remontra le piteux état de son église qui avait grand besoin de réparations. Louis l'écouta fort bien, lui promit qu'il y penserait, mais l'engagea à recourir à ses bons chanoines, lesquels étaient riches et pourraient l'aider

de leurs biens, n'ayant pas comme lui gens d'armes à entretenir et guerres à soutenir fort ruineuses, ce à quoi il lui
fallait surtout aviser pour le moment. Puis, il se dirigea
avec tout son monde vers le logis qui lui était préparé
chez maître Nicolas Lefort. Il s'y installa avec le connétable de Saint-Pol, Dammartin, autant d'archers écossais
qu'il en put tenir, les autres étant logés aux environs jusqu'au nombre de quatre cents, et quelques gens de son service en petit nombre.

Incontinent qu'il fut reposé, l'après-dînée, le roi manda
le maire et les eschevins, et s'entretint familièrement avec
eux sur toutes choses concernant l'ordonnance de la ville,
l'état des habitants, etc.

Sur ce que le maire lui représentait les grands maux que
la cité avait eu à souffrir, et combien encore il s'en fallait
qu'elle n'eût repris son ancienne splendeur et richesse, à
cause de la grièveté des impôts :

« Avec l'aide de Dieu et de Notre-Dame, dit le roi, nous
y pourvoirons ; prenons notre temps et labourons de notre
mieux, car nous avons grand'besognes à faire. Mais pour
vous montrer notre bon vouloir, dites un peu ce que
désirez et si le ferai volontiers et en tant que le pourrai
faire. »

Alors, le maire, voyant l'occasion belle :

« Eh ! très-gracieux sire, dit-il, nous avons un hôtel de
ville fort ruineux et délabré, par le malheur des temps ; s'il
vous plaisait nous aider à le rebâtir, ce serait un grand bien
pour la cité ; car ne pouvons y séjourner sans que l'eau du
ciel tombe sur nos vêtements, et nos besognes en sont
toutes gâtées.

— Voire, reprit Louis, c'est grand dommage ! et vous
faut-il grosses sommes pour faire ces bâtiments ?

— Cinq cents royaux d'or, au moins, pour aviser au plus pressé, sire.

— Cinq cents royaux d'or ! par Notre-Dame ! nous ne les avons point !... Mais j'ai souci de ma promesse et vous les trouverai sans trop tarder. »

Et ainsi, après quelques autres propos, le maire et les eschevins sortirent bien contents du logis du roi, répétant par la ville les bonnes paroles qui leur avaient été dites.

Dès le lendemain, le roi fit remettre au maire de Clusy la lettre suivante, scellée du sceau royal :

« Nous, Louis, etc. ;

« .... Considérant les grands maux que notre bonne ville de Clusy a soufferts ès temps de troubles et de guerres; ensemble, sa fidélité envers la couronne de France, et spécialement les services rendus par les milices en toutes occasions ; considérant l'état ruineux et délabré de l'hôtel des bourgeois de la dite ville, lesquels s'emploient au bien de notre royaume et à la bonne gestion de la cité, comme maire, eschevins et jurés, et par notre volonté, avons, par ces présentes, accordé à la dite ville, et ce, pour être employés à la réédification de l'hôtel des bourgeois, séant en la place du Marché, cinq cents souverains d'or, lesquels seront délivrés par notre trésorier en cinq termes, c'est assavoir, le premier de cent royaux d'or, à la Pâques prochaine, et les quatre autres de cent royaux d'or chacun aux époques suivantes..... Et voulons que les travaux d'icelle bâtisse soient commencés dès le payement du premier terme prochain... »

Les bons bourgeois de Clusy furent fort joyeux de la libéralité du roi, mais leur joie ne dura guère; car incontinent que le roi fut rendu à Tours, parut un édit touchant de nouvelles taxes sur les vins et autres denrées, qui prenait aux habitants de Clusy la moitié plus que ce qui leur avait été accordé de si bonne grâce.

Toutefois, le roi s'enquit si on s'occupait de rebâtir l'hôtel de ville, car il s'enquérait de toutes choses, avait bonne mémoire et faisait écrire belles lettres pressantes à ce sujet au maire et aux eschevins, les assurant de son affection pour la ville.

D'ailleurs, les fabriques de serge et le commerce de Clusy prospéraient grandement, car, depuis peu, existait dans le royaume de France, sous la protection du roi, une grande association, dite *Compagnie française*, composée de gros marchands de Paris et autres villes, investie de beaux priviléges pour le transport et l'exportation des vins et autres denrées, ainsi que des objets fabriqués, notamment des étoffes de laine et de soie, ce dont les dits marchands tiraient grand profit et les métiers aussi, lesquels pouvaient à peine suffire aux demandes qui étaient faites de tous côtés, soit de France, soit d'Angleterre, de Bourgogne et d'Allemagne.

L'évêque de Clusy était demeuré assez mal content de ce que le roi avait donné cinq cents royaux d'or aux bourgeois pour rebâtir leur hôtel, plutôt que de les accorder au chapitre pour les réparations de la cathédrale; toutefois, il n'en laissa rien paraître, car il était fort l'ami de l'évêque de Verdun et du cardinal Balue, lesquels, comme on sait, à la suite de l'affaire de Péronne et de Liége, furent convaincus de trahison et enfermés, le premier à la Bastille, et l'autre dans une cage de fer, au château d'Ouzain, près de Blois.

Le roi, sachant cette grande amitié entre l'évêque de Clusy et le cardinal Balue, fit savoir à l'évêque qu'il le tenait pour fidèle et loyal, et étranger aux menées du cardinal, mais qu'il était bon qu'il pourvût aux nécessités de son évêché et notamment à l'état de sa cathédrale, laquelle lui avait paru fort délabrée, et qu'il espérait qu'au moyen des grands biens dont il disposait, ainsi que messieurs de son chapitre, il rendrait à son église épiscopale la splendeur qu'elle avait perdue par suite des temps et des malheurs publics.

Le bon prélat ne se fit pas répéter l'avis, car il n'était pas sans quelques craintes touchant certaines lettres écrites par lui au cardinal, en ces derniers temps; il fut donc résolu, à l'évêché, qu'on pourvoirait sans délais aux travaux de la cathédrale, moyennant une subvention fournie par messieurs du chapitre, parmi lesquels étaient plusieurs riches hommes, et le revenu des bois appartenant au seigneur évêque.

Les bâtiments de l'hôtel de ville se composaient alors du beffroi, des deux salles voisines à droite et à gauche du perron, et de quelques ouvrages inachevés sur la cour intérieure et appropriés tant bien que mal (voir fig. 35). Quant à la grande salle commencée de l'autre côté de la rue Curiale, elle n'avait été élevée que d'un rez-de-chaussée, lequel, couvert par une charpente provisoire, servait de halle aux drapiers.

Mais, par suite de legs, la ville possédait à la gauche de la façade, sur la place, deux maisons qui étaient occupées par les services municipaux. Ces maisons étaient vieilles et en assez mauvais état.

Dans les délibérations qui suivirent la visite du roi à Clusy, il fut décidé qu'on étendrait les bâtiments du nouvel hôtel sur ces terrains, en utilisant d'ailleurs, autant que possible, les vieux logis; qu'on abandonnerait la construction de la grande salle au service auquel alors son rez-de-chaussée était affecté, et que la future grand'salle s'élèverait sur l'emplacement des maisons.

En conséquence de ces délibérations, furent appelés plusieurs maîtres des œuvres, afin qu'ils présentassent, dans un délai rapproché, des projets dressés conformément à ce programme.

Il y eut dans l'assemblée des notables de longues discussions touchant la conservation ou la démolition du vieux beffroi.

Les partisans de la conservation firent valoir l'ancienneté de cette construction, signe vénérable des franchises de la commune, sa solidité et l'inutilité de la dépense que nécessiterait la construction d'une nouvelle tour et beffroi. Ceux qui en demandaient la démolition prétendaient que la conservation de la vieille tour gênerait les dispositions à prendre dans la construction d'une nouvelle façade, et qu'il était préférable de ne pas se préoccuper d'une bâtisse qui ne pourrait que s'accorder fort mal avec les bâtiments à élever.

Cet avis ne prévalut pas, et la conservation du vieux beffroi fut décidée.

Avant les fêtes de Pâques (1469), les maîtres présentèrent leurs projets. Celui qui parut le plus satisfaisant aux notables était dû à maître Michel de Blamont. La figure 40[1] en donne le plan à rez-de-chaussée.

Ainsi qu'on le voit sur ce plan, maître Michel conservait le beffroi et la salle de droite dont il avançait le pignon sur la place. Il se servait, autant que possible, des fondations des vieux bâtiments et maintenait l'escalier circulaire qu'il

1. Le noir indique les vieilles constructions conservées, et le rouge les bâtiments neufs.

se proposait de terminer. Le perron, avec sa loge, fort ruiné, était démoli et remplacé par une loge au-dessus de l'entrée principale A. En outre de cette entrée, il en ménageait deux autres, l'une sous la tour du beffroi et l'autre en B. Ces entrées donnaient sous des portiques élevés autour de la cour C.

En D, Michel projetait une belle montée qui permettait d'arriver à l'étage supérieur par une pente douce. La grande salle était établie au premier étage du bâtiment E, dont elle occupait toute la longueur. La porte gauche de l'hôtel était aussi destinée aux grandes assemblées, et celle de droite, ainsi que le bâtiment du fond, aux eschevins et aux services de la ville. Une grille fermait le portique F, sur la cour, au besoin, de telle sorte que les gens qui se réunissaient en assemblée par la porte B ne pussent vaguer dans les autres parties de l'édifice.

Le portique F et celui G en regard ne s'élevaient que de la hauteur du rez-de-chaussée, formant terrasse au niveau du sol du premier étage, tandis que les galeries doubles prenaient la hauteur de ce premier étage et permettaient d'entrer à couvert dans les salles E et H ; l'escalier circulaire, ainsi que la rampe D, débouchant dans ces galeries.

La figure 41 (coupe faite en travers de la grande salle et des galeries sur *a*, *b*) permettra de saisir cette disposition.

C'était pour se conformer au programme que maître Michel avait supprimé l'accès à la loge, du dehors, et par conséquent, le perron. Les bourgeois ne tenaient pas à être ainsi en contact avec le populaire ; il était resté de mauvais souvenirs du perron, bâti à la fin du treizième siècle ; le prévôt royal de Clusy déclara d'ailleurs qu'il ne fallait pas songer à le rétablir, et que telle était la volonté du roi.

La figure 42 donne la vue de la façade du nouvel hôtel de ville projeté. Les travaux en furent poussés avec une

grande activité, malgré les charges énormes dont était accablé le peuple, sans qu'il eût été consulté en rien; car, comme le dit un auteur contemporain :

« Y a-t-il roi ou seigneur sur terre, qui ait pouvoir, outre son domaine, de mettre un denier sur ses sujets, sans
octroi et consentement de ceux qui le doivent payer, sinon
par tyrannie ou violence[1] ? »

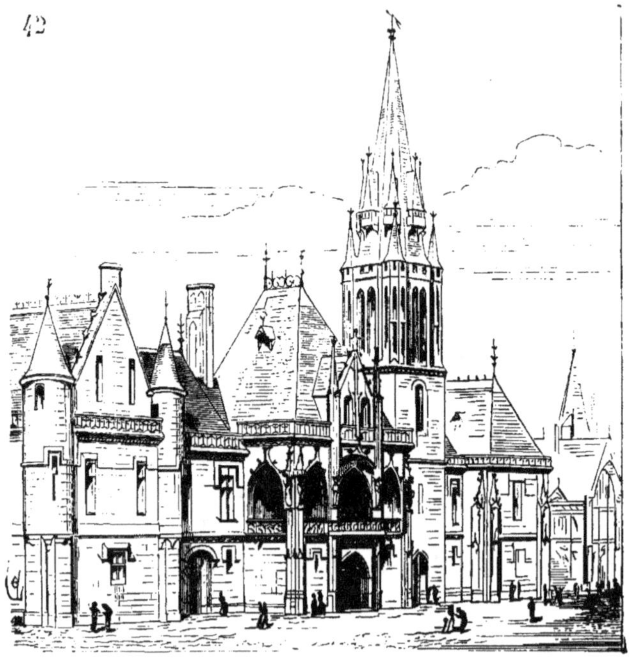

Mais Louis XI, pour établir de nouveaux impôts, non-
seulement ne consulta jamais ses États, mais se passa parfois du parlement.

Les tailles, devenues permanentes, étaient augmentées de
plus des trois cinquièmes. La cour de Rome faisait lever

1. Commines, *Mémoires,* livre V, chap. xviii.

deniers sur toute la France, avec une singulière âpreté et plus qu'en aucun autre temps, car la *Pragmatique sanction*, supprimée par Louis XI, laissait le royaume à la merci des entreprises du pape sur le temporel, contrairement aux usages du royaume depuis saint Louis. Puis enfin, Louis XI, pour payer ses gens d'armes, officiers et étrangers qu'il tenait près de lui, et faire les grandes dépenses qu'exigeaient ses entreprises, avait peu à peu aliéné tous les biens du domaine de la couronne, et était ainsi obligé de recourir entièrement à l'impôt qui s'aggravait d'autant.

Les cinq cents royaux d'or donnés par le roi étaient dépensés que les bâtiments n'étaient pas montés à moitié; les notables avaient, en adoptant leur projet d'hôtel de ville, consulté leur désir de bien faire plus que leur bourse.

Toutefois, les bâtiments prenaient une si bonne apparence que chacun dans la ville désirait les voir terminer, et que plusieurs gros bourgeois s'empressèrent de donner des sommes considérables pour aider à l'achèvement de l'édifice.

En l'an 1483, au moment de la mort de Louis XI (30 août 1483), les ouvrages les plus voisins de la tour du beffroi étaient montés, couverts et occupés; il ne restait plus que la partie de gauche, c'est-à-dire la grande salle et ses annexes.

La mort du roi fut accueillie comme une délivrance, et les États généraux, convoqués en 1484, ayant obtenu la réduction des impôts, le nouvel hôtel de ville put être terminé en 1485.

Maître Michel de Blamont avait mis tous ses soins au pavillon du milieu, qui contenait la loge. Ce pavillon plut fort aux habitants de Clusy et aux étrangers qui visitaient la ville (fig. 43 [1]).

Six statues, surmontées de dais, ornaient les contre-forts de cet avant-corps. Il y eut de longues discussions entre les notables et les eschevins pour savoir quels seraient les personnages dont on exposerait ainsi les *portraictures* sur la façade de l'hôtel de ville. Les uns voulaient des figures allégoriques : la Vigilance, la Prudence, la Force, la Justice, la Charité et la Liberté; les autres demandaient des statues de souverains : Charlemagne, Louis le Gros, Philippe-Auguste, saint Louis, Charles VII et Louis XI.

On admit un compromis : deux figures de rois, saint Louis et Charles VIII (Louis XI étant mort, personne ne songea à réclamer sa portraicture) et quatre figures allégoriques.

D'autres parties de l'édifice reçurent l'approbation de tous : la grande salle avec ses deux cheminées aux deux extrémités et sa belle charpente lambrissée; les portiques de la cour, délicatement ouvrés, avec l'étage qui les couronnait (fig. 44).

Les travaux entrepris à la cathédrale furent, pendant le même temps, poursuivis avec assez d'activité. La flèche de la tour centrale qui, à diverses reprises, avait été endommagée par la foudre, fut presqu'entièrement rebâtie suivant le goût du temps, avec belles lucarnes ajourées de pierre et clochetons finement découpés. Cet ouvrage coûta gros et ne put même être entièrement achevé que sous le règne de François Ier. Tous les arcs boutants du chœur durent être, en grande partie, refaits avec pinacles ouvra-

---

1. En A est donné le plan du pavillon central à rez-de-chaussée; en B, au premier étage; en C, l'élévation sur la place du Marché.

LOGE DE L'HOTEL DE VILLE EN 1470.

PORTIQUE DE L'HOTEL DE VILLE EN 1470.

gés à leur tête. On répara les chéneaux et balustrades, les combles et les tours; mais l'évêque ne put achever les chapelles du rond-point, car l'argent lui faillit pour cette entreprise. A sa mort, advenue en 1486, son successeur, trouvant le trésor de l'évêché obéré, suspendit les travaux.

CHAPITRE XII

LA LIGUE.

La ville de Clusy avait grandement prospéré sous le règne de Louis XII.

La réduction des impôts, les développements donnés au commerce augmentèrent sa richesse et accrurent sa population. Elle fit faire de nouveaux travaux à l'intérieur de son hôtel de ville : belles boiseries, peintures, beaux pavages de faïence, tentures de drap et de cuir ; si bien que la maison des bourgeois de Clusy passait avec raison pour une des plus belles de l'Ile-de-France.

Les bourgeois s'en montraient fiers et n'épargnaient rien pour accroître la splendeur de leur hôtel.

Sous François Ier, cette prospérité reçut une première atteinte par l'augmentation des taxes. Puis, survint la réformation qui divisa la ville. Cependant, les calvinistes ne comptaient parmi les bourgeois qu'une minorité faible ; mais ils suppléaient à leur petit nombre par leur activité, d'autant qu'ils comptaient parmi eux quelques-uns des plus notables et des plus riches. Le corps des magistrats de la ville ne se composait que de catholiques, car le mode ancien d'élection n'était plus admis, et le maire et les eschevins étaient pris parmi les quartiniers et agréés par le roi, sur une liste présentée par l'assemblée des notables.

Nous ne raconterons pas les événements qui émurent la cité pendant les années du règne de Henri II, de François II et de Charles IX.

Il y eut dans la ville quelques victimes à la suite de la Saint-Barthélemy, mais en petit nombre, car, aux premières nouvelles des massacres de Paris, les calvinistes de Clusy prirent le large et se réfugièrent dans les Flandres.

Le conseil des Seize se mit en rapport avec les gens de Clusy dès les premiers jours de la ligue, vu que ceux-ci tenaient en grande partie pour les Guises ; aussi, quand l'assassinat du Balafré fut connu dans la ville, il y eut grand émoi. Les églises se remplirent, et les prêtres et moines, par leurs prédications furibondes, excitaient le peuple contre leurs magistrats, composés de *politiques* dévoués au roi.

« Ces suppôts d'Hérode, dit l'un de ces prédicateurs, en pleine cathédrale, sont prêts à vous livrer aux hérétiques et ont fait alliance avec eux. Ils se disent dévoués à la sainte Église et vont à la messe, comme leur roi, pour vous endormir. Mais si vous les laissez faire, ils vous égorgeront traîtreusement pour s'emparer de vos biens. La sainte Union vient de voir son chef massacré par les mignons du tyran, et sur son ordre. Cette trahison infâme, après les serments de bonne amitié prononcés devant l'autel, vous délie de toute obéissance aux commandements du traître sacrilége qu'on nomme Henri.

« Quelle fiance pouvez-vous avoir en celui qui parjure Dieu !

« Parmi vous, ne souffrez plus ces politiques hypocrites et retors, pires que les hérétiques, puisqu'ils cachent leurs trahisons sous de faux semblants de dévotion.

« Tous ceux qui ne sont pas de l'Union, sont nos ennemis.

« Tous ceux qui pactisent avec le tyran, méritent la mort.....

— Oui ! répondit la foule entassée dans la cathédrale, vive l'Union ! à mort les traîtres ! les politiques ! les suppôts du tyran ! »

Pendant que ces prédications se faisaient dans les églises, les eschevins, le maire et quelques notables étaient assemblés à l'hôtel de ville pour aviser aux nécessités du moment, à cause de la furieuse contenance du peuple. Les avis étaient fort partagés. Allait-on se déclarer pour les *Seize* et l'Union, rompre avec le parti du roi violemment, se mettre en insurrection contre son autorité, ou devait-on user d'atermoiement et essayer de traiter ?

L'un des eschevins, homme respectable et d'esprit sage, prit la parole en ces termes :

« Messieurs du conseil, ce n'est point que j'approuve la façon dont le roi s'est défait de M. de Guise ; c'est là un acte condamnable et qui ne peut qu'engendrer des maux pires que ceux déjà soufferts. Si je voyais, parmi ceux de l'Union, quelques personnages capables et sages, connus par les services rendus au pays, je m'attacherais peut-être à ce parti ; mais je ne vois là que des moines ignorants, des étrangers altérés de notre sang et de notre substance, que des femmes ambitieuses, des prêtres débauchés, que des nobles ruinés et une racaille nécessiteuse qui aime la guerre et le trouble, parce qu'elle vit aux dépens du *bonhomme*. Que fait là dedans monsieur le légat, sinon pour empêcher la liberté des suffrages et encourager ceux qui lui ont permis de faire merveilles pour les affaires de Rome et d'Espagne? Lui, qui est Italien et vassal d'un prince étranger, ne doit avoir chez nous ni rang, ni séance. Ce sont donc les affaires des Français qui le touchent de près et non celles d'Italie ou d'Espagne?

« D'où lui viendrait cette curiosité, sinon pour profiter de notre dommage? Est-ce au duc de Feria, à Mendoze et à don Diégo que nous devons prendre avis comme la France se doit gouverner? C'est assez vivre en anarchie et désordre au profit de quelques ambitieux qui mènent le peuple par de belles paroles. Quant à moi, je n'entre pas dans l'Union qui est la ruine du royaume de France, en ce qu'elle le met tout d'abord ès mains de ses ennemis d'Espagne et d'Italie, et suis d'avis qu'il faut traiter avec le roi avant qu'il soit trop tard.

— Je ne saurais partager l'opinion du préopinant, répondit à ce discours un des autres eschevins. Nous ne saurions traiter avec le faux moine Henri, troisième du nom, car son intérêt consistait à ne pas souffrir diverses factions dans son royaume, à conserver les princes de son sang, puisqu'il n'avait point d'enfants, et à tenir bas ceux qui s'élevaient au préjudice de son autorité royale, et, cependant, il fit tout le contraire.

« Il fomenta les factions, au lieu de les éteindre, et même se joignit à l'une pour détruire l'autre. — Comme si un roi devait partager les ambitions d'une faction! — Il fit une guerre perpétuelle aux princes du sang, à la persuasion de ceux qui en voulaient voir l'extinction pour s'élever en leurs places, et autorisa du commandement de ses armées ceux qui aspiraient à l'usurpation de son royaume.

« Il fit pis encore ; quand il commença à s'apercevoir de l'inutilité de sa politique, on le vit se jeter dans une dévotion affectée et extraordinaire, ne bougeant des cloîtres et vivant avec les moines ; pensant par ces moyens ôter au duc de Guise le crédit que ce dernier s'était acquis parmi les catholiques, qui le tenaient pour leur chef. Mais il en arriva le contraire, car il se rendit méprisable à ses peuples, et spécialement à celui de Paris, qui le chassa honteusement du Louvre ; et enfin ce roi fit assassiner celui qu'il craignait voir régner en sa place et qui était digne du trône par son courage, son attachement à la religion catholique et sa haine pour les gens de la religion, qui sont les pires ennemis de l'État.

— Voire, reprit un troisième orateur, l'un ne vaut pas mieux que l'autre, et j'aime les choses en leur place, non autrement.

« Aujourd'hui, ceux qui obéissaient, commandent ; ceux qui empruntaient, prêtent à usure ; ceux qui jugeaient, sont jugés ; ceux qui emprisonnaient, sont emprisonnés ; et tous ces miracles sont advenus par les efforts de M. de Guise, dont Dieu ait l'âme, et de cette sainte Union, sa fille.

« Les aunes des drapiers sont tournées en pertuisanes, les écritoires en mousquets, les bréviaires en rondaches, les scapulaires en corselets et les capuchons en salades et morions. Et n'est-ce pas un grand miracle du diable ! si nous étions tous naguères en Flandre, à faire la guerre aux archicatholiques espagnols, en faveur des hérétiques des Pays-Bas, de nous voir catholiquement rangés aujourd'hui au giron de la sainte Ligue romaine? si tant de bons matois, banqueroutiers, saffraniers, hautgourdiers, tous gens de sac et de corde, se sont jetés des premiers en ce saint parti pour faire leurs affaires et sont devenus catholiques bien loin devant les autres? Et, devons-nous remercier beaucoup ceux qui, ayant commis quelque assassinat ou insigne lâcheté ou volerie au parti de l'ennemi, se sont catholiquement jetés entre nos bras, pour éviter la punition de leurs méfaits et trouver parmi nous franchise et impunité?

« Ceux-là, certes, tiendront bon jusqu'à la mort pour la sainte Union, et tout autant pourrais-je dire de ces coqs-plumets qui se montrent vaillants quand il n'y a péril aucun et nous assourdissent de leurs vanteries. Donc, si le roi ne vaut guère et ne peut nous inspirer confiance, toute la sequelle des guisards ne vaut rien, ne pensant qu'à nous plumer à leur profit et à celui des Espagnols, leurs amis.

« Tant est qu'il est bon de fermer ses portes et de se garder contre tous. J'ai dit. »

Un quatrième personnage prit alors la parole en ces termes :

« Je vous parlerai franchement, comme bon bourgeois, ami de sa patrie et jaloux de la conservation de la religion ; nous voyons bien que les Seize sont aux filets du roi d'Espagne, notre ennemi mortel, lequel, s'il le peut, veut nous rendre esclaves pour joindre l'Espagne, la France et les Pays-Bas tout en un tenant, ou, s'il ne le peut, pour le moins nous affaiblir et mettre si bas que jamais ou de longtemps nous ne puissions nous relever et rebéquer contre lui.

« Car le roi d'Espagne est un vieux renard ; il sait bien le tort qu'il nous fait déjà en tenant les royaumes de Naples et Navarre, et le duché de Milan, et le comté de Roussillon, qui nous appartiennent ; il connaît le naturel des Français, qui ne sauraient longtemps demeurer en paix sans attaquer leurs voisins; sur quoi les Flamands ont fait un proverbe, qui dit que : quand le Français dort, le diable le berce.

« Notre intérêt est de nous mettre à couvert et d'accorder nos différends, en ôtant les folles vanités que nous avons en la tête et faisant la paix. Il n'y a ni paradis bien tapissés et dorés, ni processions, ni prédications ordinaires et extraordinaires qui nous donnent à manger.

« Les pardons, stations, indulgences, brefs et bulles de Rome, sont viande creuse qui ne rassasie que les cerveaux éventés. Il n'y a ni rodomontade d'Espagne, ni temple ou citadelle dont on nous menace, qui nous puisse empêcher de désirer et de demander la paix..... »

Les cris que la foule poussait sur la place du Marché interrompirent ce discours. Plusieurs eschevins, s'étant rendus dans la loge pour connaître la cause de ce bruit, furent accueillis par des huées.

« A bas les politiques! criait la foule; l'Union! vive l'Union! »

A la tête de cette foule, on voyait des moines et des curés des paroisses de la ville, quelques jeunes gentilshommes ligueurs, venus de Paris pour provoquer le mouvement, des chefs du guet et des officiers de l'évêché (fig. 45), tous portant la croix de Lorraine sur leurs chapeaux ou leurs habits.

Les notables bourgeois, réunis dans l'hôtel de ville, quittaient la salle les uns après les autres et s'échappaient par une petite porte de service donnant sur la rue Curiale. Seuls le maire et les eschevins restaient à leur poste, attendant les événements et ayant donné l'ordre de laisser la porte centrale ouverte.

Les chefs du peuple prétendaient procéder régulièrement

Après quelques pourparlers, vingt-deux d'entre eux, armés, entrèrent dans l'hôtel de ville et déclarèrent aux magistrats municipaux que les habitants de Clusy entendaient avoir à leur tête un conseil entièrement dévoué à la sainte Union ; que si, parmi les magistrats de la cité, il en était

45

qui voulussent signer leur adhésion à la Ligue, ils le devaient faire immédiatement, et que les autres eussent à se retirer en leurs logis.

Sur les quinze magistrats municipaux, six seulement signèrent ; les autres, parmi lesquels était le maire, quittèrent la salle, non sans protester contre la violence qui leur était faite.

Vêtus de leurs robes, ils sortirent par la grande porte à pas lents.

Aussitôt, ils furent entourés par la foule, accablés d'injures, et les choses eussent pu tourner au plus mal, si les vingt chefs qui les avaient accompagnés ne se fussent interposés pour qu'on les conduisît à l'évêché, où ils furent détenus jusqu'à ce qu'il fût statué sur leur sort.

Les neuf magistrats traversèrent donc toute la ville, non sans peine, sous escorte, et furent enfermés dans les prisons de l'officialité.

Ce fut au milieu d'une confusion inexprimable que les élections du nouveau conseil se firent dans la grande salle.

Un nom était prononcé; la foule l'acceptait ou le repoussait par acclamation.

Aucun des six eschevins qui avaient signé le pacte de l'Union ne fut élu, et ce nouveau conseil, composé de dix membres et d'un président, entra aussitôt en fonction. On y voyait deux curés, un chanoine, un boucher, un forgeron, deux avocats, un officier de l'évêché et deux aventuriers qui s'étaient fait connaître dans la ville par leur fanatisme de ligueurs. Le président était un certain Malestroit, se disant gentilhomme, agent actif des guisards, homme sans conscience, brave, pillard, ayant la parole facile, prêt à tout, recevant de l'argent de toutes mains et le dépensant largement.

Les premiers actes du conseil furent :

1° De déclarer l'indépendance de la ville de Clusy et de sa banlieue ;

2° L'adhésion à la sainte Union dans tout ce qu'elle entreprendrait ;

3° L'exemption des tailles, cens et devoirs envers les seigneurs ;

4° L'arrestation de tous les gens soupçonnés d'être en relations avec la cour ;

5° La levée d'un subside de guerre pour la défense de la sainte Union ;

6° La nomination d'une délégation de députés auprès du conseil des Quarante, à Paris, qui venait de se constituer.

Tout cela ne satisfaisait que médiocrement la populace ; elle comptait sur quelque chose de plus immédiat. Les moines-prêcheurs sollicitaient le peuple à ne pas quitter ses armes et à faire justice des politiques et des suppôts du tyran. L'un d'eux, portant la robe des dominicains, qui se faisait surtout remarquer par son exaltation et ses discours violents, avait pris un grand ascendant sur la foule et surtout sur les femmes. Le frère Côme était un grand gaillard, maigre. Sa belle tête pâle, entourée d'une couronne de cheveux noirs, prenait, quand il parlait, une expression extatique qui pénétrait ses auditeurs d'une sorte de terreur fanatique. Vêtu d'une cuirasse par-dessus sa robe, une longue rapière ceinte autour des reins, après la scène de l'hôtel de ville, il se dirigeait, suivi d'une foule nombreuse, vers la cathédrale ; là, s'arrêtant sur les marches du portail et se retournant vers le peuple attaché à ses pas :

« Mes frères, dit-il, croyez-vous que votre tâche soit remplie parce que vous avez mis hors la maison de ville les valets de ce Judas qu'on nommait Henri? L'ange exterminateur essuie-t-il son épée tant qu'il reste un hérétique marqué du sceau du parjure à frapper? Le Seigneur a-t-il suspendu d'une heure les effets de son jugement sur la ville de Sodome? Non, ayant fait partir Loth, le seul juste, le seul soumis à sa loi, il a répandu sur la ville maudite la pluie de feu, détournant ses regards et sans écouter les cris des petits enfants....

« Et nous, mes frères, que faisons-nous? Tandis que le Valois emprisonne, torture et fait assassiner par ses mignons les plus illustres entre les défenseurs de la foi, quand il fait alliance avec les hérétiques cent fois maudits, avec les politiques conjurés avec l'enfer, lorsqu'il emploie mille sortiléges pour répandre la peste et la famine sur ceux de la sainte Union, nous pardonnerions aux traîtres qui, comme lui, sont prêts à donner la main à Satan, aux huguenots!... Oyez? n'entendez-vous pas la voix du Dieu irrité qui, du fond du sanctuaire, crie : « Frappez, frappez « mes ennemis! frappez, si vous ne voulez pas être con- « fondus avec eux, car l'heure de la justice est proche, et, « dans ma colère, comme autrefois à Sodome, j'écraserai « jusqu'aux femmes et enfants à la mamelle. Triez et brû- « lez le mauvais grain.... il est temps. »

Ayant tiré sa rapière du fourreau, le moine accompagnait ce discours de gestes de possédé; les derniers rayons du soleil le frappaient d'une lueur rouge, et derrière lui s'élevait la façade de la cathédrale, étincelante de lumière (fig. 46).

Alors les cloches furent mises en branle et la foule hurla :

« Oui! mort aux ennemis de l'Union, vive la Ligue, à mort les politiques! »

Des prisons de l'officialité, les malheureux eschevins entendirent ces cris.

Pendant que cette scène se passait devant le portail de la cathédrale, le long de la rivière se tenait une autre assemblée à la grande hôtellerie du *Pélican*, rendez-vous de tous les coupeurs de bourse, des ruffians, de soldats débandés et

46

LE FRÈRE COME.

vagabonds auxquels s'étaient joints des capucins et des prostituées. Là, on buvait, on chantait des couplets en faveur de la Ligue et de la sainte Union, mêlés à des chansons obscènes. Riffaut, façon de bandit qui avait participé à tous les excès commis contre les huguenots depuis la Saint-Barthélemy, et qui commandait à une troupe de gens de sac et de corde avec lesquels il rançonnait les paysans et pillait les hameaux, montant sur une table et dominant le tumulte, prit la parole :

« Je ne sais, dit-il, quels dégoûtés politiques, de la noblesse et de la robe parlent de paix et de conserver la Religion et l'État tout ensemble ; quant à nous, nous n'entendons point à toutes ces finesses ; vive la guerre, par Dieu ! J'ai bonne épée et bon pistolet, et il n'y a ni sergent, ni prévôt des maréchaux qui m'osât ajourner ! M. le légat ne nous a-t-il pas mis la bride sur le col pour prendre le bien des politiques et faire suer l'or à ces huguenots du diable par tous les moyens ? Pourvu que nous soyons bons catholiques, le reste n'est rien, et faisons nos affaires. Donc, finissons-en avec ces gens qui tournent leur robe si aisément et parlent de paix quand ils voient que leur parti va mal.

« Il ne nous chaut ni du Valois, ni du Béarnais, ni de tous les chats-fourrés qui les conseillent et soufflent le chaud et le froid, croyant nous amuser aux bagatelles.... Ne nous laissons endormir, et sus aux hérétiques, politiques, nobles ou vilains, de la ville et des champs !

« Assez avons enduré l'insolence de ces hochebrides et avaleurs de frimats ; faisons cette soirée-ci de la bonne besogne, la sainte Union s'en trouvera bien, et nous autres mieux, ou je me donne au diable ! »

Et toute l'assemblée d'applaudir, d'entourer Riffaut, de

lui demander de se mettre à la tête de tous les hommes de bonne volonté pour en finir avec les politiques.

La nuit était venue; la foule qui accompagnait le père Côme à la cathédrale avait allumé des torches et, en hurlant des cantiques, descendait la principale rue de la ville, suivant le dominicain et bon nombre de religieux armés.

Ainsi, cette multitude arriva-t-elle sur la place devant l'hôtel de ville, criant :

« Mort aux politiques, aux traîtres, aux amis du Valois! »

Le conseil siégeait encore et, entendant ces clameurs, se montra dans la loge entouré de flambeaux. Malestroit, voyant de quoi il s'agissait :

« Eh! mes amis, cria-t-il, après avoir obtenu un peu de silence : que voulez-vous?

— La mort des ennemis de l'Union! hurla la foule.

— Mais, vous avez fait justice! Ils sont enfermés; on fera leur procès!

— La mort! la mort!

— Eh! par la sainte Union! vous êtes les maîtres, faites ce que bon vous semblera!

— A l'évêché! à mort les politique ! »

Et le flot populaire, remontant la cité, se précipita vers le palais épiscopal; on brisa les portes extérieures fermées, car nul, à l'intérieur, n'osait les ouvrir, on pénétra dans l'officialité, cherchant les malheureux eschevins. Mais au bruit du dehors, le porte-clefs, ne pouvant se méprendre sur les intentions de la populace, avait ouvert les portes des prisons en engageant les eschevins à se tirer d'affaire comme ils pourraient. Sur les neuf, quatre seulement tentèrent d'échapper à leurs bourreaux, les cinq autres restèrent dans leurs cachots, attendant la mort.

L'évêque était absent. Pendant ces temps de troubles,

peu de prélats demeuraient dans leurs évêchés; la plupart étaient avec les princes, ou à Paris, ou ailleurs, plus occupés d'intriguer que de maintenir l'ordre dans leurs diocèses.

Les religieux, mêlés à la foule, ne voyaient pas sans crainte cette violation du palais épiscopal. L'archiprêtre ni aucun des chanoines n'étaient parmi eux. Aussi, après avoir allumé le feu, essayaient-ils de l'éteindre et criaient-ils à tous ces hommes possédés d'une fureur vertigineuse :

« Pas de sang! pas de sang dans le palais de l'évêque! Emmenez-les! »

Les cinq malheureux eschevins, frappés, blessés, furent ainsi entraînés hors de l'évêché et massacrés sur la place du parvis.

Les quatre fugitifs erraient dans le palais, cherchant une issue dans l'ombre ou quelque cachette sûre, et croyant à chaque instant entendre derrière eux les pas des massacreurs.

Pendant que ceci se passait en haut de la cité, la troupe de Riffaut s'était jetée sur les hôtels des eschevins prisonniers et les pillait, mettant à mort les quelques serviteurs restés à leur poste, les femmes et les enfants surpris dans ces demeures. Quand ceux d'en haut redescendirent pour procéder à cette opération, ils trouvèrent la besogne fort avancée; mais ils se dédommagèrent sur d'autres hôtels appartenant à des bourgeois soupçonnés de ne pas être dévoués à la sainte Union.

Ces scènes de désordre et de meurtre durèrent toute la nuit et la journée du lendemain; les détonations d'arquebuses, les cris, les chants remplissaient la ville, et le conseil laissait faire, ne tentait rien pour empêcher le pillage et le massacre.

Cependant, vers le soir, nombre de bourgeois s'étaient réunis à l'hôtel de ville, armés, adjurant Maiestroit de faire cesser ces excès ; celui-ci, qui, à tout prendre, était brave, considérant d'ailleurs que l'autorité dont il était revêtu allait lui échapper s'il ne parvenait à maintenir la populace enivrée de pillage et de tueries, dit à ses collègues et à ces bourgeois :

« Allons, il est temps que tout cela finisse, par Dieu ! il faut avoir raison de cette canaille ; qui veut, me suive ! »

Et sortant de l'hôtel de ville, à la tête de deux à trois cents bourgeois, précédé de trompettes, il donna sur la première bande de pillards qu'il rencontra, la désarma sans peine, et, allant ainsi de maison en maison où étaient fort occupés ces bandits, il en eut raison, d'autant qu'ils étaient tous chargés de butin, et que ceux qui eussent pu le réclamer étaient cachés dans la ville ou tués.

Ayant ainsi rétabli quelque ordre dans la cité, le conseil fit publier à son de trompe que nul n'eût à sortir en armes dans les rues, sauf sous le commandement des quartiniers ; que justice étant faite des politiques et alliés des huguenots, le peuple devait considérer les violateurs de maisons et d'hôtels comme voleurs et brigands, et courir sus.

Dès lors, le conseil crut bon de s'entourer d'une garde nombreuse de bourgeois armés, laquelle était relevée tous les soirs et se tenait dans les salles basses de l'hôtel de ville.

Mais, chaque jour étaient dénoncés des citoyens parmi les plus notables, comme politiques et ennemis de l'Union ; le conseil les faisait arrêter et enfermer dans les prisons de l'évêché, puis, la place manquant, dans certaines tours des murailles.

Beaucoup, parmi ces malheureux prisonniers, moururent de misère ou de maladie dans les cachots étroits où ils étaient entassés ; quelques-uns, sur les instances de leurs parents qui donnèrent de grosses sommes à Malestroit, furent élargis et purent gagner les champs ou se cacher dans la ville sans oser jamais se montrer, de sorte qu'ils ne firent que changer de prison.

Ce ne fut qu'en 1594 que la ville de Clusy rentra sous l'autorité royale. Malestroit, de président du conseil, en était devenu le véritable gouverneur après la mort de Henri III, par suite d'une délégation du duc de Mayenne, lieutenant général du royaume. Il y fit maintenir l'ordre, en rétablissant la milice et l'apparence des franchises municipales, sous son autorité omnipotente. Les bourgeois lui reprochaient toutefois ses exactions. Il rançonnait arbitrairement les plus riches d'entre eux, sous prétexte de garantir leur vie et leurs biens contre les mutineries de la populace excitée par les moines.

Et, pour montrer que cette protection était efficace, il fit pendre Riffaut et bon nombre de ses bandits, comme pillards, robeurs et meurtriers.

Malestroit, voyant les affaires de l'Union marcher de mal en pis, et ne recevant plus d'Espagne un seul doublon, se rapprocha des politiques et rendit la ville à Henri IV, moyennant une somme de dix mille écus qui lui furent comptés.

Le premier acte du roi, en entrant à Clusy, fut d'abolir toutes les franchises municipales, de nommer un gouverneur, d'y installer un prévôt, chargé de l'administration et de la police de la cité, et d'y laisser une garnison.

Cependant, en 1604, un édit royal, « considérant les dommages qu'a subis la ville de Clusy et la nécessité d'y apporter remède, permet aux habitants d'élire des officiers municipaux (eschevins), lesquels seront renouvelés chaque année et devront désigner un certain nombre de notables parmi lesquels le roi choisira un maire. »

CHAPITRE XIII

L'ÉDIT DE 1692.

Un édit royal, signé à Versailles en 1692, érigea les fonctions municipales en titres d'offices. Voici le préambule de cet édit :

« Le soin que nous avons toujours pris de choisir les sujets les plus capables entre ceux qui nous ont été présentés, pour remplir la charge de maire dans les principales villes de notre royaume, n'a pas empêché que la cabale et les brigues n'aient eu souvent beaucoup de part à l'élection de ces magistrats; d'où il est presque toujours arrivé que les officiers, ainsi élus, pour ménager les particuliers auxquels ils étaient redevables de leur emploi et ceux qu'ils prévoyaient pouvoir leur succéder, ont surchargé les habitants des villes, et surtout ceux qui leur avaient refusé leurs suffrages.... C'est pourquoi, nous avons jugé à propos de créer des maires en titre, dans toutes les villes et lieux de notre royaume, qui, n'étant point redevables de leurs charges aux suffrages des particuliers, et n'ayant plus lieu d'appréhender leurs successeurs, en exerceront les fonctions sans passion et avec toute la liberté qui leur est nécessaire pour conserver l'égalité dans la distribution des charges publiques.

« D'ailleurs, étant perpétuels, ils seront en état d'acquérir une connaissance parfaite des affaires de la communauté et se rendront capables, par une longue expérience, de satisfaire à tous leurs devoirs et aux obligations qui sont attachées à leur ministère.... »

L'administration des villes du royaume, à l'exception de Paris et de Lyon, fut donc vendue et livrée au plus offrant, moyennant finance.

Ainsi étaient abolies, par une loi fiscale, les franchises municipales, pour subvenir aux dépenses de la guerre d'Allemagne, commencée en 1668 et terminée seulement en 1697 par le traité de Ryswyk.

Mais, tel était l'attachement que la plupart des villes conservaient pour leurs anciennes franchises, qu'elles acquirent de leurs deniers les nouveaux offices, afin de les réunir au corps de ville.

En d'autres termes, ces villes devinrent adjudicataires de la majeure partie des offices nouvellement créés, non sans de grandes plaintes, mais qui n'allèrent jamais jusqu'à provoquer des soulèvements.

Le gouvernement de Louis XIV, qui, en cette affaire, ne demandait autre chose que de l'argent, facilita même ces transactions, ainsi que le fait ressortir l'édit de septembre 1714, lequel contient le passage suivant :

« Nous avons résolu, non-seulement de supprimer ceux desdits offices qui restent à vendre ou à réunir, et d'accorder aux communautés la liberté de faire faire les fonctions par les sujets qu'elles voudront nommer, mais encore, pour rétablir dans les hôtels de ville de notre royaume l'ordre qui y était établi avant nos édits pour l'élection des maires, lieutenants de maires, secrétaires, greffiers et autres officiers nécessaires à l'administration de leurs affaires communes, de permettre aux communautés de déposséder les acquéreurs et titulaires de ces offices.... en les remboursant toutefois en un seul et même payement de ce qu'ils se trouveront avoir payé. »

Ainsi les offices municipaux restant à vendre, et qui n'avaient pas trouvé acquéreurs, étaient supprimés. Quant à ceux qui étaient possédés par des particuliers acquéreurs, l'édit autorisait les communes à les racheter de leurs propres deniers ; c'était, en un mot, rendre à ces communes leur droit d'élection des magistrats, moyennant remboursement, aux acquéreurs, des sommes versées par eux à l'État.

Ces franchises communales, basées sur le droit pour les citoyens, d'élire leurs magistrats municipaux, tant de fois achetées, obtenues au prix de tant de luttes et de sacrifices, étaient donc mises aux enchères, encore une fois, par le grand roi, pour remplir les caisses de l'État, vidées à la suite d'une guerre insensée.

La ville de Clusy se saigna aux quatre membres pour recouvrer ce droit d'élection, mais beaucoup d'autres n'avaient pu racheter leurs franchises ; aussi, à la mort de Louis XIV, de tous les côtés, les villes réclamèrent le rétablissement des libertés communales.

Un édit du 13 juin 1716, publié par le régent, fit droit à ces réclamations. Voici le préambule de cet édit :

« Le feu roi, de glorieuse mémoire, notre très-honoré seigneur et bisaïeul, créa par ses édits.... des offices de maires, lieutenants de maires, eschevins, consuls, capitouls, etc., en chacune des paroisses, des généralités des

pays d'élection.... avec attribution des droits, gages, taxa-
tions, honneurs, fonctions et priviléges portés par lesdits
édits. Mais ces nouveaux établissements ayant causé beaucoup de désordre dans l'administration publique.... nous
désirons... de rétablir l'ordre qui s'observait avant l'année 1692, dans l'administration des villes et communautés
de notre royaume, soit qu'elles aient acquis et réuni les dits
offices.... soit que les dits offices aient été vendus à des particuliers; nous avons résolu de supprimer tous ces offices
sans exception, et de rendre à toutes les villes, communautés et paroisses de notre royaume, la liberté qu'elles avaient
d'élire et nommer les maires et eschevins, consuls, capitouls, etc. »

Cet édit fut accueilli avec des transports de joie par les
villes; mais ce n'était qu'un leurre.

L'époque des remboursements des charges n'était pas
mentionnée, de sorte que l'État se contenta, pour la plupart, d'en payer l'intérêt, et, dès 1722, un nouvel édit, daté
du mois d'août, rétablit la vénalité des charges, s'appuyant
sur les considérants suivants :

« La nécessité de pourvoir au payement exact des arré-
rages et au remboursement des capitaux des dettes de
l'État, nous a obligé à chercher les moyens les plus convenables pour y arriver; et il ne nous a point paru d'expédient
plus sûr et moins onéreux à nos peuples que le rétablissement des offices supprimés depuis notre avénement à la
couronne, et dont les finances font actuellement une partie
considérable des premières dettes de l'État. »

Et le prix de ces charges fut singulièrement augmenté; de
telle sorte qu'il permettait de rembourser les créanciers porteurs de liquidations d'offices antérieurs, et d'encaisser de
nouvelles sommes.

De 1722 à 1789, le régime municipal n'eut pas plus de seize ans de liberté sans rançon!... Et cependant, tel était l'amour des villes pour leurs libertés communales qu'elles n'hésitaient jamais à les racheter lorsqu'elles leur avaient été ravies contrairement à tout droit.

CHAPITRE XIV

LES CONSÉQUENCES D'UN VŒU ROYAL.

Par lettres patentes, en date du 10 février 1638,
Louis XIII mit son royaume sous la protection spéciale
de la Vierge, et le roi déclarait qu'il consacrerait dans le
sanctuaire de Notre-Dame de Paris le souvenir de ce vœu
solennel.

Louis XIII mourut en 1643, sans avoir pu réaliser son
projet ; mais Louis XIV voulut acquitter la dette de son
père, et, en 1699, des travaux importants furent entrepris
dans le chœur de Notre-Dame de Paris pour en changer
l'ordonnance. Le jubé du treizième siècle fut détruit, la
clôture du rond-point fut supprimée, les stalles du quatorzième siècle enlevées, l'autel et son *ciborium* de bronze
fondus, ainsi que beaucoup de tombes d'évêques, pour
faire place à une décoration de marbre fastueuse, mais du
plus déplorable goût.

Ces travaux ne furent terminés qu'en 1714.

La plupart des évêques de France, tant pour faire leur
cour au roi que pour sacrifier à la mode du temps, voulu-

rent imiter ce qui se faisait dans la cathédrale de Paris. L'évêque de Clusy fut un des premiers parmi ceux qui songèrent à transformer le chœur des églises épiscopales.

Armand de Conflans occupait alors, en 1710, le siége de Clusy. C'était un prélat comme on en comptait beaucoup alors, courtisan assidu, ne résidant que très-rarement dans son diocèse, homme du grand monde, pourvu, outre son évêché, de beaux bénéfices, qui avait été au mieux avec l'évêque de Meaux, ce qui ne l'empêchait pas d'être bien vu en cour de Rome.

Monsieur de Clusy ayant donc, à part lui, fait dresser un beau projet de décoration nouvelle pour le chœur de son église, assembla son chapitre afin de le lui soumettre.

Tous les chanoines trouvèrent la chose du meilleur goût et en firent de beaux compliments à leur évêque. Seul, le doyen, vieux prêtre né en 1630, ne disait mot; ce ne fut que sur les instances réitérées de l'évêque qu'il donna son avis en ces termes :

« Monseigneur, il ne convient guère à un vieillard d'exprimer une opinion sur les choses nouvelles, les personnes arrivées au déclin de la vie étant portées naturellement à regretter ce qu'elles ont vu dans leur jeunesse. Mais, puisque vous souhaitez que je donne mon avis, je le ferai en toute sincérité.

« Depuis les temps anciens jusqu'à ce jour, notre cathédrale n'a subi ni altération ni changements; elle nous rappelle l'histoire entière du diocèse et ses efforts pour élever un monument digne de la gloire de Dieu. Son chœur, notamment, renferme les tombeaux de vos prédécesseurs et toutes choses vénérables par leur ancienneté. Il est fermé par un jubé et par une haute clôture ornée d'images de l'Ancien et du Nouveau Testament qui, bien que taillées par des

artistes naïfs, d'aucuns disent barbares, n'en sont pas moins
un enseignement pour le peuple, en même temps que ces
fermetures permettent au chapitre le recueillement pendant
la célébration des saints mystères. Or, le projet que nous
soumet monseigneur supprime cette clôture et ce jubé pour
les remplacer par des grilles. Je sais bien que, depuis peu,
on a regardé ces clôtures et jubés comme des ornements
inutiles, incommodes, qui dérobaient aux fidèles la vue des
saints autels et les empêchaient de contempler à leur aise nos
mystères. Mais en cela, peut-être, n'a-t-on pas eu assez
égard au respect qui est dû à l'antiquité sacrée, et on s'é-
loigne de l'esprit et de la tradition de l'église.

« Saint Ambroise veut que l'on conserve en leur entier les
usages que l'on trouve établis dans les églises, et assure que
c'est donner occasion de scandale que de retrancher des
églises les coutumes qui y sont reçues ; et, sans remonter si
haut, le concile de Trente a déclaré qu'il était nécessaire de
conserver aux églises leurs usages, s'appuyant en ceci sur la
lettre de saint Jérôme à Lucinius, dans laquelle il s'exprime
ainsi : « Je crois devoir vous avertir en peu de mots qu'il
« faut garder les usages que l'église a reçus par tradition,
« de la même manière qu'elle les a reçus, lors principale-
« ment qu'ils ne sont point contraires aux vérités de la foi. »

« Et, pour parler plus spécialement de ce qui touche les
jubés, je rappellerai que, selon la pensée de saint Germain
et de Siméon de Thessalonique, le jubé ou l'ambon repré-
sente la pierre sainte qui fut mise à l'entrée du sépulcre, et
ainsi la mort et la résurrection de Jésus-Christ et tous les
grands mystères de la rédemption.

« Je conviens que ces raisons n'entrent pas dans l'esprit
de tous les chrétiens et qu'il en est beaucoup à qui les jubés ne sont point capables de les faire comprendre ; mais

aussi, ne peut-on pas me contester qu'elles ne soient goûtées au moins de ceux qui savent le fond de leur religion, qui ont quelque teinture de l'antiquité sacrée et qui pénètrent le sens et les mystères des cérémonies de l'église. Je sais qu'aujourd'hui on a moins d'égard à ces derniers, en petit nombre, qu'à l'opinion de ceux pour qui la nouveauté a toujours beaucoup de charmes, quoique saint Bernard l'appelle judicieusement la mère de la témérité, la sœur de la superstition, la fille de l'inconstance : *Novitas mater temeritatis, soror superstitionis, filia levitatis...* »

Ce petit discours, prononcé d'une voix lente, mais ferme encore malgré l'âge du chanoine, fit l'effet d'une douche glacée sur les assistants. L'évêque se pinçait les lèvres, les chanoines les plus jeunes souriaient à demi, la plupart baissaient les yeux.

« Monsieur le doyen, dit l'évêque, vos raisons sont d'un grand poids; mais veuillez considérer qu'il s'agit au contraire de rendre à notre cathédrale la dignité qu'elle a perdue par suite de l'accumulation de tant de monuments disposés sans symétrie, d'un goût barbare et dont l'aspect est indécent.

« Le projet, que nous avons fait rédiger par un artiste de l'Académie, sera porté sous les yeux de Sa Majesté, sans l'ordre exprès de laquelle il ne sera rien fait ; si ce projet supprime le jubé qui barre le chœur, il rétablit cependant une clôture majestueuse, d'un profil antique et beau, laissant toutefois aux fidèles la vue du sanctuaire.

« Vous ne pouvez ignorer que l'autel ancien est fort délabré et tout à fait indigne de l'objet.

« L'Église admet certainement que, tout en respectant les anciennes coutumes, il convient de donner à la maison de Dieu, siége épiscopal, la splendeur que l'art permet de lui

accorder; et vous savez que, malgré toute la vénération
professée par la chrétienté pour l'antique basilique de Saint-
Pierre, les papes n'ont pas hésité à renverser la vieille église
pour élever ce magnifique temple, sujet d'admiration pour
tous et que l'on peut appeler la première des merveilles du
monde.

« Le vénérable archevêque de Paris n'a-t-il pas donné
l'exemple en acceptant avec empressement les dons magni-
fiques faits par Sa Majesté pour rendre au chœur de son
église la splendeur qui lui manquait? A-t-il été arrêté dans
cette entreprise par des considérations qu'on ne saurait admettre en pareil cas, puisqu'elles tendraient à ne jamais
modifier ou renouveler les choses que le temps et la main
des hommes ont pu altérer et qui ne sont plus dignes de la
Divinité?

« D'ailleurs, il s'agit ici de l'accomplissement d'un vœu
royal. En dédiant la France à la sainte Mère de Dieu, le
roi Louis XIII rendait un hommage éclatant à l'interces-
sion de Notre-Dame, sans laquelle il n'eût pas eu raison de
l'hérésie qui dévorait encore le pays lorsqu'il prit les rênes
de l'État.

— Oui, reprit le doyen, avec une certaine vivacité,
l'église de Paris a donné l'exemple, et c'est parce que j'ai
vu un jour, passant dans cette ville, les tombes des évêques
et vénérables personnages profanées, les saintes imageries
frappées par le marteau des démolisseurs, la statue du roi
Philippe-Auguste renversée par des manœuvres, l'autel, le
vieil autel sacré! mutilé, que mon cœur s'est soulevé en
pensant que cette œuvre était accomplie, non par des hérétiques, mais par l'ordre de Sa Majesté très-chrétienne.

« Faites! monseigneur, mais souvenez-vous de ceci : Ce
n'est pas à l'Église à porter la main sur les objets vénérés

par un grand nombre de générations, qui ont été les té-
moins des prières de tout un peuple pendant des siècles, et
si elle le fait, dans une intention plus mondaine que religieuse, elle doit s'attendre à ce que ses ennemis n'hésite-
ront pas eux-mêmes à détruire ces nouveautés.... N'ayant
plus rien à ajouter à ce que j'ai dit, permettez-moi, monseigneur, de me retirer. »

Disant cela, le vieillard se leva, et, appuyé sur sa canne, il
quitta lentement la salle.

Chacun, après cette sortie, gardant le silence, l'évêque,
assez embarrassé, repoussa son siége et dit :

« Messieurs, nous devons respecter l'opinion du vénérable doyen de ce chapitre.... c'est un vieillard attaché à ses
habitudes. Si quelques-uns parmi vous partagent son avis,
je les prie de le dire en toute franchise, car je ne voudrais
rien entreprendre qui ne fût approuvé par la majorité de ce
chapitre. »

Tous les chanoines protestèrent de nouveau qu'ils trouvaient l'idée belle, le projet merveilleux, et qu'ils s'en rap-
portaient entièrement au goût de monseigneur, d'autant
mieux que le doyen était entaché de jansénisme et que nul
d'entre ces messieurs du chapitre ne se souciait d'être
soupçonné de partager ses opinions.

Cependant, les chanoines de Clusy, comme tous les oi-
sifs, étaient causeurs, et, le soir même, toute la ville savait
que l'évêque allait faire bouleverser le chœur de la cathédrale pour y placer une décoration nouvelle dans le meilleur style.

Ce projet excita une assez vive émotion. Les gens de Clusy
étaient habitués à la vieille cathédrale, on l'aimait comme
tout ce qu'elle renfermait. N'avait-elle pas été le témoin
de bien des assemblées, fêtes, cérémonies ? Chacun de ses

recoins laissait un souvenir dans l'esprit des Clusianois, et,

l'idée qu'on allait jeter bas cette clôture, ce jubé dont les imageries avaient fait la joie de tant de générations, des critiques assez vives s'élevaient de bien des points. La noblesse et la haute bourgeoisie seules approuvaient entièrement les idées de l'évêque ; mais le gros de la population, moins sensible aux beautés majestueuses de l'art en vogue alors, regrettait ses vieilles sculptures peintes.

Comme toujours, alors, on fit des chansons dans lesquelles le prélat était assez cavalièrement traité, et qui furent bientôt colportées partout.

Ces propos, ces chansons n'étaient du goût ni de l'évêque, ni des chanoines. Pour empêcher que les choses n'allassent plus loin, ces messieurs du chapitre résolurent d'en finir.

Donc, une nuit, ils firent entrer dans la cathédrale une vingtaine de maçons qui, sans autre forme de procès, mirent à bas le jubé, en déposèrent les principaux fragments dans la cour de l'évêché et déblayèrent le pavé du mieux qu'ils purent ; si bien que le matin, à l'ouverture des portes le public trouva place nette, au grand ébahissement des badauds.

On en glosa fort dans la ville, pendant quarante-huit heures, et.... il n'en fut plus question.

Aussitôt les travaux furent commencés, et successivement les vieilles stalles en chêne du quatorzième siècle, l'autel, avec ses quatre colonnes de bronze qui portaient des anges, la clôture du chœur et ses belles imageries, les tombes de cuivre et de pierre des évêques allèrent aux gravois ou à la fonte.

D'ailleurs la nouvelle décoration fit bientôt l'admiration des bonnes gens de Clusy.

A la place du jubé, s'ouvrait une grille en fer ouvragé, flanquée de deux niches avec statues et de quatre colonnes d'ordre corinthien, le tout en stuc, imitant les plus beaux marbres.

La clôture du sanctuaire était remplacée de même par des grilles avec ornements de fer battu et doré ; et au fond, derrière l'autel, s'épanouissait une Gloire, dont les rayons de bois doré perçaient des nuages de plâtre, dans lesquels se jouaient des chérubins sous forme d'enfants porteurs d'ailes et entremêlés de guirlandes de lis et de roses.

Sur le nouvel autel, fait de marbre de Languedoc et ayant la forme d'un sarcophage renflé, s'élevait un baldaquin de bois, à l'instar de celui de Saint-Pierre de Rome, peint en marbre vert, avec ornements de plomb doré.

Tout le chœur fut dallé en marbre blanc et noir. Une Piété, c'est-à-dire une vierge tenant le Christ mort sur ses genoux, pour rappeler le vœu de Louis XIII, était placée au-dessous de la Gloire. Ce groupe devait être fait en marbre blanc, mais le modèle seul fut mis en place, en attendant des ressources qui n'arrivèrent pas probablement, car l'évêque avait dépensé à cette œuvre plus de cent mille écus, y compris les stalles nouvelles en bois de chêne sculpté et une belle lampe d'argent suspendue devant l'autel.

Le vieux doyen du chapitre ne vit pas toutes ces belles choses ; il mourut peu de temps après la destruction de son jubé.

D'autres travaux autrement urgents étaient devenus nécessaires.

La flèche de la tour centrale et celle des quatre tours du transsept étaient en fort mauvais état, faute d'entretien. Il fut résolu qu'on réparerait ces quatre flèches, mais qu'on démolirait celle de la croisée, dont il se détachait chaque jour des fragments qui tombaient sur les couvertures et les perçaient.

Cette flèche de pierre fut donc remplacée par un toit pyramidal de charpente, couvert d'ardoises.

Mais en réparant les quatre autres flèches, on trouva bon de supprimer les pinacles-lucarnes des angles.

Les vieux vitraux du chœur, qui dataient de la fin du treizième siècle, étaient fort délabrés et sales, de telle sorte qu'ils ne laissaient guère passer la lumière. Après que la décoration intérieure du sanctuaire eût été terminée, les chanoines voulurent qu'on pût jouir du coup d'œil qu'elle présentait, et surtout faire apparaître la Gloire de bois doré dans tout son éclat. On dépensa donc quelques milliers de livres pour remplacer les verrières anciennes à sujets colorés par des vitraux blancs avec une bordure fleurdelysée, et ainsi messieurs du chapitre purent admirer la splendeur du nouveau sanctuaire et lire plus facilement les offices.

L'autel et son baldaquin (fig. 47) furent fort vantés ; ils firent surtout l'admiration des dévotes de Clusy, dont la foi s'exaltait en regardant les beaux anges en plâtre, qui portaient avec tant de grâce l'exposition du saint sacrement et le tabernacle suspendu au-dessus.

Aussi, depuis le jour où la nouvelle décoration du chœur eut été terminée, les *Saluts* attiraient-ils un grand concours de fidèles, qui voulaient jouir du spectacle de ces splendeurs à la lumière des cierges ; et personne ne regretta ni le vieux jubé de pierre si finement sculpté, ni l'ancienne clôture de liais avec ses imageries, ni l'autel de bronze du quatorzième siècle.

Sous le baldaquin fut placée la châsse de saint Babolein, patron du diocèse de Clusy.

LE NOUVEL AUTEL DE LA CATHÉDRALE EN 1710.

CHAPITRE XV

LA RÉVOLUTION.

« Il n'y a aujourd'hui, disait Camille Desmoulin en 1793, que les douze cent mille soldats de nos armées qui, fort heureusement, ne fassent pas des lois ; car les commissaires de la Convention font des lois, les départements, les districts, les municipalités, les sections, les comités révolutionnaires font des lois ; et, Dieu me pardonne, je crois que les sociétés fraternelles en font aussi ! »

Cette boutade du spirituel publiciste avait bien quelque chose de vrai ; comme tant d'autres, la commune de Clusy, en 1793, se considérait comme souveraine.

Elle était administrée conformément à la loi de 1789, par un maire et vingt officiers municipaux, un procureur de la commune et un substitut.

Des notables en nombre double de celui des membres du conseil municipal formaient le conseil général de la commune. Le maire, les officiers municipaux, les notables, le procureur de la commune et son substitut étaient élus par les *citoyens actifs*, c'est-à-dire par les citoyens ayant vingt-cinq ans d'âge, une année de domicile dans la commune, payant une contribution directe de la valeur locale de trois journées de travail et n'étant pas serviteurs à gages.

Les officiers municipaux étaient renouvelés par moitié tous les ans, et le maire ainsi que les procureurs nommés pour deux ans; mais ces deux officiers sortaient alternativement, de sorte que chaque année, il y avait lieu de renouveler l'un d'eux.

Les conditions d'éligibilité étaient d'être membre de la commune et de réunir aux qualités de *citoyen actif*, le payement d'une contribution montant à la valeur locale de dix journées de travail. Le maire était élu au scrutin individuel à la majorité absolue des voix, ainsi que le procureur et son substitut.

Les autres membres du conseil municipal étaient élus au scrutin de liste, à la majorité absolue, et les notables à la pluralité relative seulement.

Bientôt le cens fut supprimé, aussi bien pour les électeurs que pour les élus.

Mais après la proclamation de la République (22-23 septembre 1792), les municipalités durent être entièrement renouvelées.

Le maire élu s'appelait Hillot. C'était un homme froid, réservé, qui s'était fait, depuis le commencement de la Révolution, un parti dans le peuple de Clusy, par sa résistance tenace aux prétentions des fauteurs de la réaction. Charitable, patient et bienveillant, ennemi de la violence, il ne se laissait pas entraîner aux excès de langage si communs dans les discussions politiques à cette époque.

Nous donnons, fig. 48, son portrait. Le maire Hillot et les officiers municipaux siégeaient à l'hôtel de ville. Quelques-uns de ceux-ci faisaient partie du club des Jacobins, qui s'était installé dans les bâtiments abandonnés du palais épiscopal. Les prélats n'y résidaient plus depuis longtemps; dès avant les événements, quand ils n'étaient pas à la cour, ou à Rome, ou ailleurs, ils habitaient une maison de cam-

48

Portrait du maire Hilliot.

pagne, appartenant à l'évêché, située à deux lieues de la ville.

Ce palais était donc fort délabré.

Le club des Jacobins prétendait dominer la commune; mais le maire opposait son calme et sa fermeté aux motions des clubistes, répétant sans cesse que la Révolution ne faisait que commencer, et qu'il fallait à tout prix maintenir l'union entre les patriotes sincères, à quelque nuance qu'ils appartinssent, afin de lutter ensemble au moment de la crise.

« Car, ajoutait-il, nous sommes en face d'une société qui s'écroule et d'un monde qui ne connaît pas encore ses destinées; ne disséminons pas nos forces.... nous en aurons besoin ! »

La population de Clusy, quels que fussent ses sentiments patriotiques, avait été profondément émue par le jugement et la condamnation du roi ; des membres du club des Jacobins les plus exaltés, qui, à la nouvelle de l'exécution de *Capet*, avaient voulu faire une manifestation, furent accueillis dans les rues par des huées et des injures. S'étant présentés à l'hôtel de ville, pour demander à la commune qu'une fête patriotique fût organisée à propos de la mort du tyran, le maire avait répondu simplement aux délégués du club que la mort d'un homme, fût-il roi, ne pouvait être l'occasion d'une réjouissance publique ; que justice était faite, et qu'il n'appartenait à personne de ratifier ou de blâmer un jugement ; que le calme et un silence respectueux étaient la seule attitude convenable en face des arrêts de la justice du pays.

A dater de ce jour, Hillot et les conseillers municipaux qui le soutenaient furent violemment accusés par les Jacobins de pactiser avec la réaction, les prêtres et les nobles.

Le procureur de la commune, Juglars, et le citoyen Rulle, qui souvent occupait le fauteuil du président du club des Jacobins, étaient les ennemis déclarés du maire et le signalaient en toute occasion comme un traître.

Après les événements du 31 mai 1793, le comité qui siégeait aussi à l'évêché, et qui, depuis quelques jours, avait pris le titre de comité central des *Sans-culottes*, se déclara en permanence. Après avoir réuni autour de lui les sections des faubourgs, il fit savoir au club des Jacobins que le peuple de Paris, ayant fait justice des conspirateurs et des ennemis des vrais patriotes en les arrêtant ou en les expulsant de la Convention, le moment était venu de soustraire la ville de Clusy à l'autorité de la municipalité réactionnaire qui était vendue aux chouans. Le comité sommait les Jacobins de se réunir à lui pour marcher ensemble sur l'hôtel de ville. Cette ouverture fut accueillie par des acclamations.

Cependant, le maire avait fait convoquer, de son côté, les sections sùr lesquelles il croyait pouvoir compter, et, dès le matin, la place du Marché était remplie de gardes nationaux disposés à défendre la commune.

Hillot avait entretenu les chefs des sections des dangers que ferait courir à la liberté la réussite des projets formés par les clubs.

Quatre canons étaient braqués sur la place, au débouché des rues principales, mèches allumées.

Quand arrivèrent les gens des clubs, et qu'ils virent ces bataillons de gardes nationaux rangés devant l'hôtel de ville, ils essayèrent de parlementer et d'entraîner avec eux les défenseurs de la commune. Mais ils furent assez brutalement reçus, car la majeure partie de la garde nationale était fatiguée de l'agitation qu'entretenaient ces clubs dans la ville et eût été ravie d'en finir.

Voyant ainsi leurs projets avortés, les Sans-culottes et Jacobins s'en furent, fort mal contents et disant partout que c'en était fait de la République, si le peuple ne se soulevait pas en masse contre les royalistes.

Ils se dédommagèrent provisoirement, en faisant dans leurs réunions les motions les plus violentes.

Ce succès facile donna courage aux défenseurs de la municipalité ; les chefs des sections s'étant réunis, décidèrent de demander aux officiers municipaux l'arrestation des meneurs des clubs, et des mesures sévères pour empêcher le renouvellement de pareilles tentatives.

Sur ces entrefaites, arrivèrent à Clusy des délégués des Girondins, qui firent un tableau navrant des journées des 28, 29, 30 et 31 mai, déclarant que la Convention n'était plus libre, qu'elle était à la merci de la populace parisienne, et que les départements n'avaient plus, s'ils voulaient conserver la liberté, qu'à se soulever contre les tyrans obscurs qui commandaient aux députés, prisonniers dans la capitale.

Ces propos, répandus dans la ville, ne firent qu'exaspérer les citoyens qui ne demandaient que le repos et la tranquillité pour se livrer à leurs travaux et leurs affaires, et bientôt le maire fut assailli de pétitions dressées contre les clubistes, les Jacobins et les Sans-culottes.

Le mouvement de l'opinion s'accentuait dans la ville en faveur des modérés. Beaucoup de gros bourgeois et d'anciens fonctionnaires attachés à la monarchie, revenus de la terreur que leur avaient inspirée et les journées de septembre et la mort du roi, commençaient à parler hautement dans les cafés et lieux publics de l'oppression de la canaille de Paris, de la nécessité de s'affranchir de la domination des clubs, ajoutant qu'il était temps de ne plus suivre, comme des moutons, l'impulsion donnée par tous les émeutiers qui dictaient des lois à la Convention, et que l'Assemblée nationale ne retrouverait sa liberté que si elle siégeait dans une ville autre que la capitale ; qu'en tous cas, ses décrets, imposés par la terreur, étaient sans force, et qu'il fallait que les villes des départements se liguassent pour opposer la violence à la violence.

Les clubistes de Clusy, atterrés par cette manifestation de l'opinion, qui semblait prendre à chaque heure plus de consistance, voyaient leurs réunions abandonnées. Ils se comptaient avec effroi ; plusieurs, parmi les plus fougueux naguère, n'osaient sortir de leurs logis, car on parlait d'arrestations, de la nomination d'une commission composée de notables pour dresser une liste des patriotes les plus compromis.

La majorité, dans le conseil de la commune, semblait pencher vers les mesures dictées par la réaction.

Hillot, voyant le péril, se mit en rapport avec les principales têtes du club des Jacobins, rassura ces chefs et leur dit que, comme maire de la commune, il ferait respecter la liberté des opinions, à la condition que chacun resterait soumis à la loi ; que tous les bruits touchant une ligue des villes des départements contre les décrets de la Convention étaient absurdes, et que, tant que cette Assemblée demeurerait, il fallait lui obéir ; qu'en conséquence, il réclamait d'eux de servir avec lui la République une et indivisible ; que le danger était évident, mais qu'il serait facilement conjuré si tous les patriotes restaient unis contre la réaction.

La bonne attitude du maire, ses paroles à la fois conciliantes et pleines de fermeté, rendirent un peu de courage au club des Jacobins, qui cessa d'attaquer les officiers municipaux, réclamant d'eux seulement des mesures efficaces contre les fauteurs de la réaction, lesquels relevaient la tête. Plusieurs orateurs dénoncèrent les menées des agents de la monarchie, et leurs discours ne laissèrent pas de faire impression sur un auditoire mobile.

Cependant, on recevait peu de nouvelles de Paris, lorsqu'un commissaire de la Convention se présenta à Clusy et

réclama l'arrestation de tous les suspects de royalisme,
déclarant, d'ailleurs, que l'Assemblée nationale avait agi
en toute liberté en décrétant d'accusation les Girondins,
amis de Dumouriez et de tous les royalistes déguisés ; que
le peuple de Paris, par son attitude énergique, avait sauvé
la République.

Le soir de son arrivée, ce commissaire se présenta au
club des Jacobins, où la foule était cette fois compacte.

Voici à peu près quel fut son discours :

« Citoyens,

« C'est au moment où la patrie court les plus grands
dangers, c'est au moment où les royalistes relèvent le drapeau du tyran dans la Vendée, où l'étranger enveloppe nos
frontières à l'Est et au Midi, c'est alors qu'une faction
d'ambitieux a tenté de fomenter la discorde au sein de la
Convention. Derrière cette faction, se levaient tous les suppôts du despotisme, tous les hommes qui vivaient de l'ex-
cour, tous ceux enfin qui, sous l'ombre du *modérantisme*,
cachent leurs secrets desseins contre la République.

« Cette faction croyait avoir pour elle la majorité du
peuple de Paris; déjà elle avait fait jeter dans les cachots
les plus purs d'entre les patriotes.

« Le peuple de Paris, indigné, a répondu! Il s'est levé
tout entier et a dit aux représentants de la nation : « .... Je
« suis là, faites justice des conspirateurs ; vos décrets sont
« appuyés par nos canons ! »

« Et c'est l'élan d'une population héroïque que ces
mêmes conspirateurs essayent de présenter comme un acte
odieux, comme la pression d'une vile populace sur la repré-
sentation nationale ?

« Appuyée sur cette force protectrice, impassible et calme, la Convention a délibéré; elle a dévoilé les manœuvres de ces conspirateurs, de ces intrigants, et les a rejetés de son sein.

« Aujourd'hui unie, dans la seule pensée de sauver la République, d'assurer le bonheur du peuple et de vaincre les ennemis du dedans et du dehors, elle compte sur tous les patriotes, et tous les patriotes peuvent compter sur elle.

« Le drapeau du fédéralisme est abattu désormais, et les représentants de la nation considèrent comme des ennemis de la République une et indivisible tous ceux qui tenteraient de le relever !

« Veillez donc, citoyens ! Veillez et soyez unis, car les conspirateurs ne se lassent pas; ils épient toutes les occasions de jeter l'alarme dans les villes et dans les campagnes. Veillez! le salut est à ce prix. »

Après ce discours, le président du club des Jacobins annonça à l'Assemblée qu'une liste de suspects lui avait été remise et que, séance tenante, il fallait nommer une commission pour l'examiner et demander à la commune l'arrestation immédiate des réactionnaires.

Le maire n'avait pas attendu cette injonction; pendant qu'on délibérait au club des Jacobins, il avait fait saisir à leur domicile tous ceux qui, la veille encore, s'étaient déclarés hautement en faveur du fédéralisme, ainsi que les émissaires des Girondins.

Cela fait, Hillot se rendit au club des Jacobins, et réclamant la parole, il dit en substance que : conformément aux ordres de la Convention, qui lui avaient été transmis dans la matinée par le citoyen commissaire, il n'avait pas hésité un instant à faire mettre en lieu sûr tous les instigateurs de la réaction, et, dépliant un papier, il lut leurs noms.

Cette communication fut accueillie par des bravos frénétiques. Et ceux-là mêmes qui, la veille, étaient tout prêts à écouter les propos des fauteurs de la réaction et du fédéralisme, n'étaient pas les derniers à applaudir aux mesures de rigueur annoncées par le maire.

Après quoi, la commission déclara que le conseil de la commune avait bien mérité de la patrie.

La concorde semblait donc rétablie entre les autorités municipales et les Jacobins; mais ces derniers réclamaient chaque jour l'arrestation de nouveaux suspects, et prétendirent même nommer un tribunal révolutionnaire pour les juger. A cela, Hillot s'opposa énergiquement, en disant que seule, la Convention avait le pouvoir d'instituer des tribunaux et qu'il se conformerait à ses ordres.

Les prisonniers demeuraient donc enfermés dans l'officialité de l'évêché et dans les salles basses de l'hôtel de ville, attendant ou un jugement ou un ordre d'élargissement. Hillot gagnait du temps et voulait surtout éviter les excès, ne pensant pas qu'ils pussent jamais servir la cause de la République.

Jusqu'alors, quelques vieux prêtres qui avaient prêté serment, n'avaient cessé de dire les offices dans la cathédrale ; mais en novembre 1793, à la suite de manifestations populaires contre le culte catholique, la municipalité eut à délibérer sur la conservation ou la destruction des statues et bas-reliefs qui décoraient les portails de la cathédrale, et le citoyen Rulle, conseiller et membre du club des Jacobins, plaida chaleureusement pour la suppression de toutes ces représentations de sujets sacrés, de personnages saints et de rois :

« Citoyens, disait-il, nous ne devons pas laisser aux regards du peuple, désormais affranchi de la tyrannie et de la superstition, les emblèmes qui lui rappellent la servitude sous laquelle il a gémi si longtemps.

« L'hésitation, à cet égard, ne peut qu'exciter son indignation; il demande que sans plus tarder, les ordres soient donnés par les représentants de la commune pour que les statues des despotes et tous les symboles de la domination des prêtres soient détruits. L'homme libre ne peut souffrir la vue des instruments de l'esclavage. Au nom du peuple, je réclame leur suppression. »

Cette motion eût probablement été adoptée si le maire ne fût intervenu.

« Ce qu'on vous demande là, citoyens, ne saurait recevoir l'approbation des magistrats qui siégent ici. Se livrer à la destruction d'images de pierre ou de bois n'est point le signe de la force, qui est toujours calme et n'agit qu'après réflexion. S'en prendre à de vains emblèmes, les briser, les disperser, c'est faire supposer qu'on leur reconnaît une puissance. La République a d'autres ennemis plus sérieux que ne peuvent l'être des images, et c'est à vaincre ces ennemis ou à les réduire à l'impuissance qu'elle doit tous ses moments.

« Nous avons reçu l'ordre de saisir, au profit du trésor de la République et pour aider à payer les patriotes qui défendent le sol, tous les objets de métal qui font partie du mobilier des églises, et nous devons nommer une commission qui sera chargée de ce soin; mais l'Assemblée nationale a elle-même, dès le mois dernier, envoyé des instructions aux communes pour que les objets d'art, qui n'ont pas une valeur intrinsèque, soient conservés comme faisant partie du domaine de la République et pouvant servir à l'étude.

« Nous agirions donc contre ses intentions en détruisant

inutilement quelques statues et bas-reliefs. D'ailleurs, citoyens, ces ouvrages ne sont-ils pas sortis de la main du peuple? Ce ne sont ni les rois, ni les nobles, ni les prêtres, qui ont ciselé ces images; c'est le peuple, ce sont nos pères, et s'ils vivaient sous l'empire de la superstition, il serait puéril de nous en prendre à leurs œuvres.

« Ne nous servons-nous pas, pour nos besoins civiques, des bâtiments laissés par ces nobles et ces prêtres? Élevés par la nation, ils reviennent, comme c'est justice, à la nation qui recueille aujourd'hui le fruit de ses sueurs. Tous ces bâtiments et ce qui les compose appartiennent au peuple, et s'il a repris possession d'un bien obtenu à l'aide de son argent et de son travail, ce ne peut être pour le détruire.

« Nous avons d'autres soucis en tête que d'aller briser des figures de pierre, et je propose de passer à l'ordre du jour.

— Ce *modérantisme*, reprit le conseiller Rulle, n'a peut-être pas lieu de nous surprendre, mais il n'est pas de saison. Le peuple entend effacer tout ce qui lui rappelle un passé exécrable, et il veut que ses enfants n'aient désormais devant les yeux que des objets dignes de former l'âme des républicains. Tant qu'il restera un château et une église debout, les nobles et les prêtres auront l'espoir de reprendre possession de ces repaires de l'oppression. Tant qu'il restera une image des ci-devant rois, ou des ci-devant saints, entière, il restera une trace de leur infâme domination dans le cœur des modérés. La nation doit oublier les rois et les prêtres, cette honte de l'humanité, et pour qu'en perdant leur souvenir, elle n'ait plus pour idole que la Vertu, il faut que les images des tyrans et des hypocrites disparaissent de la surface du sol de la patrie.

— Tu dévoiles ta pensée, citoyen, répliqua le maire, et tu ne crois pas la République assez forte pour dédaigner les souvenirs du despotisme. J'ai d'elle meilleure opinion, et en supposant que je me trompe, crois-tu que des actes de vandalisme effaceront du cœur de ceux qui appellent la réaction, leurs espérances, leur haine pour cette République! Non! tu ajouteras aux griefs réels ou faux que les aristocrates et leurs suppôts élèvent contre elle.

« Tu auras toi-même dévoilé tes craintes devant l'ennemi commun. Et cette colère contre des images vaines montrera que, n'osant frapper les vrais coupables, tu te jettes sur des objets qui certes ne se peuvent défendre.

« L'histoire du passé est là, pour nous apprendre que s'attaquer aux objets matériels n'est qu'une marque de colère impuissante. Ces prêtres n'ont-ils pas brûlé plus de livres que tu ne pourras détruire de statues; cela a-t-il empêché le triomphe de la philosophie et de la vertu?

« Mais tu m'accuses déjà de *modérantisme* parce que je défends la cause de la raison. Je ne répondrai pas à cette insinuation, et mes concitoyens verront si je sais défendre la République, aussi bien contre ceux qui conspirent ouvertement sa perte, que contre ceux qui tendent à la compromettre par des motions faites pour flatter quelques insensés, instruments aveugles de la réaction.

« Car sachez-le, citoyens! les ennemis de la Révolution prennent toutes les formes et tous les langages. Les uns la combattent les armes à la main, et criminels, mais au moins criminels qui affirment leurs détestables projets, ils ne craignent pas de tourner en plein jour leur glaive vers le sein de la patrie; les autres.... Oh! les autres sont plus redoutables.... Ceux-là, poussant le peuple aux excès; exaltant dans l'ombre, jusqu'à la folie, les passions les plus nobles, ils espèrent ainsi noyer la République dans le sang qu'elle aurait versé ou l'étouffer sous les ruines amoncelées par elle-même. Je ne te confonds pas, citoyen Rulle, avec ces hypocrites, crois-le bien, mais je te signale leurs manœuvres perverses et je dis comment les patriotes peuvent devenir leurs instruments. »

Le citoyen Rulle essaya encore de répondre, mais les autres conseillers déclarèrent la discussion close, et l'on passa à l'ordre du jour.

Le même soir, au club des Jacobins, des discours violents furent prononcés; l'attitude du conseil de la commune ayant été dénoncée comme réactionnaire, il fut résolu que le peuple ferait justice des simulacres du despotisme et de la superstition. En effet, le lendemain, quelques hommes se dirigèrent vers la cathédrale, munis d'échelles, de cordes et de marteaux, pour renverser toutes les statues de rois et de saints et briser les bas-reliefs.

Mais Hillot, le maire, les avait prévenus : il avait fait poser devant les portails des rubans tricolores et se tenait là, entouré des conseillers. La vue des rubans aux trois couleurs et l'attitude du maire, arrêtèrent tout d'abord les iconoclastes, d'ailleurs en assez petit nombre. Puis, un détachement de gardes nationaux vint se ranger sur la place. On parlementa, et Hillot, calme et froid, parla ainsi à la foule, qui peu à peu s'amassait devant le parvis :

« Citoyens! nous ne sommes pas venus ici pour défendre les images de rois à jamais rejetés du sol de la patrie, et de prétendus saints, inventés par les prêtres pour subjuguer l'esprit de la nation. Non! nous sommes ici pour vous dire que la mutilation des œuvres d'art, dues à nos pères, à des hommes du peuple, serait un acte de barbarie.... Ce n'est pas contre ces images de pierre qu'il faut manifester vos justes ressentiments, mais bien contre les ennemis du dedans et du dehors, ennemis vivants et qui se riraient de vos colères, inutilement exercées contre des représentations inoffensives.

« Puis..... quelles sont donc ces images? Jésus.... ses apôtres? Mais n'étaient-ils pas des démocrates? Vivaient-ils dans la pourpre et les richesses? s'entouraient-ils d'esclaves et de serviteurs? Est-ce à eux qu'il faut s'en prendre si les prêtres ont corrompu leur enseignement? Ne sont-ce pas les prêtres qui ont fait périr Jésus? Aujourd'hui, ne serait-il pas au milieu de vous, coiffé du bonnet de la liberté? Mais regardez donc cette sculpture. C'est l'enfer, je crois, qu'ont taillé ici des artistes que les lumières de la philosophie n'avaient pas encore éclairés!

« Eh bien! quels sont ceux que les diables entraînent? Un pape! un roi, des moines, des nobles, des dames de cour...

« Ainsi, ces artisans, sortis du peuple, auteurs de ces sculptures, avaient devancé les temps et exprimaient déjà, dans leur langage, le seul qui leur fût permis, leur haine contre les tyrans et les gens d'église.

« Laissez donc subsister ces débris de la pensée du peuple qui a vécu avant vous, qui a souffert du despotisme et qui a su exprimer son amour pour la vérité et la vertu pendant qu'il était opprimé.

« Et là, encore, que voyons-nous? Un zodiaque et les travaux des champs. L'image de la science astronomique et du travail.

« En voulez-vous à ces représentations? Ah! chers concitoyens, ce ne sont pas ces symboles qu'il vous faut redouter, mais bien les instigateurs de la ruine et du désordre. La cathédrale de Clusy, bâtie par le peuple de Clusy, est un monument national, il nous appartient; conservons-le intact, et qu'il serve dorénavant aux grandes réunions populaires, sous la garde du peuple, qui l'a élevé! »

Ce discours fut accueilli par les cris de : « Vive la nation! Vive le maire! » (Fig. 48 *bis.*)

Et les statues furent aussitôt décorées de rubans tricolores et coiffées de bonnets rouges.

Puis, la foule se mit à considérer toutes ces sculptures sous une impression nouvelle, en leur donnant les interprétations les plus étranges.

Toutefois, la cathédrale était sauvée ; le baldaquin seul fut dépouillé de ses anges en plâtre et de ses ornements de plomb doré qui servirent à fabriquer des balles.

Les cloches, sauf une seule, réservée pour sonner le tocsin, durent être fondues pour faire des sous, et les châsses d'argent et de vermeil furent envoyées à la Convention.

A l'instar de la fête de la Raison, que l'on célébrait à Paris le 20 brumaire (10 novembre 1793), Clusy voulut avoir aussi dans sa cathédrale une cérémonie semblable.

La déesse de la Raison, représentée par une jeune femme vêtue d'une tunique blanche, d'un manteau bleu, coiffée du bonnet de la liberté, fut portée, assise sur un trône d'or, par huit jeunes filles jusque dans le sanctuaire de l'église et déposée sur une estrade, couvrant le maître-autel (fig. 49).

Là, des discours furent prononcés, des hymnes patriotiques chantés, et pendant quelque temps, les jours de décade, le peuple se rassemblait dans la cathédrale; on y lisait la *Déclaration des droits de l'homme*, on y prononçait des discours sur la vertu, sur la famille, on y exécutait des morceaux de musique, on y chantait des hymnes républicains.

LE MAIRE EMPÊCHE LA DESTRUCTION DES STATUES
DE LA CATHÉDRALE.

On avait remplacé la première déesse de la Raison, en chair et en os, et qui s'en alla, après l'inauguration, dîner avec les commissaires de la fête, par une statue de plâtre, et, à ce sujet, le maire, qui ne participait guère aux cérémonies imaginées par les promoteurs du culte de la Raison, pensait qu'il était au moins ridicule de substituer une idolâtrie nouvelle à celle qu'on prétendait abolir.

Et, en effet, voyait-on des bonnes femmes de Clusy entrer dans la cathédrale pour déposer des fleurs et allumer des chandelles aux pieds de la statue de la Raison, comme autrefois elles en plaçaient devant l'image de la Vierge,

Les idées abstraites n'entrent pas dans le cerveau des

simples, et la nouvelle déesse de plâtre devenait à leurs yeux
un fétiche. Aussi, dans le conseil de la commune, dans le
club des Jacobins, des orateurs s'élevaient contre ce nouveau culte qui semblait préparer les esprits au retour des
pompes du catholicisme. Si on adressait à ce sujet des
observations au maire, il levait les épaules; se contentait de
dire tristement : « Ceci nous prouve que les lumières de la
philosophie pure n'ont point pénétré l'âme du peuple....
Pourquoi nous en étonner? une nation ne prend pas en
deux ou trois ans des habitudes contractées pendant des
siècles. »

Toutefois ces réunions durèrent peu; le peuple les tour-
nait en dérision, et l'église demeura bientôt déserte.

Pendant les derniers jours de 1793, les clubs reclamerent
impérieusement le jugement des suspects, et ils menaçaient
de forcer les prisons. Le maire attendait, répétait-il toujours, des ordres de la Convention.

Au péril de sa vie, il opposait aux injonctions des clubistes une inébranlable fermeté. Puis intervint le décret
de la Convention qui ordonnait de fermer toutes les
réunions, sauf celle des Jacobins.

Hillot n'ayant plus à lutter qu'avec celle-ci et tenant la
garde nationale dans sa main, sut éviter les excès populaires.

Actif, sans cesse à son poste, prévoyant tout, il put maintenir l'ordre dans la ville, sut pourvoir à son approvision-
nement, décourager les meneurs, faire respecter les lois,
ménager les esprits violents, et imposer par sa fermeté et
son calme à la nombreuse et dangereuse classe des trem-
bleurs.

Après le 9 thermidor, les prisons furent ouvertes, et
bientôt après, Hillot, accusé d'avoir favorisé les Jacobins

par ceux-là mêmes qu'il avait sauvés d'une mort certaine, fut arrêté, traduit devant une commission composée de contre-révolutionnaires et condamné au bannissement; car la peur ne pardonne pas.

Réduit à l'indigence, — il avait dépensé son faible patri‑moine pendant sa magistrature, — il finit ses jours en Hollande, dans un hospice, en 1800.

CONCLUSION

A quoi servirait l'histoire, si elle n'était un enseignement ?

Et cependant, si l'on tient compte des mœurs et du temps, les mêmes fautes, les mêmes excès, les mêmes moyens d'action ou de réaction, se représentent sans cesse. Ce serait à désespérer du progrès chez les peuples qui passent pour civilisés, si, en considérant les choses avec attention, on ne découvrait, à travers ces événements qui se reproduisent périodiquement, sous une forme identique, un fait constant, une pensée dominante : le rétablissement de l'équilibre rompu, par le travail persistant des populations.

La décadence ne commence réellement pour une nation que quand elle cesse de considérer le travail comme l'élément vital, et toutes les ruines sont bien vite réparées quand un peuple se remet courageusement à l'œuvre, après une catastrophe.

L'histoire de la ville de Clusy est l'histoire de la plupart de nos grandes communes.

Dès l'époque gallo-romaine, l'esprit de solidarité qui unit les membres d'une même cité se prononce avec énergie.

Sous la domination des Mérovingiens, pendant ces temps de désordre et de trouble, quand la vieille civilisation romaine semble à tout jamais effacée, les villes conservent et maintiennent, tant bien que mal, les traditions administratives des municipes. Et, à la fin du onzième siècle, ces traditions reparaissent sous une forme républicaine. La cité prétend, au sein du régime féodal, conquérir son indépendance absolue, et elle l'acquiert, en effet, au prix des sacrifices les plus douloureux.

Depuis lors, nos cités françaises n'ont cessé de poursuivre la même pensée vingt fois; elles ont perdu leurs franchises, achetées à prix d'argent, conquises par la force ou l'adresse, vingt fois elles ont su retrouver leur indépendance municipale, et, aujourd'hui encore, cette pensée se manifeste énergiquement.

Mais à l'amour pour la cité indépendante, est venu se joindre le sentiment de la solidarité nationale, qui n'existait pas pendant la durée de la période féodale.

Alors, si certaines villes tentaient de former entre elles une sorte de fédération, afin de résister à l'ennemi commun, la féodalité, le fédéralisme ne saurait être confondu avec ce que nous appelons aujourd'hui le sentiment national, l'amour de la patrie. C'était une sorte d'assurance mutuelle qui se développa particulièrement entre les villes du Nord, entre les cités flamandes, et qui n'excluait nullement l'appel au secours prêté par l'étranger.

Le progrès réel résulte donc de la simultanéité des deux sentiments : l'amour de la patrie et l'amour de la cité, le premier dominant, comme de juste, le second; et, pour nous exprimer avec plus de précision, la cité administrativement indépendante, concourant à la défense commune du pays.

Il a fallu des siècles et de dures épreuves pour associer ces deux idées qui semblent, au premier abord, contradictoires. Il a fallu l'intervention de la monarchie, travaillant ou croyant travailler pour son propre compte ; il a fallu une révolution grande et terrible, des guerres sanglantes ; il a fallu encore la ténacité laborieuse des populations et le sentiment de *civisme* particulier aux races latines.

Est-ce à dire que les progrès soient accomplis et que nous entrions dans l'âge d'or des cités? Non certes, on signale le progrès, on ne saurait le considérer comme réalisé encore.

Les progrès ne seront définitivement acquis que quand les citoyens auront la connaissance exacte de leurs droits et de leurs devoirs, quand ils seront tous pourvus d'une instruction suffisante pour les mettre à l'abri des entraînements irréfléchis ; lorsqu'ils se considéreront comme solidaires, et que les plus capables parmi eux se dévoueront, sans arrière-pensée, aux fonctions publiques et répondront sans héstier à l'appel de leurs concitoyens : toutes conditions qui sont loin encore d'être remplies.

Mais ce que nous avons voulu faire ressortir dans cet ouvrage, c'est la persistance d'une cité à se constituer civilement ; comme dans l'*Histoire d'une Forteresse*, nous avons essayé de montrer la persistance d'une ville à se défendre contre les attaques à main armée. Les deux œuvres se complètent et donnent la mesure de l'énergie vitale des populations urbaines françaises.

Ce que nous avons voulu montrer, c'est comment et pourquoi la cathédrale est, au même titre que la maison de ville, le monument de la cité, le signe visible des efforts, à un certain moment, pour se constituer en face du pouvoir féodal. Et le sentiment des populations ne s'est pas égaré sur ce point.

Lorsque, par suite d'une réaction violente contre les abus du régime monarchique et les prétentions du clergé, la

Révolution a porté la main sur les établissements religieux,
les villes ont respecté leurs cathédrales. Une vieille tradition, dont alors certainement on ne se rendait pas un
compte exact, a protégé ces édifices contre les démolisseurs.

Peu de ces églises ont vu détruire leur statuaire. Reims,
Chartres, Amiens ont conservé la leur, intacte.

Et il faut dire, pour être vrai, que depuis le rétablissement du culte, et notamment sous le premier Empire et la
Restauration, ces grands monuments des cités françaises par
excellence et dus au génie des populations urbaines, ont eu
à subir certaines mutilations graves que leur avait épar-
gnées la Révolution.

Le caractère officiellement et exclusivement religieux donné
aux cathédrales depuis la fin du treizième siècle, les a garanties contre les événements politiques, qui ont eu, sur les
hôtels de ville, une si désastreuse influence. Car l'hôtel de
ville subissait le contre-coup de chaque révolution survenue
dans le sein de la commune. C'était à l'hôtel de ville que
s'en prenaient les pouvoirs monarchique et féodaux avec
lesquels les cités entraient en lutte ouverte, et c'est pourquoi
nous ne possédons en France qu'un si petit nombre de ces
édifices d'une date ancienne. La plupart, cependant, ont
été rebâtis plusieurs fois sur l'emplacement qu'ils occupaient dès l'établissement des communes, et peut-être sur
les terrains affectés à la curie municipale romaine; de même
que nos cathédrales et évêchés occupent l'emplacement du
prétoire romain, situé le long de l'enceinte de la ville, du
côté le moins facilement attaquable.

Les cathédrales de Paris, de Bourges, de Chartres,
d'Amiens, de Soissons, de Meaux, de Senlis, de Beauvais (pour ne parler que de celles qui faisaient partie du

domaine royal ou qui en étaient le plus voisines), sont dans ce cas.

C'est qu'en effet, au moment de la chute de l'empire romain, les évêques étaient investis de l'autorité du préteur et étaient chefs de l'administration municipale, en même temps que pasteurs spirituels. Et c'est bien sur ce pouvoir, accordé aux premiers dignitaires chrétiens, que l'épiscopat s'appuya longtemps pour réclamer la suprématie sur les villes.

Il ne fallut rien moins que le mouvement communal et la prépondérance plus ou moins marquée du pouvoir monarchique pour imposer silence à ces prétentions épiscopales.

L'histoire de France est ainsi, en grande partie, renfermée dans l'histoire de nos cités. Ce sont nos cités, ce sont les luttes incessantes de leurs habitants contre les pouvoirs anarchiques de la féodalité, despotiques de la monarchie, contre les envahisseurs étrangers, les passions des partis rivaux auxquels le pays était livré, qui ont constitué la France.

Aussi, est-ce aux villes et aux grandes villes surtout, que les despotismes, quels qu'ils soient, refusent leurs sympathies. Les seigneurs féodaux vivaient dans leurs châteaux et se tenaient à distance des villes. Quand la monarchie française fut assez puissante pour régner de fait, elle n'habita guère les villes. Parmi les souverains, le plus despote de tous, Louis XIV, ne fut jamais à Paris que pendant quelques jours, et Louis XVI y fut amené malgré lui.

Si cet ouvrage, essentiellement lié à l'*Histoire d'une Forteresse*, contribue, pour si peu que ce soit, à faire entrevoir et apprécier la partie la plus intéressante peut-être de notre histoire nationale, en ce qu'elle montre comment et au prix

de quels sacrifices un pays conquiert et conserve ses libertés sans cesse contestées, nous croirons avoir rempli notre
tâche.

Un de nos grands écrivains, Edgard Quinet, écrivait en
1863 : « Si la liberté se perdait pour jamais, je tiens pour
certain que l'intérêt attaché à nos origines se perdrait infailliblement. Les vastes travaux entrepris sur notre histoire
seraient interrompus et abandonnés. Car, qui se sentirait le
courage, du fond d'une servitude présente, d'attacher son
esprit à l'histoire de la servitude passée ? Les écrivains, dignes de ce nom, chercheraient d'autres sujets qui leur per-
missent au moins de se distraire des maux connus, par l'il-
lusion de l'espérance. »

A cette observation si juste et présentée sous une forme
si noble, on peut ajouter :

L'amour du pays est en raison de la connaissance de son
histoire, et si l'on veut faire pénétrer cet amour dans les
esprits, il faut que cette histoire devienne familière à tous !

PRINCIPAUX

OUVRAGES ET DOCUMENTS CONSULTÉS

CHAPITRE PREMIER.

Grégoire de Tours, *Histoire ecclésiastique des Francs.*
Sidoine Apollinaire, *Lettres.*
Guizot, *Essais sur l'histoire de France.*
   — *Des institutions politiques en France du Ve au Xe siècle.*
   — *Histoire de la civilisation en France.*
Augustin Thierry, *Récits des temps mérovingiens.*

CHAPITRE II.

Éginhard, *Vie de l'Empereur Charles.*
Frodoard, *Histoire de l'Église de Reims.*
Hincmar, *Lettres.*
Guizot, *Ouvrages déjà cités.*
C. F. E. Dupin, *Histoire administrative des communes de France.*
Michelet, *Origines du droit français.*

CHAPITRE III.

Guibert de Nogent, *Mémoires.*
Balderig, *Chroniques d'Arras et de Cambray,* publiées par le docteur
   Le Glay.
Recueil des ordonnances des rois de France.
Hugues de Poitiers, *Histoire de l'abbaye de Vézelay.*
Mabillon, *Annales de l'ordre de Saint-Benoît.*
Suger, *Vie de Louis le Gros.*

Anquetil. *Histoire de Reims.*
Augustin Thierry, *Lettres sur l'histoire de France.*

CHAPITRE IV.

Suger, *Lettres.*
Guillaume le Breton, *Vie de Philippe-Auguste.*
Cartulaire de Laon.
H. Martin, *Histoire de France.*
Vitet, *Monographie de la Cathédrale de Noyon.*
Marion. *Essai sur l'église Notre-Dame de Laon.*
D. Bugnâtre.

CHAPITRE V.

Guillaume de Nangis, *Chroniques.*
Ordonnances des rois de France.
Guillaume Durand, *Rationale.*
Jehan le Marchant, *Poème des miracles.*
Goze, *Histoire de la Cathédrale d'Amiens.*
A. de Girardot, *La Cathédrale de Bourges.*
Tailliar. *Recueil d'actes des XIIe et XIIIe siècles du nord de la France.*

CHAPITRE VI.

Guillaume de Nangis, *Chroniques.*
Le Sire de Joinville, *Histoire de saint Louis.*
Pierre de Fontaines (*le conseil de*).
Beugnot. *Institutions de saint Louis.*
Beaumanoir. *Coutumes de Beauvoisis.*
Isambert, *Lois anciennes.*
De Guilhermy et Viollet-le-Duc, *Description de Notre-Dame de Paris.*

CHAPITRE VII.

Documents inédits sur l'histoire de France, les Olim.
Ordonnances des rois de France.
Chroniques de Saint-Denis.
Isambert, *Lois anciennes.*
Augustin Thierry, *Lettres sur l'histoire de France.*

CHAPITRE VIII.

Continuateur de *Guillaume de Nangis, Chroniques.*
Chroniques de Saint-Denis.
Henri Martin, *Histoire de France.*
Augustin Thierry, *Lettres sur l'histoire de France.*

CHAPITRE IX.

Froissart, *Chroniques.*
Chroniques de Saint-Denis.
Henri Martin, *Histoire de France.*

CHAPITRE X.

Froissart, *Chroniques.*
J. Juvénal des Ursins, *Histoire de Charles VI.*
Pierre de Fenin, *Mémoires.*
Journal d'un bourgeois de Paris sous le règne de Charles VI.

CHAPITRE XI.

Philippe de Commines, *Mémoires.*
Olivier de la Marche, *Mémoires.*
Jean de Troyes, *Mémoires.*
Henri Martin, *Histoire de France.*

CHAPITRE XII.

La Satyre ménippée.
L'Estoile, Godefroy. *Mémoire pour servir à l'histoire de France* (1515–
1611).
L'Estoile, *Journal des choses mémorables advenues durant le règne de
Henri III.*
Agrippa d'Aubigné, *Mémoires.*
Henri Martin, *Histoire de France.*

CHAPITRE XIII.

Albert Christophle, *Une élection municipale en 1738, étude sur le droit municipal au* xviiie *siècle.*
de Tocqueville, *L'ancien régime et la Révolution.*
Augustin Thierry, *Essai sur l'histoire du Tiers-État.*

CHAPITRE XIV.

J. B. Thiers, *Dissertations ecclésiastiques sur les principaux autels de églises ; les jubés des églises, la clôture du chœur des églises* (1688).
Lebrun des Marettes, *Voyages lithurgiques de France* (1718).

CHAPITRE XV.

Thiers, *Histoire de la Révolution française.*
Décrets de la Convention.
Vaultier, *Souvenirs de l'insurrection normande dite du fédéralisme.*
Mémoires et journaux de la Révolution.

TABLE

FIN DE LA TABLE

20740. — PARIS, TYPOGRAPHIE LAHURE, RUE DE FLEURUS, 9.

ÉDUCATION & RÉCRÉATION

18, Rue Jacob, 18

PARIS

J. Hetzel & Cie

JOURNAL ILLUSTRÉ DE TOUTE LA FAMILLE

MAGASIN ILLUSTRÉ

D'ÉDUCATION ET DE RÉCRÉATION

COURONNÉ PAR L'ACADÉMIE FRANÇAISE

DIRIGÉ PAR

JEAN MACÉ, P.-J. STAHL, JULES VERNE

La collection complète du *MAGASIN D'ÉDUCATION* se compose de 28 beaux volumes grand in-8° illustrés. **(Il paraît deux volumes par an.)**

Prix : brochés, **196** fr.; *cart., dorés,* **280** fr. — *Séparés, brochés,* **7** fr.; *cart., dorés,* **10** fr.

EN PRÉPARATION POUR L'ANNÉE 1879 :

Un Roman inédit de JULES VERNE. — *Un Voyage involontaire,* par LUCIEN BIART. — *Les quatre Filles du Docteur Marsh,* de STAHL. — Articles de Sciences, Contes et Nouvelles, par E. EGGER, LEGOUVÉ, BENTZON, GENIN, HENRY FAUQUEZ, etc., etc. (dessins par les meilleurs artistes).

L'année 1878 (tomes XXVII et XXVIII) contient, Ouvrages principaux :

Un Capitaine de quinze ans, ouvrage inédit, de JULES VERNE, dessins par HENRI MEYER. — *Maroussia,* d'après une légende de MARKOWOVZOK, par P.-J. STAHL, dessins par TH. SCHULER. — *Un Pot de Crème pour deux,* album, texte par P.-J. STAHL, dessins de FRŒLICH. — *Histoire du Livre,* par E. EGGER, de l'Institut. — *L'embranchement de Mugby,* par CH. DICKENS, dessins de J. AUFRAY. — *Contes et nouvelles,* par E. LEGOUVÉ, TH. DE BENTZON, HENRY FAUQUEZ, etc., etc., etc.

L'année 1877 (tomes XXV et XXVI) contient, Ouvrages principaux :

Hector Servadac. Voyages et aventures à travers le Monde solaire, par JULES VERNE, dessins de PHILIPPOTEAUX. — *Aventures de deux enfants dans un parc,* par LUCIEN BIART, dessins de FRŒLICH. — *Aventures d'un grillon,* par E. CANDÈZE, dessins de C. RENARD. — *L'Alphabet et le papier,* par E. EGGER. — *Les Groseilles pas mûres; les Enfants de Cora,* par P.-J. STAHL, dessins par E. FROMENT. — *Histoire d'une bande de canards; Littérature et Confiture; la Pauvre Femme; les Mains de Mlle Marguerite; le Nez de Mlle Henriette; les Yeux de M. Louis;* par F. DUPIN DE SAINT-ANDRÉ. — *La Petite ramasseuse de cendres,* de l'anglais de LUCY S. MORSES, par TH. BENTZON. — *Le Petit garde-malade; le Petit soldat; Soyez* des hommes; *Travaillons*, par Victor de LAPRADE. — *Le Noël des petits ramoneurs*, par BÉNÉDICT. — *Les Pluies de bêtes; Abondance de la vie animale*, par F. NOTH. — *Notes intimes d'un papa qui prend de l'âge*, AS YOU LIKE IT. — *Un Port de lettre; Souvenirs d'une pensionnaire: l'Egalité à Saint-Denis; Vanité punie*, par H. FAUQUEZ.

Les tomes I à **XXIV** renferment comme œuvres principales:

L'Ile mystérieuse, Les Aventures du Capitaine Hatteras, Les Enfants du Capitaine Grant, Vingt mille lieues sous les mers, Aventures de trois Russes et de trois Anglais, Le Pays des Fourrures; Michel Strogoff, de Jules VERNE. — *La Morale familière* (cinquante contes et récits), *Les Contes anglais, La famille Chester, L'Histoire d'un Ane et de deux jeunes Filles, La Matinée de Lucile, Le Chemin glissant, Une affaire difficile, L'Odyssée de Pataud et de son chien Fricot*, de P.-J. STAHL.—*La Roche aux Mouettes*, de Jules SANDEAU. — *Le Nouveau Robinson Suisse*, de STAHL et MULLER.— *Romain Kalbris*, d'Hector MALOT. — *Histoire d'une maison*, de VIOLLET-LE-DUC.— *Les Serviteurs de l'Estomac, Le Géant d'Alsace, L'Anniversaire de Waterloo, Le Gulf-Stream, La Grammaire de mademoiselle Lili, Un Robinson fait au collége*, de Jean MACÉ. — *Le Denier de la France, La Chasse, Le Travail et la Douleur, A Madame la Reine, Un premier symptôme, Sur la politesse, Lettre de mademoiselle Lili, Un Péché véniel, Diplomatie de deux mamans*, etc., de E. LEGOUVÉ. — *Petit Enfant, petit Oiseau, L'Absent, Rendez-vous, La France, La Sœur aînée, L'Enfant grondé*, etc., poésies par Victor DE LAPRADE. — *La Jeunesse des Hommes célèbres*, de MULLER. — *Aventures d'un jeune Naturaliste, Entre Frères et Sœurs*, de Lucien BIART. — *Le Petit roi*, de S. BLANDY. — *L'Ami Kips*, de G. ASTON. — *Causeries d'Economie pratique*, de Maurice BLOCK.— *La Justice des choses*, de Lucie B***. — *Les Vilaines bêtes*, de BÉNÉDICT. — *Vieux souvenirs, Départ pour la Campagne, Bébé aime le rouge*, de Gustave DROZ.—*Le Pacha berger*, de LABOULAYE. — *La Musique au foyer*, de P. LACOME. — *Histoire d'un Aquarium, Les Clients d'un vieux Poirier*, de E. VAN BRUYSSEL. — *Histoire de Bébelle, Une Lettre inédite, Septante fois sept*, etc., de DICKENS. — *Les Lunettes du vieux curé, Pâquerette, Le Taciturne*, etc., etc., de H. FAUQUEZ. — *Le Petit tailleur*, de A. GENIN. — *Curiosités de la vie des Animaux*, par P.-H. NOTH. — *Notre vieille Maison*, de H. HAVARD. — *Le Chalet des Sapins*, par Prosper CHAZEL, etc., etc. *Les deux tortues, Ce qu'on faisait à un bébé quand il tombait, Comment la petite Emma apprit à lire*, par F. DUPIN DE SAINT-ANDRÉ.

Les petites Sœurs et les petites Mamans, Les Tragédies enfantines, Les Scènes familières, et autres séries de dessins par FRŒLICH, FROMENT, DETAILLE: textes de P.-J. STAHL.

N. B. — La plus grande partie de ces livres ont été couronnés par l'Académie française.

CHAQUE VOLUME SE VEND SÉPARÉMENT

Prix: broché, **7** fr.; toile, tranches dorées. **10** fr.; relié, tranches dorées, **12** fr.

Les Nouveautés pour 1878-1879 sont indiquées par une †

Albums Stahl illustrés in-8° (1er âge)

FRŒLICH. . . . . L'A perdu de mademoiselle Babet.
— . . . . Alphabet de mademoiselle Lili.
— . . . . Arithmétique de mademoiselle Lili.
— . . . . Bonsoir, petit père. — Les Caprices de Manette.
— . . . . Cerf-Agile, histoire d'un jeune sauvage.
— . . . . Commandements du Grand-Papa.
— . . . . Grammaire de mademoiselle Lili. (J. MACÉ.)
— . . . . Journée de mademoiselle Lili.
— . . . . Lili aux Eaux.
— . . . . Mademoiselle Lili à la campagne.
— . . . . Monsieur Toc-Toc.
— . . . . L'Ours de Sibérie.
— . . . . Le Petit Diable.
— . . . . Premier cheval et première voiture.
— . . . . Premières Armes de mademoiselle Lili.
— . . . . †La Salade de la grande Jeanne.

COINCHON (A.). . . . . Histoire d'une Mère.

DETAILLE . . . . Les Bonnes idées de mademoiselle Rose.

Albums Stahl illustrés in-8° (suite)

FATH	† Gribouille. — Jocrisse et sa Sœur.
—	Les Méfaits de Polichinelle. — Pierrot à l'École.
FROMENT	La Boîte au lait. — Histoire d'un pain rond.
—	La Petite Devineresse.
FRŒLICH	Mademoiselle Pimbêche. — Le Roi des Marmottes.
LALAUZE	Le Rosier du petit frère.
LAMBERT	Chiens et Chats.
LANÇON	Caporal, le Chien du régiment.
MARY	Le Petit Tyran.
MÉAULLE	† Petits Robinsons de Fontainebleau.
PIRODON	Histoire d'un Perroquet. — Histoire de Bob aîné.
PLETSCH (O.)	Les Petites Amies.
SCHULER (TH.)	Les Travaux d'Alsa.
VALTON	Mon petit Frère.

Albums Stahl illustrés grand in-8°

CHAM	Odyssée de Pataud et de son chien Fricot.
FRŒLICH	Mademoiselle Mouvette.
—	† Monsieur Jules.
—	Petites Sœurs et petites Mamans.
—	La Révolte punie.
—	Le Royaume des Gourmands.
—	Voyage de mademoiselle Lili autour du Monde.
—	Voyage de découvertes de mademoiselle Lili.
FROMENT	La Belle petite princesse Ilsée.
—	La Chasse au volant.
GRISET (E.)	Aventures de trois vieux Marins. — Pierre le Cruel.
SCHULER (T.)	Le premier Livre des petits enfants.
VAN BRUYSSEL	Histoire d'un Aquarium.

Albums Stahl en couleurs in-4°

FRŒLICH	Au clair de la Lune. — La Boulangère a des écus.
—	Le Bon roi Dagobert. — La Bride sur le cou.
—	Cadet-Roussel. — Le Cirque à la maison.
—	Giroflé Girofla. — Hector le Fanfaron.
—	Il était une Bergère.
—	Jean le Hargneux (16 planches).
—	Malbrough s'en va-t-en-guerre.
—	† La Marmotte en vie.
—	Monsieur César. — Moulin à paroles.
—	Monsieur de la Palisse.
—	Nous n'irons plus au bois.
—	Le Pommier de Robert.
—	La Tour prends garde.
GEOFFROY	Monsieur de Crac.
—	† Don Quichotte.
DE LUCHT	† La Pêche au Tigre.
MATTHIS	† Métamorphoses du Papillon.

Volumes gr. in-16 colombier, illustrés

BAUDET . . . . † Mythologie de la Jeunesse.

FEUILLET (O.) . . . . † La vie de Polichinelle.

GÉNIN M. . . . . † Le Petit tailleur Bouton.

LA BÉDOLLIÈRE (DE) . . . † Histoire de la Mère Michel et de son chat.

LACOME . . . . † La musique en famille.

LEMOINE . . . . † La guerre pendant les vacances.

STAHL (P.-J.) . . . . † Les Aventures de Tom Pouce.

VAN BRUYSSEL . . . . † Les clients d'un vieux Poirier.

VERNE (JULES) . . . . † Un hivernage dans les glaces.

Volumes in-8 cavalier, illustrés

CHERVILLE (DE) . . . . Histoire d'un trop bon chien.

DUMAS (ALEX.) . . . . La Bouillie de la comtesse Berthe.
— . . . . Histoire d'un casse-noisettes.

GENIN (M.) . . . . † La Famille Martin.

KAEMPFEN (A.) . . . . La Tasse à thé.

NÉRAUD . . . . La Botanique de ma fille.

SAND (GEORGE) . . . . Histoire du véritable Gribouille.

STAHL (P.-J.) . . . . La Famille Chester.
— . . . . Mon premier Voyage en mer (adaptation).

TOUSSENEL . . . . L'Esprit des Bêtes.

VALLERY RADOT (R.) . . . † Journal d'un volontaire d'un an.

Volumes in-8 raisin, illustrés

BIART (L.) . . . . Entre frères et sœurs. — Deux Amis.

BLANDY (S.) . . . . Le Petit Roi.

BOISSONNAS . . . . Une Famille pendant la guerre 1870-1871.

BREHAT (A. DE) . . . . Les Aventures d'un petit Parisien.

CAHOURS ET RICHE . . . . Chimie des Demoiselles.

CANDEZE (D') . . . . Aventures d'un Grillon.

CHAZEL (PROSPER) . . . . Le Chalet des sapins.

DAUDET (ALPHONSE) . . . Histoire d'un Enfant.

DESNOYERS (L.) . . . . Aventures de Jean-Paul Choppart.

FATH . . . . † Un drôle de Voyage.

GRAMONT (COMTE DE) . . . Les Bébés.
— . . . . Les bons petits Enfants.

GRIMARD (E.) . . . . La Plante.

HUGO (VICTOR) . . . . Le Livre des Mères.

LAPRADE (V. DE) . . . . . . Le Livre d'un père.

LEGOUVÉ . . . . † Nos fils et nos filles.

Volumes in-8 raisin, illustrés (suite)

VOYAGES EXTRAORDINAIRES

PREMIER ET SECOND AGE

Volumes grand in-8° jésus, illustrés

BIART (L.)	Aventures d'un jeune Naturaliste.
—	Don Quichotte (*Adaptation pour la jeunesse*).
FLAMMARION (C.)	Histoire du Ciel.
GRANDVILLE	Les Animaux peints par eux-mêmes.
GRIMARD (E.)	Le Jardin d'acclimatation.
LA FONTAINE	Fables, illustrées par Eug. Lambert.
MEISSAS (DE)	Histoire sainte.
MOLIÈRE	Édition Sainte-Beuve et Tony Johannot.
STAHL ET MULLER	Nouveau Robinson suisse.

CAHIERS

D'UNE ÉLÈVE DE SAINT-DENIS

COURS COMPLET ET GRADUÉ D'ÉDUCATION

POUR LES FILLES ET POUR LES GARÇONS

A suivre en 6 années, soit dans la pension, soit dans la famille

PAR DEUX ANCIENNES ÉLÈVES DE LA MAISON DE LA LÉGION D'HONNEUR

et

LOUIS BAUDE

ANCIEN PROFESSEUR AU COLLÉGE STANISLAS

17 *volumes in-18, br.,* **57** *fr.; cart.,* **61** *fr.* **50.** — *Chaque volume se vend aussi séparément.*

Sommaire des 12 cahiers. — Introduction. — Grammaire française. — Dictées. — Histoire Sainte. — Mappemonde. — Géographie de l'Histoire Sainte. — Anciennes divisions de la France par provinces. — Division de la France par départements. — Table chronologique des rois de France. — Arithmétique. — Système métrique. Lectures et exercices de mémoire. — Etymologies. — Histoire ancienne. — Eres chronologiques. — Mythologie. — Etudes préparatoires à l'Histoire de France. — Cosmographie. — Géographie de l'Asie Mineure. — Départements et arrondissements de la France. — Géographie de la France. — Histoire romaine. — Histoire de l'Eglise. — Paris et ses monuments. — Récapitulation de l'Histoire ancienne. — Histoire du moyen âge. — Géographie moderne. — Géographie de l'Europe. — Histoire naturelle. — Précis de l'histoire de la langue française. — Traité de versification. — Histoire moderne. — Géographie de l'Amérique et de l'Océanie. — Curiosités historiques. — Botanique. — Zoologie. — Principales inventions et découvertes. — Principes de littérature. — Histoire de la littérature ancienne et française. — Philosophie. — Table chronologique des principaux événements de l'histoire contemporaine depuis 1789. — Bibliographie. — Philologie des langues européennes. — Précis de l'Histoire générale des études. — Biographie des femmes célèbres. — Notions géographiques complémentaires. — Morceaux choisis.

Sommaire des 4 cahiers préliminaires. — Religion. — Education. — Instruction. — Notions sur les trois règnes de la nature. — Connaissance des chiffres et des nombres. — Lectures. — Exercices de mémoire. — Cours d'écriture (avec modèles).

Sommaire du cahier complémentaire. — Considérations générales. — Histoire de l'Architecture. — De la Sculpture. — De la Peinture. — Gravure. — Lithographie. — Histoire de la Musique. — Astronomie. — Archéologie. — Numismatique. — Paléographie. — Minéralogie. — Algèbre et Géométrie. — De la Vapeur et de ses applications. — Télégraphie électrique — Galvanoplastie. — De la Chloroformisation. — De la Photographie et de l'Aérostation.

DUBAIL	Atlas classique de Géographie universelle.

Volumes in-18

AMPERE, Journal et Correspondance. 3 vol.

B. (LUCIE), Une Maman qui ne punit pas. — Aventures d'Édouard et Justice des choses.

ANDERSEN, Nouveaux Contes.

BERTRAND (A.), Les Fondateurs de l'Astronomie.

BIART, Aventures d'un jeune Naturaliste. — Entre Frères et Sœurs.

BLANDY (S.), Le Petit roi.

BOISSONNAS, Une famille pendant la guerre de 1870-71.

BRACHET (A.), Grammaire historique

BRÉHAT (DE), Aventures d'un petit Parisien.

CANDEZE (Dr). † Aventures d'un Grillon.

CARLEN, Un brillant Mariage.

CHAZEL (PROSPER), Le Chalet des Sapins.

CHERVILLE (DE), Histoire d'un trop bon Chien.

CLÉMENT (CH.), Michel-Ange, etc.

DESNOYERS (L.), Aventures de Jean-Paul Choppart.

DURAND (HIP.), Les grands Prosateurs. — Les grands Poètes.

ERCKMANN-CHATRIAN, L'Invasion — Madame Thérèse. — Les 2 Frères.

FOUCOU, Histoire du Travail.

GRAMONT (COMTE DE), Les Vers français et leur Prosodie.

GRATIOLET (P.), De la Physionomie.

GRIMARD. Histoire d'une goutte de séve. — Jardin d'acclimatation.

HIPPEAU, Cours d'Économie domestique.

HUGO (VICTOR), Les Enfants.

IMMERMANN, La blonde Lisbeth.

LA FONTAINE *(Edition Jouaust)*, Fables, annotées par Buffon.

LAPRADE (V. DE), Le Livre d'un père.

LAVALLÉE (TH.), Histoire de la Turquie (2 volumes).

LEGOUVÉ (E.), Les Pères et les Enfants (2 volumes). — Conférences parisiennes.

LOCKROY (Mme), Contes à mes nièces.

MACAULAY. Histoire et Critique.

MACÉ (JEAN), Arithmétiq. du Grand-Papa. — Contes du Petit Château. — Histoire d'une Bouchée de pain. — Les Serviteurs de l'estomac.

MALOT (HECTOR), Romain Kalbris.

MAURY, Géographie physique. — Le Monde où nous vivons.

MULLER, Jeunesse des hommes célèbres. — Morale en action par l'histoire.

ORDINAIRE, Dictionnaire de Mythologie. — Rhétorique nouvelle.

RATISBONNE, Comédie enfantine.

RECLUS, Histoire d'un Ruisseau.

RENARD, Le fond de la Mer.

ROULIN (F.), Histoire naturelle.

SANDEAU (JULES), La Roche aux Mouettes.

SAYOUS, Conseils à une Mère. — Principes de Littérature.

SIMONIN, Histoire de la Terre.

STAHL (P.-J.), Contes et Récits de Morale familière. — Histoire d'un Ane et de deux jeunes filles. — La Famille Chester. — Les Histoires de mon parrain. — Les Patins d'argent. — Mon 1er voyage en mer *(adaptation)*.

STAHL ET MULLER, Le nouveau Robinson suisse.

STAHL ET DE WAILLY, Scènes de la vie des Enfants en Amérique. — Les Vacances de Riquet et Madeleine. — Mary Bell, William et Lafaine.

SUSANE (GENERAL), Histoire de la Cavalerie (3 vol.).

THIERS, Histoire de Law.

VALLERY-RADOT, Journal d'un Volontaire d'un an.

VERNE (JULES), Autour de la Lune. — Aventures de trois Russes et de trois Anglais. — Les Anglais au pôle Nord. — † Un Capitaine de 15 ans (2 vol.) — Le Chancellor. — Cinq Semaines en ballon. — Le Désert de glace. — Le Docteur Ox. — Les Enfants du Capitaine Grant (3 vol.). — † Les grands Voyages et les grands Voyageurs. (2 vol.). — Hector Servadac (2 vol.). — L'Ile mystérieuse (3 vol.). — Les Indes-Noires. — Michel Strogoff (2 vol.). — Le Pays des fourrures (2 vol.). — De la Terre à la Lune. — Le Tour du monde en 80 jours. — Une Ville flottante. — Vingt mille lieues sous les Mers (2 vol.). — Voyage au centre de la Terre.

ZURCHER ET MARGOLLÉ. Les Tempêtes. — Histoire de la Navigation. — Le Monde sous-marin.

Volumes in-18 (suite)

Prix divers

BRACHET (A.)	Dictionnaire étymologique de la langue française.
CLAVÉ	Principes d'économie politique.
DUMAS (A.)	La Bouillie de la comtesse Berthe.
GRIMARD	La Botanique à la campagne.
LEGOUVÉ (E.)	L'Art de la Lecture.
MACÉ (JEAN)	Théâtre du Petit Château.
SOUVIRON	Dictionnaire des termes techniques.

Volumes in-18 avec Cartes ou Figures

ANQUEZ	Histoire de France.
AUDOYNAUD	† Entretiens familiers sur la Cosmographie.
BERTRAND	Lettres sur les révolutions du Globe.
BOISSONNAS (B.)	Un Vaincu.
FARADAY	Histoire d'une Chandelle.
FRANKLIN (J.)	Vie des Animaux, 6 vol. (non illustrés).
HIRTZ (Mlle)	Méthode de Coupe et de Confection.
LAVALLÉE (TH.)	Frontières de la France, avec Carte.
MAYNE-REID — Aventures de Terre et de Mer.	Les Chasseurs de girafes. — Le Désert d'eau. Les Deux filles du Squatter.— Les jeunes Esclaves.— Les jeunes Voyageurs. Les Naufragés de l'île de Bornéo. Les Planteurs de la Jamaïque. † Les Robinsons de Terre ferme. La Sœur perdue. — William le Mousse.
MICKIEWICZ (ADAM)	Histoire populaire de la Pologne.
MORTIMER D'OCAGNE	Les grandes Écoles civiles et militaires de France. — Historique.—Programmes d'admission.—Régime intérieur. — Sortie, carrière ouverte.
NODIER (CH.)	Contes choisis (2 volumes).
DE PARVILLE	Un Habitant de la planète Mars.
SILVA (DE)	Le livre de Maurice.
SUSANE (GÉNÉRAL)	Histoire de l'artillerie.
TYNDALL	Dans les montagnes.

Œuvres poétiques de Victor Hugo

ÉDITION ELZÉVIRIENNE

10 volumes. Édition sur papier de Hollande et sur papier de Chine

Odes et Ballades, 1 vol. —Orientales, 1 vol. — Feuilles d'Automne, 1 vol. — Chants du Crépuscule, 1 vol. — Voix intérieures, 1 vol. — Rayons et Ombres, 1 vol. — Contemplations, 2 vol. — La Légende des Siècles, 1 vol. Les Chansons des Rues et des Bois, 1 vol.

TOUS LES AGES
Albums in-folio illustrés

COLIN (A.)	Études de dessin d'après les grands maîtres.
FRŒLICH	Sept Fables de La Fontaine, illustrées de 9 planches.
GRANDVILLE ET KAULBACH	Album (œuvres choisies).
CONTES DE PERRAULT	Illustrés par G. DORÉ.

PARIS. — TYPOGRAPHIE MOTTEROZ, 31, RUE DU DRAGON.

www.ingramcontent.com/pod-product-compliance
Lightning Source LLC
LaVergne TN
LVHW020953050726
842519LV00001B/241